錢穆

史學思想研究

徐國利 著

臺灣商務印書館發行

目錄

引言……001

上編　錢穆民族文化生命史學思想的形成、發展和完善

第一章　民族文化史學思想的萌發和以史學爲本位學術道路的發軔……003

一、家世影響與學生時代……003

二、邊教邊學，苦讀國學典籍……008

三、以史學的立場和方法研治子學和經學……011

四、「『民族精神之發揚』與『物質科學之認識』並進」文化觀的內在矛盾……015

第二章　對中國歷史的全面深入研究和民族文化生命史學思想的初步形成……027

一、考古卻不疑古、考古是為信古……028
二、治史要注意歷史地理學的研究……032
三、民族文化生命史學及其思想體系的初步形成……035

第三章　民族文化生命史觀的確立及其史學思想體系的豐富發展……049

一、治史當認識和把握民族文化之大體，於中西文化作比較……050
二、歷史為一大生命，心性是歷史生命之本體，無思想則無民族歷史……054
三、文化學理論的提出，民族文化生命史學思想的確立和完善……058
四、對史學方法的探討……062

第四章　民族文化生命史學思想的總結、轉進和完善……069

一、堅持走歷史文化中心論的史學道路……069
二、「學術興則文化興」的中國文化復興道路……073
三、晚學得新知　綜六藝以尊朱……076
四、對史學思想的全面總結……080

中編　錢穆的民族文化生命史觀

第五章　心性合一的民族文化生命本體論……089
一、什麼是歷史與文化？……089
二、歷史是一文化生命體……092
三、沒有民族就沒有歷史文化生命……099
四、心性是文化生命的本體……103
五、仁是心性之本，天下歸仁……109
第六章　歷史文化三層面和七要素的歷史文化構成論……123
一、歷史文化的三層面及其基本內容……123
二、經濟的地位、作用和農業文化的優越性……127
三、政治的涵義、地位和中西國家觀之比較……134
四、精神道德的終極地位及其與中西文化的關係……140
第七章　歷史創造中的道德心性決定論……157
一、人是歷史的中心，少數傑出人物創造歷史……157
二、歷史人物之種種和聖賢史觀……162

三、心性是歷史文化及其演進的決定力量 …… 169
四、人和歷史人物與自然地理環境和社會歷史環境的關係 …… 172
五、歷史人物與人文修養 …… 176

第八章　變常合一和理欲合一的歷史漸進論 …… 185

一、歷史是變與常、變化與持續的統一 …… 185
二、歷史在進退和興衰交替中波浪般演進 …… 192
三、心性合一基礎上的歷史文化進化觀 …… 196
四、宇宙人生是「道理合一」的世界 …… 200
五、歷史演進是天理和人欲的合一 …… 204

下編　錢穆的人文主義生命史學觀

第九章　重直覺、經驗、情感和道德的人文歷史認識論 …… 215

一、認識的由來及其特徵——心與精神 …… 215
二、重經驗、直覺、綜括和寓價值觀與仁慈心的人文認識方式 …… 219
三、歷史認識是主客觀的統一 …… 225

四、重性情和史德的史家素質論……229
第十章　通變和通專相結合、考據和義理相結合的歷史研究法……240
一、歷史研究要通與變、通與專相結合……240
二、治史貴在求其特殊精神與個性……245
三、治史要考據與義理相結合……248
四、專門史的研究法……254
第十一章　中國史書體裁與中國歷史文化精神……275
一、編年體與中國史學的歷史意識……275
二、列傳體與中國文化的人文主義精神……277
三、紀事本末體及其弊病……280
四、論中國史書的其他體裁……285
第十二章　生命意義的史學知識論和經世致用的史學價值論……295
一、史學是生命之學和史學的諸要素……295
二、鑒古知今、經國濟世和培養心智的史學價值論……300

三、史學是人文學的基本……306
四、從中西史學比較說中國史學精神與中國文化優越論……312
結　語……327
附錄一　錢穆史學和史學思想研究論著索引……336
附錄二　主要參考文獻……348

引言

錢穆（一八九五～一九九〇年），字賓四，江蘇無錫人，中國近現代著名史學家。錢穆一生的學術活動涉獵十分廣泛，學術思想也不局限於史學，但是，史學卻是他一生治學的出發點和立足點。自二十世紀三十年代以〈劉向歆父子年譜〉（一九三〇年）、《先秦諸子繫年》（一九三五年）成名史學界和學術界後，到一九九〇年八月於臺北去世，他六十餘載的學術生涯留下近六十部著作，[1]其中史學著作約占一半。另外，還有大量散篇文章。[2]他是中國近現代著述最豐富的史學家之一，史學代表作有《國史大綱》、《先秦諸子繫年》、《中國近三百年學術史》、《國學概論》、《中國文化史導論》、《文化學大義》、《朱子新學案》、《國史新論》、《民族與文化》、《中國歷史精神》、《中國史學發微》、《中國歷史研究法》、《學籥》、《中國歷代政治得失》、《中國學術思想史論叢》和《古史地理論叢》等。錢穆的史學和學術著作包含著豐富而深刻的史學思想，形成了自己的史學思想體系，在中國現代史學史和學術史上占有重要地位。

錢穆在中國近現代史學上的重要貢獻不僅在於留下了豐富的史學著述和建立了獨特的史學思想體系，還在於他走著一條以中國傳統史學爲本、吸取西方史學思想和方法，來建設中國近現代新史學的「據舊開新」道路，其以儒家文化爲本位的民族文化生命史學思想體系在中國近現代史學史上是獨樹一幟的。他一生「爲故國招魂」，主張以「溫情和敬意」對待中國的歷史文化，對近代以來，尤其是「五四」新文化運動以來，史學領域以西方史學理論和方法爲旨歸和價值取向的各派史學進行了批判，反對歷史研究和學術研究中各種形式的民族、歷史和文化虛無主義。他反對「爲學術而學術」的治史態度與方法，強調史學的致用功能，主張以史學來經國濟世和復興民族文化。近現代中國歷史發展顯示出，中華民族的歷史文化依然有著旺盛和強大的生命力，世界歷史的發展也表明，西方文化中心論和按部就班走西方現代化道路的一元現代化模式是不足取的。錢穆的史學思想在今天愈益顯示出學術和思想上的意義和價值，它爲如何更好地建設有中國民族文化特色的新史學提供了許多有益的啓示和資鑒。再者，錢穆主張以史學來闡明中國民族文化的眞歷程、眞面目與眞精神，以史學來闡發、宏揚中國傳統文化，培養愛國愛民之心，復興中華民族。他終生以中國傳統文化爲自己歷史研究的中心，其民族文化生命史學爲宏揚中國傳統文化做出了重要貢獻。在探索走中國民族文化特色現代化道路的今天，錢穆的史學思想還透顯出現實意義和社會價值。因此，系統和深入研究錢穆的史學思想既有史學學術價值，也有社會現實意義。

然而，由於他的史學活動和思想與「五四」新文化運動以來史學界的兩大主流，即以進化論史觀爲理論基礎、以西方科學和民主爲方法和價值取向的史學和以馬克思主義歷史觀爲理論和方法的史學不合拍，爲此，很長一段時間他被視爲一個文化守舊派乃至封建文化衛道士而遭到冷落與批判。對錢穆史學思想的研究在相當長一個時期內是不夠客觀和公正的，與其在中國現代史學上的地位和貢獻相比也是很不相稱的。到目前爲止，中國大陸和港臺及海外學界對錢穆史學思想的研究比較薄弱，仍處於起步階段。已出版的十四本著述（包括學術專著、評傳、傳記資料、紀念文集、論集等），沒有一部是全面系統地論述錢穆史學思想的，僅在一些著作的部分章節論及錢穆的史學思想。在我目前搜集的一百九十多篇文章中（包括《錢穆傳記資料》、《錢穆與中國文化》、《錢穆先生八十歲紀念論文集》、《錢穆印象》一類的文集、紀念文集、傳記資料等所收的文章），論及錢穆學術思想的一百一十多篇，其中以論述錢穆史學及史學思想爲主的七十多篇。另外，一些傳記性和紀念性文章也涉及錢穆史學及史學思想。各時期對錢穆史學及史學思想研究的基本情況如下（有關著述詳見「錢穆史學和史學思想研究論著索引」）：

一九四九年以前討論和評述錢穆史學及其思想的文章約十一篇。除四篇是與錢穆討論子學和經學等古史研究的文章外，其餘主要是針對錢穆的《國史大綱》和《文化與教育》兩書的評論。此外，當時的一些學術專著或文章也對錢穆史學及其思想有評述，如顧頡剛的《中國當代史學》。由於當時的學術思想界以西化價值取向爲主導，所以，對錢穆史學及其思想讚譽者有之，但批評和反對者居多，他主要被視爲一個文化守舊派乃至封建文化衛道士。其中既有崇尚西方科學和民主的史學家和學者，也有馬克思主義史學家。客觀地說，中國近代各種西化的學術文化思想流派及其主張有它們存在的歷史必然性和不同程度的歷史作用，它們對錢穆史學思想的批判也不乏正確與合理之處。但是，不可否認，對錢穆史學思想一味進行否定和批判又未必能站得住腳。

一九四九年以後至八十年代中期以前，中國大陸發表有關論述錢穆史學思想的文章三篇，也有一些史學史和史學概論的專著提及錢穆的史學思想，如吳澤主編的《史學概論》。受這一時期特殊的政治氣候和學術環境影響，這些著述均對錢穆史學思想作了全面的批判。

自八十年代後期開始，中國大陸對錢穆學術思想的研究逐步得到重視，其中主要是對史學思想的研究，論及錢穆史學及其思想的文章四十餘篇（包括紀念性和傳記性文章），學術性文章約二十八篇。同時研究錢穆的各類專著（均為九十年代以後出版）、一些中國近現代史學史專著、一些研究新儒學（家）的專著也有專門章節或內容論及錢穆的史學及其思想。從總體上看，這一時期的研究力求較全面地揭示錢穆史學和史學思想的原貌，充分肯定其歷史的地位和貢獻。具體說來分以下四種情況：㈠將錢穆史學思想納入現代新儒學層面，加以闡述和肯定。如羅義俊稱錢穆的史觀為新儒學史觀，從歷史觀、史學觀、史學對象論、錢穆史學與當代新儒學的關係等方面，較詳細地分析和闡釋了錢穆的史學思想，對錢穆史學思想做了全面肯定，認為它開創的新儒學史學道路指明了中國現代史學發展的方向。㈡在對錢穆整體學術思想進行研究時，將錢穆史學思想作為一個部分進行梳理和評述，或者說，主要是從學術思想史的角度來研究錢穆的史學及其思想，肯定他在近現代史學和史學思想上的重要貢獻，及其在整個中國近現代學術思想史上的重要地位，如汪學群、郭齊勇和陳祖武等。㈢從史學史和史學思想的角度來研究和評價錢穆的史學思想，既肯定它的合理內容和重要價值，又指出它的錯誤和局限，陳勇在這方面有一定的研究。㈣許多學者（包括上面提到的一些學者）從不同角度對錢穆史學及其史學思想的民族文化生命特徵作了不同的程度的研究，如以民族文化觀、歷史文化觀、文化生命史觀或文化生命史學等來界定和概括錢穆史學及其思想的基本內涵和特徵。對錢穆史學思想的上述研究是一個良好開端，為進一步研究打下了基礎。不過，對錢穆史學思想的研究也存在三個方面的不足：㈠受研究起步晚，特別是研究資料缺乏等因素的制約，[3] 對錢穆學術思想和史學思想的研究一直沒有形成規模。中國大陸對錢穆的研究在八十年代末和九十年代前期形成了一個小高潮，此後又趨於低落，一九九六～一九九九年的研究論文約十二篇，每年平均三篇。同時，研究力量主要集中在少數幾個人。㈡目前的研究主要集中在發掘錢穆史學思想的合理性和積極意義，多是全面肯定，或不談、少談其局限和不足。這中間固然有個人學術觀點因素的影響，但不可否認存在研究上的片面性。㈢研究不夠全面、系統和深入，不少研究重在對錢穆史學和史學思想的某些方面進行介紹和梳理，對他的史學和史學思想進行全面系統和深入研究的學術專著迄今沒有。

就目前所能收集到的材料來看，港臺及海外在一九四九年後所發表的這方面文章五十餘篇（包括論及錢穆史學或學術思想的各種紀念性和傳記性文章）。由於錢穆在港臺和海外華語世界被視爲闡揚中國傳統文化的代表和「一代儒宗」，五、六十年代對他史學和史學思想的研究已經開始。但由於錢穆一九九〇年才去世，所以，紀念性的、傳記性的文章比較多，學術性的文章較少。錢穆一九九〇年八月去世後的一段時間，曾經發表了一批紀念性的文章，出版了一些紀念性的文集，其中大多涉及對錢穆史學和史學思想的介紹和評述。然而，對錢穆史學和史學思想作系統和深入研究的學術性文章不多。此後，有關錢穆史學和史學思想研究的學術論著就不多了。[4] 港台和海外有關錢穆史學和史學思想的研究情況大體上分三種：㈠較普遍的觀點是將錢穆視爲中國現代最有成就和影響的史學大師之一，認爲錢穆的史學及其思想代表了中國傳統史學走向新史學的道路，它爲保存和發揚中國傳統文化做出了重大貢獻。不過，對於錢穆是否屬於新儒家，他們之間存在分歧，既有把錢穆劃入新儒家的，如港臺新儒家第三代傳人之一的劉述先、唐君毅和牟宗三的一些弟子，[5] 也有反對將錢穆劃入新儒家的，如余英時等。對錢穆史學及其思想研究較多的港臺和海外華裔學者，有嚴耕望、余英時、李木妙和湯承業等。其中以余英時爲最，其研究文章結集爲《錢穆與中國文化》一書出版。㈡既肯定錢穆的民族文化觀在尋求傳統和現代結合與轉化過程中的積極意義與價值，又指出他的民族文化觀與中國現代化之間存在著難以克服的矛盾。這方面的代表作是美國學者鄧爾麟（Jerry Dennerline）的《錢穆與七房橋世界》。㈢對錢穆史學思想的某些方面提出批評，如，批評錢穆完全否定近代以來以進化史觀和科學實證爲特徵的新史學，一味頌揚中國傳統的歷史文化和史學，否認中國歷史上存在封建專制，貶低西方的科學和民主。這些學者也不少，比較著名的有新儒家代表人物徐復觀，他對錢穆的中國歷史非專制論進行了批駁。

由上可見，對錢穆史學思想進行全面、系統和深入的研究，不僅具有學術思想和社會現實的意義，而且也是十分必要的。

本書分上、中、下三編，將歷史方法和邏輯方法結合起來，力求對錢穆在史學領域的基本思想進行全面、系統和深入的分析研究。上編結合中國近現代史及文化思想發展的大背景，介紹和分析錢穆民族文化生命史學思想的形成、發展和完善過程。中編著重討論錢穆關於歷史進程的思想，即他的民族文化生命史觀。下編討論錢穆關於歷史學的思想，即他的人文主義生命史學觀。本文力求全面、具體地揭示錢穆史學思想的基本面貌，客觀評價錢穆史學思想的意義、作用及其局限和錯誤，給其在中國近現代史學史上一個較爲準確的定位。

錢穆認爲中西思維方式不同，他說中國傳統思想重「言」，往往通過言來表現思想，形成自身的體系。它不重邏輯分析和嚴密固定的體系結構，這和西方的哲學思維方式不同。錢穆的史學著作大多沿襲中國學術文化傳統的思維方式和表述方法，他的許多著作是由講演稿編輯整理而成，近似語錄體，其他許多著作也不是嚴格的章節體。他不注重對範疇、概念作明確的邏輯分析和陳述，而是從不同的角度進行解釋和敍述，他的思想很多是通過「言」來表達的。因此，本文在分析他史學思想的一些基本範疇、概念和命題時，盡可能全面地徵引他的各種表述原文，然後進行分析和歸納，以求把握他對某一範疇、概念和命題的最本質和恰當的解釋。

註釋

1 目前對錢穆生前著作的統計結果有相當差異。據香港學者李木妙的統計是九十六部（「錢穆教授著作目錄」，《國史大師錢穆教授生平及其著述》，香港新亞研究所，一九九四年版）。錢穆夫人胡美琦的統計是七十部（胡美琦〈錢賓四先生著作（專書）目錄〉，江蘇省無錫縣政協編《錢穆紀念文集》，上海人民出版社，一九九二年四月版）而據《錢賓四先生全集》（臺北聯經出版事業公司，一九九五年五月初版）的統計是五十七部。造成這種統計結果出現差異的原因是各方的統計標準不同。由於錢穆的著作出版年月前後時間跨度很大，有些早期著作後來被收入後期的新著作中，如《史學導言》後來被收入《中國史學發微》。這類著作很多。有些著作是另一著作內容的一部分，但作爲單行本出版過，如《朱子學提綱》實爲《朱子新學案》的序。有些著作原來出版時的書名與後來修改後再版的書名不同，如一九三〇年商務印書館出版的《王守仁》，在一九五五年由臺灣中正書局出版時易名爲《陽明學述要》。《錢賓四先生全集》對錢穆著作的收編考慮到上述幾方面的情況，對其內容重合、前後書名不同而內容大體一致的著作重新編集整理。但是，《錢賓四先生全集》沒有將錢穆的《黃帝》（合著）和《中國通史參考資料》收入。這裏大體採用《錢賓四先生全集》的統計數字。

2 這些文章後來大部分收入他晚年所編集的各種著作中，如《歷史與文化論叢》、《中國學術思想史論》、《中國文化叢談》、《學籥》、《古史地理論叢》、《中國學術通義》和《新亞遺鐸》等。而未收入這些著作的文章，在錢穆去世後，又基本被收入《錢賓四先生全集》。關於錢穆著述文章的詳細情況可參見羅義俊〈錢穆論著編年目錄〉（《錢穆學案》，載方克立、李錦全主編《現代新儒家學案》中，中國社會科學出版社，一九九五年九月第一版），李木妙《國史大師錢穆教授生平及其著述》的「錢穆教授著作目錄」，孫鼎承〈錢賓四先生論著年表〉（《中國學人》第二期，一九七〇年九月）。

3 錢穆的史學著述十分豐富，但目前中國大陸的錢穆著作卻十分缺乏。錢穆在一九四九年前的史學著作相對一九四九年後在港臺的史學著作要少得多，而他在港臺的著作在大陸除北京、上海和南京等少數城市的少數研究機構、大學和個別研究人員外，很難見到。其一九四九年前的史學著作二十世紀八、九十年代在中國大陸重新出版的也很少，僅有《國史大綱》、《國學概論》、《中國近三百年學術史》、《中國文化史導論》和《先秦諸子繫年》等；其港臺著作在大陸出版的僅有《朱子新學案》、《現代中國學術論衡》和《八十憶雙親師友雜憶》等。目前臺灣出版的《錢賓四先生全集》僅在北京、上海和蘇州等個別城市的極少數圖書館和個別研究人員處有收藏。至於港臺研究錢穆學術思想的狀況和資料在中國大陸也難以及時和全面地收集到。

4 港臺和海外有關錢穆史學和史學思想的研究狀況，二十世紀九十年代以前的主要參考朱傳譽主編的《錢穆傳記資料》（第一～三冊，臺灣天一出版社）、李木妙《國史大師錢穆教授生平及其著述》（香港新亞研究所一九九四年版）和中國社會科學院近代史所的《近代史研究》在二十世紀八十年代歷年編輯的「臺灣、香港出版中國近代史研究論著目錄」等著述中的有關資料整理而成。二十世紀九十年代以後港臺和海外錢穆史學和史學思想的研究狀況，主要根據中國社會科學院近代史所的《近代史研究》在二十世紀九十年代歷年編輯的「臺灣、香港出版中國近代史研究論著目錄」、馬先醒主編的《民間史學》「錢賓四先生逝世百日紀念」（臺北民間史學雜誌社，一九九〇年冬）、江蘇省無錫縣政協編《錢穆紀念文集》（上海人民出版社，一九九二年版）、余英時《錢穆與中國文化》（上海遠東出版社，一九九四年版）和羅義俊〈負擔起中國文化的責任」——錢穆先生百齡紀念學術研究會述要〉（《學術月刊》一九九五年第十期）等論著中的有關資料整理而成。

5 參見《唐君毅思想國際會議手冊——新儒家著作展》，香港法住文化學院，一九九八，十二，二十六～二十七。轉引羅義俊〈論國史大綱與當代新儒家〉，《史林》一九九二年第四期。

上編

錢穆民族文化生命史學思想的形成、發展和完善

第一章

民族文化史學思想的萌發和以史學爲本位學術道路的發軔

一八九五年七月，錢穆出生在江蘇省無錫縣七房橋村。在童年和青少年時期（一九〇一～一九一一），他接受了較好的傳統教育和新式教育。一九一二～一九二二年執教小學期間，[1]他苦讀國學典籍，爲此後從事史學研究打下了較堅實的學術基礎。一九二二年秋～一九三〇年秋執教中學時期，[2]他開始將苦讀苦學苦思所得進行初步整理和總結，寫出了一些頗有份量的學術著作，開始步入以史學爲本位的學術道路。同時，他也十分關注當時的新思想，從中吸取了不少新觀念和方法。在他史學思想的萌生和初步發展時期，其史學思想的民族和文化生命特徵已經有了一定的顯露。

一、家世影響與學生時代

錢穆從小生長在一個日漸破敗的書香世家，祖父錢鞠如和父親錢承沛都早逝。父親在他十二歲時便離世，這使他一家只能仰仗本族懷海義莊的撫恤度日。

祖父和父親的早逝使錢穆在童年時未能受到較系統的家庭教育。但錢氏家族一直以詩書禮樂傳家，勤學苦讀，名聞鄉里。這種家教世風的陶冶引導和啓悟著童年的錢穆步入求學之路，使他對中國傳統文化有了初步的和感性的體會和認識。尤其是祖、父輩對傳統史學的精勤與喜好使他自小就受到了習染。祖父錢鞠如精於《史記》，有五色圈點及批註的大字木刻本《史記》，錢穆說：「余自知讀書，即愛《史記》，皆由此書啓之。」[3]他又喜聽父親爲兄長講史書。有一時期，其父爲兄長講《國朝先正事略》諸書，說及讀史書要注意書中言語的隱諱和言外之意，他在枕上竊聽，「喜而不寐」。[4]父親去世後，他喜歡誦讀其遺下的詩賦，尤愛其中的〈岳武穆班師賦〉，賦中宣講的民族觀和忠義觀對他影響深遠，他說：「余自幼即知民族觀念，又特重忠義，蓋淵源於此。」[5]同時，錢穆父輩爲人行事表現出重情感道德禮義的傳統風範，如，錢父行事守禮義忠節，盡心鄉族之事，備受族人尊敬，錢母對子女仁慈厚愛，對族人寬柔謙讓，也讓他終生難忘。他視此爲自己生命的本根，特在晚年寫《八十憶雙親》以誌此情此意。他說：「此乃常縈餘之懷想中者，亦可謂余生命中最有意義價值之所在。余之八十年生命，深根固柢皆在此，非可爲外人道。」[6]錢穆後來對中國歷史文化作一種生命化的理解，顯然是受到了童年和少年時代家庭生活的深刻影響。在他看來，父輩爲人行事所蘊涵和體現的中國傳統文化精神是一種超越個人肉體的歷史文化生命。這種歷史文化生命由父輩轉而播種於他的生命中，再由他去承傳延續。

錢穆七歲入私塾正式讀書。他天賦聰慧，強記善文，習古文，朗讀三遍即能背誦。他喜讀《三國演義》，並寫成〈關羽論〉和〈張飛論〉等數十篇散文，反映他少年時已對忠孝節義一類的歷史人物產生了濃烈興趣。他後來特別強調歷史人物在歷史演進中的決定作用和中心地位，將道德心性視為評價歷史人物的標準，說中國史學的主要精神便是重視對歷史人物的記載和褒貶，此時已見端倪。

一九〇四年，十歲的錢穆入蕩口鎮果育小學開始接受新式小學教育。不過，當時新式學校經史子集的國學教育依然濃厚，教師多碩儒宿學。國文教師華紫翔教中國古體文，上自《尚書》，下迄晚清曾國藩，經史子集都有，皆取各時代名作，一時代不過數人，每一人只限一篇。這使錢穆逐步領會到治學要貫通古今和旁通諸科，他說：「其後所學有進，乃逐漸領悟到當年紫翔師所授，雖若僅選幾篇文章而止，而即就其所選，亦可進窺其所學所志之所在矣。」[7]華紫翔教學沒有辭章和義理的門戶之分，對錢穆也深有啓發，他說：「余此後由治文學轉入理學，極少存文學與理學之門戶分別。」[8]華紫翔講授曾國藩〈原才篇〉的「風俗之厚薄奚自乎，自乎一二人之心向而已」對他的影響尤大。此言本質上是說歷史的動力在於人心。他說，自己晚年始深知人才原於風俗，而風俗可以起於一己之心向，「則亦皆是紫翔師在余童年之啓迪，有以發之也。」[9]另一對他影響很大的是國文老師顧子重。顧子重曾贊尚錢穆作文文氣浩蕩，說它日有進，當能學韓愈。他驟聞震撼，說：「自此遂心存韓愈其人。入中學後，一意誦韓集。余之正式知有學問，自顧師此一語始。」[10]同時，顧子重在歷史與地學上兼通中外，時發精闢之論。錢穆說：「余中年後，治學喜史地，蓋由顧師導其源」[11]此外，瞿師講授《左傳》歷史人物時爛熟於心，如數家珍，也給他留下深刻的印象。上述教師傳授的傳統知識和治學方法為錢穆後來治學打下了良好的國學根基。他晚年感觸極深，回憶說，七十年前一小市鎮小學，「能網羅如許良師，皆於舊學有深厚基礎，於新學能接受融會。此誠一歷史文化行將轉變之大時代，惜乎後起者未能趁此機運，善於倡導，雖亦掀翻天地，震動一時，而卒未得大道之所當歸。禍亂相尋，人才日趨凋零，今欲在一鄉村再求如此一學校，恐渺茫不可復得矣。」[12]

一九〇七年冬，錢穆考入常州府中學堂。其間在治學方法和精神、特別是在史學上對他產生影響的，主要是後來成爲著名史學家的呂思勉和著名蒙元史學家屠寄。呂思勉是學校最年輕的教師，教歷史和地理。他講課娓娓不斷，時有鴻議創論，卻無閑言雜語，「聽者如身歷其境，永不忘懷。」[13]以後，師生兩人過從甚密，經常書信往來討論史學，尤其是今古文經學問題。學校監督（校長）屠孝寬之父、蒙元史專家屠寄的治學精神更令他感動。一日，他偶得進入屠寄書齋，見書桌上有唐代李義山的詩集，眉端間幾乎寫滿了工整的小楷朱筆批註，還有碎紙批註放在每頁夾縫中，似臨時增入，書旁有五色筆，似尚在添寫。他一時呆立，以爲太老師是一史學巨宿，不知其還精研文學，又值晚年尚精勤不息，「此眞一老成人之具體典型，活現在余之目前，鼓動余此後向學之心，可謂無法計量。較之余在小學時，獲親睹顧子重、華紫翔諸師之日常生活者，又另是一境界。」[14]

受清末民初教育新思潮和教育改革的影響，中國東南地區的中小學，在教育內容上吸取了許多西方的文化科學知識，教學方法也有不少改變。學校許多教師對西學亦有不同程度的旁通。如受錢穆推重的錢伯圭是留學日本的，顧子重學兼中西。一般的舊學宿儒受時代潮流的影響，也接受了一些新知識和新思想。這樣的教育環境自然使錢穆從小就受到西方文化知識和思想的初步教育。他讀私塾時，塾師就講過《地球韻言》。他從小好學，對當時譯介和宣傳西學的有關書籍多有接觸。一九〇七年，他投考常州府中學堂未果（後又被錄取），於是在家取兄長所購書逐冊苦讀，他說：「一書忘其名，皆選現代名家作品，始讀及梁啓超之文。」[15]一九〇七年冬，他乘船赴常州府中學堂讀書，十分興奮，「特在船上暢述新讀一名學書，詳論演繹歸納法。」[16]錢穆注意學習和瞭解新思想的習慣一直保持下去。一九一二年，他讀嚴復所譯斯賓塞《群學肄言》和穆勒《名學》，此後，「遂遍讀嚴氏所譯各書，然終以此兩書受感最深，得益匪淺」。[17]約在一九一三年，他爲報考北大，曾細讀被北大定爲教本的夏曾佑《中國古代史》，「得益亦甚大」。[18]錢穆史學研究的重要特點之一是，常以中西比較來說明中西歷史文化的優劣得失，闡釋中國歷史文化的生命力和優越性，這與他從小便接受西方文化思想的初步教育和對西方文化知識的學習是分不開的。

十九世紀末二十世紀初，西方列強企圖全面瓜分中國，由此引發了民族主義思潮的急劇高漲和中西文化孰優孰劣的論爭。無錫毗鄰近代中國社會變革中心的上海，在政治革命與文化思想上是相當活躍的，因此，錢穆從小就耳聞目睹了近代中國的急劇變動以及由此引發的各種問題。其中，民族主義和中西文化孰優孰劣兩大時代問題在他心底產生了巨大震撼，直接引發他走上了以史學經國濟世的學術道路，其史學思想特別注重民族觀念和文化觀念，最初原因即在此。

錢穆說，自已生於甲午中國戰敗之年，「我之一生，即常在此外患紛乘，國難深重之困境中。……我之稍有知識，稍能讀書，則莫非因國難之鼓勵，受國難之指導。」[19]在果育小學讀書時，他最喜歡的體操教師錢伯圭對他說，《三國演義》說天下合久必分、分久必合和一治一亂，這是中國歷史走上了錯路，故有此態。如今歐洲英法諸國，合了便不再分，治了便不再亂，中國此後正該學它們。他說：「余此後讀書，伯圭師此數言常在心中。東西文化孰得孰失，孰優孰劣，此一問題圍困住近一百年來之全中國人，余之一生亦被困在此一問題內。而年方十齡，伯圭師即耳提面命，揭示此一問題，如巨雷轟頂，使余全心震撼。從此七十四年來，腦中所疑，心中所計，全屬此一問題。余之用心，亦全在此一問題上。余之畢生從事學問，實皆伯圭師此一番話有以啓之。」[20]錢伯圭又告訴他今天的皇帝不是中國人（按：指漢人）。他驟聞大驚，後從父親處得知皇帝是滿洲人，他說：「余自幼即抱民族觀念，同情革命民主，亦由伯圭師啓之。」[21]又據錢穆的弟子余英時說：「他在新亞書院多次向我們同學講演，都提到梁啓超的『中國不亡論』曾在他少年的心靈上激起巨大的震動。」[22]處於血氣方剛時期的錢穆，也常表露出激奮昂揚的民族主義言行。一九一〇年冬，他因故從常州府中學退學，偶讀譚嗣同《仁學》，大爲興奮，立即剪去長辮，這在當時實爲一革命黨人的舉動。次年春，他轉入南京私立鍾英中學五年級。每天晨暮聞環城軍號，便心儀陸軍學生之壯肅步態，民族熱血湧動，常思從軍出山海關，與日俄對壘。余英時認爲，錢穆與當時大多數青少年的不同在於，他沒有走上政治救國的革命道路，而是轉入了歷史研究，「他深深爲梁啓超的歷史論證所吸引，希望更深入地在中國史上尋找中國不會亡的根據。錢先生以下八十年的歷史研究也可以說全是爲此一念所驅使。」[23]余英時又說，「『五四』以前，『梁啓超、章炳麟和國粹學報派所提出的種種問題對錢先生實有支配性的影響。他深信中國文化和歷史自有其獨特的精神；這一點無疑是承清末的學風而來。」[24]余英時關於民族主義激發和驅使錢穆走上以史學救國學術道路的解釋是極爲深刻的。

二、邊教邊學，苦讀國學典籍

一九一二年元旦，十八歲的錢穆因家貧輟學，失去了進入大學接受更多教育的可能。該年春，他進入本鄉秦家渠小學任教。自一九一二年到一九二二年秋，他先後在家鄉的四所小學任教。這十年是他一生讀書最勤苦的時期。吳相湘說，在十年小學教學生涯中，「錢仍充分利用餘暇以自學，努力研究傳統經史子書及唐宋諸大家的古文辭，這樣的緊張生活近十年，錢的學術基礎因以奠定。」[25]

錢穆以未進大學爲憾，不過這更激勵了他走自學成材的道路。他從教十年，未嘗一日廢讀棄學，自學之路十分艱難。他說：「自念少孤失學，年十八，即抗顏爲人師，蟄居窮鄉，日夜與學校諸童同其起居食息。常以晨昏，私窺古人陳編。既無師友指點，亦不知所謂爲學之門徑與方法。冥索逾十載，始稍稍知古人學術源流，並其淺深高下，是非得失。」[26]不過，他自信「學問」來自「工夫」，逐步摸索和總結出自己的一套讀書求學方法。這些方法主要有：一是，效古人剛日讀經、柔日讀史之法，早晨讀經、子，晚上讀史，午間讀閒書。授課之暇，則閱覽報刊雜誌。二是，讀書求其勤。三是，養成自首至尾畢卷通讀的習慣，不散讀和抽閱。四是，特別喜歡讀有關人生教誨的書，如《曾文正公家訓》和《論語》等，意在求知行合一與生命修養，他說：「或許是我個人的性之所近吧！我從小識字讀書，便愛看關於人生教訓那一類話。」「凡屬那些有關人生教訓的話，我總感到親切有味，時時盤旋在心中。二十四五歲以前讀書，大半從此爲入門。」[27]這與他後來對歷史文化作「人生」化的理論解釋有直接關係。後來，他將此間養成的良好讀書方法不斷繼承發揚，成爲從事學術研究的利器。他還對照古人和前人的讀書之論，寫出不少專論讀書和治學方法的重要著述，後來主要收入《學籥》等書。他對朱子所論讀書法特別推崇，晚年曾對學生說，《學籥》中最重要的是〈朱子讀書法〉一文，自己「畢生學問之長進，得力於此者甚多」。[28]又說，故朱子教人讀書，「同時即是一種涵養，同時亦即是一種踐履。朱子教人讀書，乃是理學家修養心性一種最高境界，同時亦即是普通讀書人一條最平坦的讀書大道。」[29]錢穆論讀書法，已從具體的讀書法上升到治學方法論的層面，並且重視剖析讀書與爲學方法背後所反映的時代風氣與文化思想的變動，以及讀書治學與人生行事的合一關係，這正是對中國傳統治學方法及其思想的繼承與發展。《學論》所收〈學術與心術〉和〈近百年來之讀書運動〉等正是闡述這些問題的心得。他對讀書方法與史學方法的論述在精神上是一致的，他此間對讀書方法的探索和領悟，亦是他史學方法思想的萌生。

錢穆所讀之書涉及經史子集，這爲他步入史學研究道路打下了堅實基礎。同時，通過大量閱讀前人之書，他逐漸領悟了治學門徑，由僅知辭章之學，到轉知義理之學和考據之學，到最後知治史學。他因小學國文教師稱其將來能學韓愈，遂心存韓愈。進中學後窺讀韓文，始知有學問。他又從韓愈旁及柳歐諸家，因此得見姚鼐的《古文辭類纂》和曾國藩的《經史百家雜鈔》。一九一二年，他因家貧輟學爲鄉里小學教師，「既失師友，孤陋自負，以爲天下學術，無逾乎姚曾二氏也。」[30]後同校一教師問及同是古文選鈔，何以治古文者獨稱姚曾，而不重清代本鄉浦起龍的《古文眉詮》。他自感非遍讀諸家全集不足以窺姚曾取捨之標的，遂決意先讀唐宋八家。當讀及王安石集論議諸卷，大好之。而凡其所喜，姚曾皆未選錄，因此，他悟得了「文人之文」與「學者之文」的分別。他說，姚氏所選重文不重學，而自己性近或在學不在文，「我遂由荊公轉下讀朱子與陽明兩家，又上溯群經諸子。其時尚受桐城派諸家之影響，不懂得注意清儒考據。但讀至墨子，又發覺有許多可疑及難通處，乃知參讀清末人孫詒讓之《墨子閒詁》。[31]從此起，再翻讀清儒對其他諸子之訓釋校訂。在此以前，我雖知姚曾兩人都主張義理、辭章、考據三者不可偏廢之說，但我心中一向看不起訓詁考據，認爲一字經考證而衍成爲三數百字，可謂繁瑣之甚，故不加措意。至此才知我自己性之所好，不僅在文章，即義理、考據方面，粗亦能窺其門徑、識其意趣。」[32]又說，自己由讀唐宋八大家的文章，「遂悟姚曾古文義法，並非學術止境。韓文公所謂因文見道者，其道別有在。於是轉治晦翁陽明。因其文，漸入其說，遂看傳習錄、近思錄及黃全兩學案。又因是上溯，治五經，治先秦諸子，遂又下迨清儒之考訂訓詁。宋明之語錄，清代之考據，爲姚曾古文者率加鄙薄之，余初亦鄙薄之，久乃深好之。所讀書益多，遂知治史學。」33

錢穆還勤於思考書中提出的各種問題，這促成他日後在一些重大學術問題的研究上做出了重要成績。如，一九一八年，他讀南宋葉適的〈習學記言〉。他說：「余對程朱所定〈四書〉順序《論語》、《大學》、《中庸》、《孟子》，孔曾思孟之排列，早年即抱懷疑，即受水心〈習學記言〉之影響。」34正是由於對程朱理學所定〈四書〉排序和孔曾思孟儒學道統序列的懷疑，促使他後來對宋明理學，尤其是〈四書〉學作了深入研究，並卓有貢獻。這也說明了他早年求學沒有受傳統儒學正統觀和理學道統觀的束縛。

三、以史學的立場和方法開始研治子學和經學

如果說從教小學的十年苦讀爲錢穆日後治學奠定了堅實的國學根基，那麼，一九二二年秋至一九三〇年秋的中學從教生涯，則是他從事史學研究的發端期。他讀書力求廣博會通，由集部到經部和子部，轉歸史部，治學則先以專馭通，由子學和經學入史學，把子學、經學和史學緊密結合起來，用史學的眼光和方法治子學和經學。他以考據治史，卻又超脫考據。這已顯露他史學方法思想的基本方向與特徵。

這一時期錢穆的史學研究主要是在先秦諸子方面。對墨子的關注是他研究子學之嚆矢，約在一九一八

年任教梅村四小期間。[35]但他對子學的系統研究，則始於一九二三年秋在蘇州中學開始寫《先秦諸子繫年》時。他從歷史的角度、以史學立場和方法著手研究先秦子學，具體表現在以下三個方面：

一是，從考訂孔子和孟子開始研究諸子。他在《先秦諸子繫年》「自序」中說，自己研究先秦諸子，是因爲研究孔子和孟子而發現先秦諸子及其思想與相互關係的歷史眞相未能被古人和近人說清，「且夫後世之積訛襲非，有足爲考年繫世之障者，又豈僅於時君世系之錯亂，諸子往跡之晦沈而已耶？蓋自劉班著錄，判爲九流，平章學術，分別淵源，其說相沿，亦幾二千載於茲矣。習非成是，積信爲主，則亦莫之疑而難以辨也。」[36]他的先秦諸子研究就是要從史學立場出發，實事求是地還先秦諸子及其思想的歷史本來面目。

二是，從歷史事實出發先考訂六國統系，再以通變的歷史眼光依據史籍去辨明和排定諸子年世，以動態的研究方法尋求諸子事跡眞相及其淵源遞變關係。同時，他破除學科間門戶壁壘，採用會通的歷史研究法，將子書與史書結合起來，視子學爲史學，並結合當時的社會歷史背景來研究這一問題。

三是，把諸子研究建立在嚴密的考據之上，以嚴格的考據來澄清先秦諸子及其思想的遞變關係。他對前人治諸子的三病和自己治諸子的三長的分析集中體現了這一思想。他說：「蓋昔人攷論諸子年世率不免於三病。各治一家，未能通貫，一也。詳其著顯，略其晦沈，二也。依據史籍，不加細勘，三也。惟其各治一家，未能通貫，故治墨者不能通於孟，治孟者不能通於荀。自爲起迄，差若可據，比而觀之，乖戾自見。余之此書，上溯孔子生年，下逮李斯卒歲。前後二百年，排比聯絡，一以貫之。……以諸子之年證成一子，一子有錯，諸子皆搖。用力較勤，所得較實。此差勝於昔人者一也。惟其詳於著顯，略於晦沈，故于孔墨孟荀則考論不厭其密，於其他諸子則推求每嫌其疏。不悟疏者不實，則實者皆虛。余之此書，一反其弊。凡先秦學人，無不一一詳考。……參伍錯綜，曲暢旁達，而後其生平出處師友淵源學術流變之跡，無不粲然條貫，秩然就緒。著眼較廣，用智較眞。此差勝於昔人者二也。而其精力所注，尤在最後一事。前人爲諸子論年，每多依據《史記》六國表，而即以諸子年世事實繫之。……然《史記》實多錯誤，未可盡據。余之此書，於先秦列國世系，多所考核。別爲通表，明其先後。前史之誤，頗有糾正。而後諸子年世，亦若網在綱，條貫秩如矣。尋源探本，自無踵誤襲謬之弊。此差勝於昔人者三也。」[37]錢穆後來明確主張的兩種基本史學研究法，即通與變、通與專相結合的方法，在他的先秦諸子研究中已有充分的反映。

在上述方法和思想指導下，錢穆的諸子研究得出了自成一家的結論。它與近代以來不少學者的子學研究擡高道家、墨家和法家等不同，而是肯定儒家在先秦諸子學中的本源和中心地位；同時，又不像傳統學術將孔孟之學高擡爲經學，超然於諸子之上。他說，先秦學術「惟儒墨兩派。墨啓於儒，儒原於故史。其他諸家，皆從儒墨生。……而諸家之學，交互融洽，又莫不有其旁通，有其曲達。分家而尋，不如別世而觀。尋宗爲說，不如分區爲論。反覆顚倒，縱橫雜出，皆有以通其源流，得其旨趣，萬變紛紜而不失其宗。然後反以求之先秦之史實，並世學者師友交遊之淵源與夫帝王賢豪號召羅致之盛衰興替，而風會之變，潮流之趨，如合符節，如對契印。」[38]

錢穆史學研究的另一重要成就，是一九二九年寫的〈劉向歆父子年譜〉一文。該文是他應顧頡剛之邀爲《燕京學報》撰寫的，意在破晚清以來今古文之爭的謬見，特別是當時主宰經學界的今文經學殿軍康有爲的劉歆遍造古文經之說。他說：「余讀康氏書，深疾其抵悟，欲爲疏通證明，因先編劉向歆父子年譜，著其實事。實事既列，虛說自消。」39

錢穆始知經學今古文之爭約在一九一三年。當時爲報考北大，他讀夏曾佑的《中國古代史》，「夏氏備列經學上今古文傳說各別。余之知經學之有今古文之別，始此。」40又說：「余自在後宅，即讀康有爲《新學僞經考》，而心疑。」41這一時期，他因教授《論語》、《孟子》和《國學概論》等開始研究先秦諸子，同時引及對經學問題的更多關注。加之他十分關心當時文化思想界的重大問題，遂對晚清以來的今古文之爭產生了探本求源的強烈欲望。〈劉向歆父子年譜〉所採用的方法是，既不是從今古文之爭的門戶之見入手，也不是從經書考辨入手，而是根據史書《漢書．儒林傳》的有關史實，釐清了自西漢宣帝石渠閣奏議到東漢章帝白虎觀議五經異同的一百二十年間，經學各家各派的師承家法與經師論學歧異與焦點所在，指出康有爲所謂劉歆爲助王莽篡漢僞造古文經之說有二十八處不通。這種以史治經和引經入史的方法，關除了康有爲的劉歆遍造古文經之說，打破了道咸以來今古文之爭的門戶壁壘。這種研究不僅打破了經學內部的門戶，也打破了經學與史學的門戶，融經學研究與史學研究爲一體。從這兩方面來看，也已顯露出他後來史學方法論的另二種基本思想，即會通的方法與史學的方法。一切學術本是融會貫通的，治學必須要會通。任何學術問題都是史學問題，治學必須要有史學的眼光和方法。再者，這還不單是破除治學門戶之見，它實際上包含著如何正確對待學術研究的「求眞」與「致用」，是因「用」棄「眞」？還是求「眞」致「用」？按照錢穆後來的說法，這是一個「道德與心術」和「學術與心術」的關係問題。

錢穆以考據治史，在諸子學、經學上取得了重要成績，爲當時和以後的大多數學者所承認（儘管評價的角度和程度不同）。42他也由此步入史壇，聲名鵲起。但是，他卻不以考據自限，他認爲考據並非史學的全部。對當時史學界推崇的清代考據學，他一方面承認其對整理古籍有巨大貢獻，同時又反對將史料考據等同於史學，稱考據學「最其所至，實亦不過爲考史之學之一部。」[43]他作歷史考據有更高的目標。他說，自己考辨先秦諸子年世原是爲了寫《先秦諸子學通論》，「而考求諸子生卒行事先後，亦當先《通論》成書。否則諸子之年世不明，其學術思想之淵源遞變，亦自無可確說也。」後因各種原因，「而所欲作《通論》者，迄未暇爲」。[44]《繫年》是一部考證之作，但「自序」卻高屋建瓴地對先秦諸子思想的演變與戰國時代的歷史關係作了精闢扼要的闡說，亦可說是一篇《先秦諸子學通論》。他寫〈劉向歆父子年譜〉不僅是爲了說明劉歆沒有僞造經書的歷史事實，更是爲了批判康有爲以「用」棄「眞」的治學態度及其不講「史德」的學術風氣。不過，這一時期他對考據與史學關係的認識還是初步的。因爲，他對歷史研究中考據與義理的關係沒有做出明確和深刻的論述。而且，他對治史應超於考據之上的理解也基本上停留在解釋清楚歷史事實的層面，並未自覺上升到以治史來闡揚中國傳統文化精神的高度。

四、「『民族精神之發揚』與『物質科學之認識』並進」文化觀的內在矛盾

一九一二～一九三〇年間，伴隨著西方政治、經濟和軍事侵入的進一步加深，西方文化思想對中國的衝擊如排山倒海，中國近現代文化思想開始發生一場巨大的變革。始於一九一五年的新文化運動，攜西方科學和民主的力量，以不可阻擋之勢席捲全社會，尤其是文化學術思想界。立志以學術救國的錢穆對此自

然極爲關注。[45]他一方面對新文化運動的科學方法頗加讚賞，對西方科學力主吸納；另一方面，又提出民族文化在中國復興中具有「本根」地位和作用，反映了重民族觀念的文化價值取向。他說：「則自此以往，學術思想之所趨，夫亦曰『民族精神之發揚』，與『物質科學之認識』是已。此二者，蓋非背道而馳、不可並進之說也。至於融通會合，發揮光大，以蔚成一時代之學風，則正有俟乎今後之努力耳。」[46]

這一時期，錢穆對西方的科學文化及其在中國引發的思想文化領域的變革持歡迎態度，對近世以來各種新思潮，特別是新文化運動的科學方法、成就及其代表人物作了積極評價。他說：「新文化運動，唱自胡適之、陳獨秀，以文學革命爲旗幟，……以社會道德思想一般之改進爲目的，……以西洋之科學與民治爲趨向之標準，……以實驗主義的態度，爲下手之方法。」[47]他對胡適實驗主義（亦稱實用主義）作了很高評價，稱實驗主義是新文化運動的哲學根據，是自嚴復開始介紹西洋思想以來，最有主張和最能對國人產生切實影響的學說，「新文化運動之經過中，有功於社會者，皆能明瞭此實驗主義而不背焉者也。至於新文化運動中之一切流弊，正緣不能瞭解此實驗主義之眞精神與確切應用其方法耳。」[48]對二十世紀二十年代以後的中西文化論爭，他並不站在保守的梁啓超、梁漱溟和學衡派一邊，稱梁漱溟的《東西文化及其哲學》於新文化運動有補偏救弊之意，但其中國文化不能產生科學的論調卻受了陳獨秀派獨斷論的遺毒，並無細密的歷史證據，而胡適〈讀梁漱溟先生的東西文化及其哲學〉一文所說「文化是民族生活的樣法。民族生活的樣法，是根本大同小異的」的文化觀，「足以矯正梁漱溟氏東西文化根本相異之臆說。」[49]他把學習西方科學當作學術文化復興的兩個基本條件之一。

在這種思想指導下，他對近代以來在新思潮支配下產生的學術有許多認同，沒有認識到它們背後反民族文化傳統的思想意義。他稱晚近學者章炳麟、胡適、梁啓超等以西方哲學來研治諸子學，使子學大白，「清儒尊孔崇經之風，實自三人之說而變。學術思想之途，因此而廣。啓蒙發凡，其說多疏，亦無足怪。論其轉移風氣之力，則亦猶清初之亭林、梨洲諸家也。」[50]他對當時疑古史學在根本上持積極肯定的態度，聲稱只有破除一切崇古之見，「學術思想，乃有新機。此今日考論古史一派，實接清儒『以復古為解放』之精神，而更求最上一層之解決，誠爲不可忽視之一工作也。」「若胡適之、顧頡剛、錢玄同諸家，雖建立未遑，而破棄陳說，駁擊舊傳，確有見地。」[51]又說胡適、顧頡剛和錢玄同等人的疑古之作和思想，「雖同爲論證未全之說，要其對經史上同爲探本窮源之工作，同有可以注意之價值也。」[52]這裏，錢穆雖說疑古史學有「建立未遑」、「論證未全」的不足，但這是技術和方法層面的批評，而非對疑古史學反傳統本質的批評。這一時期，錢穆的諸子研究和經學研究也在一定程度上受到實用主義方法和觀念的影響，這從他對胡適實用主義的上述評價及其稱胡適對顧頡剛古史辨研究方法，即「剝皮主義」方法的稱譽便可推論出。[53]他的經學研究和子學研究破除了傳統學術觀的束縛，以歷史眼光來看待先秦諸子，不神化和聖化孔孟與儒家，而是將它們和其他諸子平等看待，都視爲與王官學相對的新興民間學（或稱平民學）。他說：「孔子以前未嘗有六經，孔子亦未嘗造六經。言孔子者，固不必專一注重於後世之所謂六經也。」[54]這種不以經學的眼光看待孔子的態度與近代子學研究精神有共同之處。有學者指出，錢穆此間的諸子研究受疑古史學影響，「也出現過一些疑古過勇之作」。[55]這種說法是有一定道理的。

另一方面，錢穆主張走納新而不棄故的民族文化復興道路，對近代以來、尤其是當時否定中國歷史文化的作法和思想進行了批評。他說，最近數十年來外侮浸逼，國人思變圖存日切，對中國社會的一切無不想急激求變。近世以來學術文化思想上以爲變者和以爲爭者，其明昧得失有不同，而出發點和歸宿都是「救國保種」。但因求變心切，由求變轉而棄故，「救國保種」轉成爲對民族歷史文化傳統的全盤否定，「有以救國保種之心，而循至於一切欲盡變其國種之故常，以謂凡吾國種之所有，皆不足以復存於天地之間者。復因此而對其國種轉生不甚愛惜之念，又轉而爲深惡痛疾之意，而惟求一變故常以爲快者。……則其救國保種之熱忱既失，而所以爲變者，亦不可問矣。」[56]他突出了民族主義的「本根」地位和作用，認爲中國的出路在於保存和發揚民族歷史文化。因此，他十分推崇孫中山的「三民主義」，說「三民主義」的精神始終在於救國，而尤以「民族主義」爲綱領，民權、民生，皆爲中華民族而言，「捨吾中華民族自身之意識，則一切無可言者。此中山先生革命精神之所在，不可不深切認明者也。」[57]他認爲戴季陶對孫中山的學說發揮最爲透闢。戴季陶提出，「三民主義」的根本目的是要恢復民族自信力，惟有這樣，然後可以復興中國民族；亦惟中國文化復興，然後世界人類才能得眞正的和平；今天中國的亂源，「靜的方面，在物質文明的不興；動的方面是在道德的墮落。……故求達三民主義之目的，第一在恢復民族的道德，第二在努力學西洋的科學。而民族的結合，則有賴於一種意識和力量與信仰，而不能單靠理智。」[58]錢穆說，戴氏思想「蓋能兼融兩派（按：指當時東西文化論爭中的兩派），而加以革命的活力，誠足爲一種健全之主張也」。[59]戴季陶思想的突出特點是強調民族性在文化中的決定作用，而中國文化的民族性即在它的道德性；恢復民族自信心，就是要恢復以道德爲本位的傳統文化的自信心。從錢穆對孫中山民族主義的極力推崇和對戴季陶思想的詳盡指陳和高度評價，可知他對孫中山的民族主義和戴氏民族文化復興方案是十分贊同的。總之，從錢穆對近代以來、特別是當時全盤否定民族歷史文化思潮的批判，和對孫中山、戴季陶民族主義思想的闡發，已經顯現出其民族文化生命史觀的取向。

這種文化價值取向在他的子學研究和經學研究中也得到體現，它與近代以來的子學和經學研究的文化價值取向是相反的。近代子學和經學研究的勃興，直至與疑古史學發生直接關係，不是一個單純的學術問題，從更廣義上說，是一重大的文化思想問題，對它們的不同看法，實質上關係到對中國歷史文化是否定還是肯定。《古史辨》從一九二六～一九四一年共編成七冊，其中有三冊（第一、三、五冊）是專門討論經學的，有兩冊（第四、六冊）是專門討論諸子學的，第二、七冊也與此有關。在「五四」新思潮支配下的子學研究和經學研究，撇開學術層面的「求眞」意義不說，其文化思想層面的「致用」意義是在通過對傳統文化的整理性批判，打破孔孟儒學在中國傳統社會和學術思想中的統治地位，意在反傳統。他們以平等眼光看待孔孟儒家與先秦諸子，實際上是要凸顯墨家、道家、法家等諸子的歷史地位，貶低孔孟儒家的地位。他們辨僞經書，意在否定儒家思想在中國傳統文化中的基本地位及其現實價值。疑古史學雖然與晚清的疑古有關聯，但又有本質的區別，它不單是一個學術運動，也是一個文化思想運動，旨在以學術研究來破壞和否定中國傳統的歷史文化。古史辨運動打破舊的古史體系，建立新的古史體系，就是爲了用新文化運動倡導的科學和民主的理論和方法去實現中國史學由舊史學向西方資產階級新史學的轉換。儘管錢穆當時沒有明確意識到這些學術研究背後反傳統的文化理論依據和本質，但他卻明白表示自己研究諸子學和經學，不在否定中國傳統歷史文化的偉大和先進。《國學概論》開首便說：「中國文化，於世界爲先進。古代學術思想，當有研討之價值。然夷考舊文，茫昧無稽；雖有美盛，未可苟信。」[60]他從孔孟研究進入子學研究，與近代以來多強調從墨家、道家、陰陽家等入手研究諸子學不同。這種不同不單是一個學術研究方法問題，它們的背後實際隱含著如何評價儒家和其他各家在先秦諸子學中的地位，進而言之，則僞如何看待孔孟儒家在先秦諸子學中的地位。他認爲先秦學術惟儒墨兩派，其他諸家皆從儒墨生；而墨啓於儒，孔子開諸子學之先河。這種學術觀點是貶抑孔孟和儒家的學者不會接受的。他的經學研究結論更是疑古學者根本反對的。疑古史學的中心論點之一是顧頡剛「漢學是攪亂史蹟的大本營」的觀點，這種觀點認爲，正是因漢代人、尤其是劉歆等人僞造典籍才使整個中國古史變得不可信。〈劉向歆父子年譜〉的結論卻是劉歆根本沒有僞造群經。倘若疑古史學接受這一觀點，那麼整個疑古史學的體系就會倒塌。

然而，錢穆主張「『民族精神之發揚』與『物質科學之認識』並進」的文化觀，並以此來評判新文化運動，實際上存在著不可避免的內在矛盾。61因爲，新文化運動的根本精神和宗旨就是要借西方科學和民主精神和方法來打倒中國傳統文化，尤其是中國傳統的道德倫理。胡適大力傳播實用主義（亦稱實驗主義），是因他認僞實用主義的科學精神和方法，簡言之，即「大膽假設，小心求證」，是用來打倒中國傳統文化的利器。錢穆卻沒有認識到這一點，他一方面說：「新文化運動之經過中，有功於社會者，皆能明瞭此實驗主義而不背焉者也。」另一方面又說：「至於新文化運動中之一切流弊，正緣不能瞭解此實驗主義之眞精神與確切應用其方法耳。」他把新文化運動的一切流弊，即反對民族文化傳統歸結爲正在於不瞭解實用主義的精神和方法，完全悖離了胡適實用主義的根本宗旨和精神。

錢穆主張走民族主義的中國文化復興道路，批判反傳統的歷史文化觀，體現了民族文化生命史學思想的發展路向。然而，他對新文化運動本質的認識又是膚淺的，反映出其歷史文化觀存在著內在矛盾，表明他對如何復興民族歷史文化的思考和回答還未成熟和定型。錢穆開始明確認識自己思想的這一內在矛盾，是在二十世紀三十年代以後，尤其是三十年代中後期，《國史大綱》的寫作便是他思想轉變完成的標誌。

註釋

1 此間，錢穆先後在無錫秦家水渠三兼小學、蕩口鎮私立鴻模學校（即果育小學）、梅村鎮無錫縣立第四高等小學和此後宅鎮泰伯市立第一初級小學任教。

2 此間，錢穆先後任教於廈門集美學校、無錫江蘇省立第三師範學校和蘇州中學。

3 《八十憶雙親 師友雜憶》，北京三聯書店，一九九八年第一版，第一二頁。（按：一，本論文注文中凡是未標明作者的文章和著作均爲錢穆所作。二，文中所引的著作僅在第一次引用時注明出版機構、出版時間和其他有關的版本情況。）

4 《八十憶雙親 師友雜憶》，第二二頁。

5 《八十憶雙親 師友雜憶》，第一四頁。

6 《八十憶雙親 師友雜憶》，第三六〇～三六一頁。

7 《八十憶雙親 師友雜憶》，第五一頁。

8 《八十憶雙親 師友雜憶》，第五一頁。

9 《八十憶雙親 師友雜憶》，第五一頁。

10《八十憶雙親 師友雜憶》，第四九頁。
11《八十憶雙親 師友雜憶》，第四八頁。
12《八十憶雙親 師友雜憶》，第五三頁。
13《八十憶雙親 師友雜憶》，第六〇頁。
14《八十憶雙親 師友雜憶》，第五九頁。
15《八十憶雙親 師友雜憶》，第五二頁。
16《八十憶雙親 師友雜憶》，第五三頁。
17《八十憶雙親 師友雜憶》，第八四頁。
18《八十憶雙親 師友雜憶》，第八九頁。
19《中國文化精神》，序，臺北三民書局，一九七三年一月再版，第一～二頁。
20《八十憶雙親師友雜憶》，第四六頁。
21《八十憶雙親師友雜憶》，第四六頁。
22余英時〈一生為故國招魂——敬悼錢賓四師〉，余英時《錢穆與中國文化》，上海遠東出版社，一九九四年十二月第一版，第二〇頁。
23余英時〈一生為故國招魂——敬悼錢賓四師〉，《錢穆與中國文化》，第二一頁。
24余英時〈一生為故國招魂——敬悼錢賓四師〉，《錢穆與中國文化》，第二三～二四頁。
25吳相湘〈錢穆闡揚傳統文化〉，《民國百人傳》（第四冊），臺北傳記文學出版社，一九七一年，第一八九頁。轉載于朱傳譽主編《錢穆傳記資料》㈠，臺北天一出版社，一九七九年版。
26《學籥》，序目，南天印業公司，香港，一九五八年八月初版，第一頁。

27《人生十論》，自序，人生出版社，香港，一九六三年三月第五版，第一頁，第三頁。

28 戴景賢〈從學賓四師二十年之回憶〉，《聯合報》副刊一九九〇年九月二十五日。轉見江蘇省無錫縣政協委員會編《錢穆紀念文集》，上海人民出版社，一九九二年四月第一版，第一四三頁。

29《朱子學提綱》，臺北東大圖書有限公司，一九八六年一月再版，第一六七頁。

30《宋明理學概述》，序，臺灣學生書局，一九七七年四月版，第一頁。

31 據錢穆的說法，他最早知道清代乾嘉學始於一九一二年。當時他得小字石印本的毛大可《四書改錯》一書，盡日攻讀。他說：「書中謂朱子注有如是多之錯誤，大爲驚奇。自後知讀清代乾嘉諸儒書始此。」（《八十憶雙親 師友雜憶》，第七九頁）但他對乾嘉學考據方法的眞正認識卻始於研讀《墨子》。

32〈關於學問方面之智慧與功力〉，《新亞遺鐸》，臺北東大圖書有限公司，一九八九年九月初版，第四五〇～四五一頁。

33《宋明理學概述》，序，第二頁。

34《八十憶雙親 師友雜憶》，第一〇二頁。

35 上文已述，錢穆讀《墨子》，疑書中錯誤，轉知清代孫詒讓《墨子閒詁》，遂因子學而知考據。他說，自己在二十年代初，「得讀章太炎梁任公胡適之諸人書，乃知墨學竟成爲當代一時之顯學，孫書特其嚆矢。而余亦終於寫出許多有關古名家墨經及惠施公孫龍諸人之論文，今俱已收集於近編《中國學術思想史論叢》之第二冊。其先肇端，實在梅村此時也。」（《八十憶雙親 師友雜憶》，第九五頁）

36《先秦諸子繫年》，自序，上海商務印書館，一九三六年十二月初版，第二三頁。

37《先秦諸子繫年》，自序，第一～二頁。

38《先秦諸子繫年》，自序，第二三頁。

39 《劉向歆父子年譜》自序，《兩漢經學今古文平議》，九龍新亞研究所，一九五八年八月初版，第六頁。

40 《八十憶雙親　師友雜憶》，第八九頁。

41 《八十憶雙親　師友雜憶》，第一五二頁。

42 關於諸子學的研究方面。蒙文通評價《先秦諸子繫年》：「體大精思，惟當於三百年前顧亭林諸老輩中求其倫比。乾嘉以來，少其匹矣。」（《八十憶雙親　師友雜憶》，第一四六頁）吳相湘說，此書「立一說必推之子、史而皆準，證一僞必考之時地而皆誤，誠所謂絲絲入扣，至於辨析之精，引證之博，則又極考證家之能事。然而錢初意本不欲徒治考據，不過欲使治戰國時代歷史的人於這一段缺略紛亂之史事有比較明朗之年表世次可僞信據，因之公平論者咸以錢這一巨著實在是清代考證諸子之學的總結。」（吳相湘〈錢穆闡揚傳統文化〉，《民國百人傳》第四冊，第一九二頁。轉載於《錢穆傳記資料》㈠）關於經學研究方面。一九三〇年六月，〈劉向歆父子年譜〉在《燕京學報》第七期刊出後，在學術界引起極大震動。顧頡剛雖然堅持自己的劉歆僞造古文經之說，但他認爲今古文經學研究自清末以來在二、三十年代再度成爲學術研究熱點，「則由於錢玄同先生和錢賓四先生（穆）的倡導。」（顧頡剛編著《古史辨》第五冊，自序，一九八二年九月第一版，上海古籍出版社，第二頁）林語堂說：「賓四先生用客觀的史實，來解決今古文之爭。事實上，他最大的貢獻是摧陷廓清道咸以來常州派的今文家，鞭辟入裏，使劉歆僞造《左傳》、《毛詩》、古文《尙書》、逸禮諸經之說，不攻自破。」（林語堂〈談錢穆先生之經學〉，《華岡學報》第八期，第一六頁。轉見《錢穆傳記資料》㈠。）

43 《國學概論》，北京商務印書館，一九九七年七月新一版，第三一五頁。

44 《先秦諸子繫年》，跋，第二頁，第四頁。

45 《國學概論》第十章〈最近期之學術思想〉對民初以來學術文化思想界的重要人物，如康有爲、梁啓超、章太炎、羅振玉、王國維、胡適、陳獨秀、顧頡剛、錢玄同、梁漱溟、張君勱、吳宓、丁文江、孫中山和戴季陶等都有簡明扼要的評述，這既說明了新思潮對他的影響，也說明他對新思潮有相當的理解和認識。錢穆晚年曾說，在近代中國六十年的史學發展中，康有為、章太炎、梁啓超和王國維被人共奉為巨擘，「此六十年來之史學界，則亦鮮有不受此四人之影響。而余亦自為受此四人影響之一員。若果不讀此四人書，而空言此六十年來之史學，則將不得此六十年史學之要領與其利病所在。」（〈中國六十年之史學序〉，《華學月刊》第十四期，一九七三年二月。）

46 《國學概論》，第三六五頁。

47 《國學概論》，第三三四～三三六頁。

48 《國學概論》，第三三七～三三八頁。

49 《國學概論》，第三四七頁。

50 《國學概論》，第三二五頁。

51 《國學概論》，第三三〇頁，第三三〇頁。

52 《國學概論》，第三三一頁。

53 參見《國學概論》，第三三〇～三三一頁。胡適在〈古史討論讀後感〉中對顧頡剛的「層累地造成的中國古史」觀的根本方法進行了概括和分析，說顧頡剛的見解「是治古史的重要工具。顧先生的這個見解，我想叫他做『剝皮主義』。」（《胡適文存》二集卷一，合肥黃山書社，一九九六年十二月第一版，第七二頁。）

54 《國學概論》，第二〇頁。

55 廖名春〈錢穆與疑古學派關係述評〉，載陳明、朱漢國主編《原道》第五輯，貴州人民出版社，一九九四年四月第一版，第二一三頁。

56 《國學概論》，第三五四頁～三五六頁。

57 《國學概論》，第三五六頁。

58 《國學概論》，第三六一～三六二頁。

59 《國學概論》，第三六三頁。

60 《國學概論》，第一頁。

61 需要說明的是，本文這裏說的矛盾性是就錢穆民族文化生命史觀體系的內在邏輯而言的，並非是從一般意義上討論西方的科學和文化能否與中國傳統文化相融合這一學術問題。

第二章

對中國歷史的全面深入研究和民族文化生命史學思想的初步形成

一九三〇年秋，錢穆應聘擔任燕京大學國文講師，一九三一年下半年去北京大學歷史系任教。從此，他結束了二十年的國文教學事業，開始了自己的歷史教學生涯。一九三七年抗戰爆發後，隨北大南遷昆明，任教於西南聯大。[1] 一九三九年，離開西南聯大。步入中國文化學術界的中心，不僅極大改善了他的學術研究環境，使他可以直接與當時文化學術界的各種領導人物交流思想，切磋學問，也使他能夠對中國歷史文化及其復興問題作深入的思考，這爲其民族文化生命史學思想的初步建立創造了良好的外在條件。錢穆這一時期主要從事中國上古史、秦漢史、中國通史、中國近三百年學術史和中國政治制度史的教學研究，他得以對中國歷史進行全面深入的研究，由此寫出一些在史學界產生相當影響的著作。[2] 同時，他還撰寫了不少有關古史考辨和古代歷史地理文章。這些論著力求揭示中國歷史眞相，以駁斥新文化運動以來對中國歷史文化全盤否定的觀點，恢復國人對中國歷史文化復興的自信與力量，禦侮圖存，同時也對歷史觀、歷史認識論、史學方法論、史學價值論和新史學的建設等問題進行了一定的探討。《國史大綱》是他的民族文化生命史學思想初步形成的標誌。

一、考古卻不疑古、考古是為信古

前面已說，錢穆對疑古史學的認識存在矛盾，一方面在學術上認同古史辨運動及其方法，沒有意識到它批判和否定中國的傳統歷史文化的取向；另一方面，《先秦諸子繫年》和〈劉向歆父子年譜〉意在肯定史籍所載歷史的眞實可靠，又顯示出與疑古史學截然對立的文化價值取向。隨著他步入中國文化思想界的中心，與疑古派主要人物及其思想觀點直接對話的增多，他對疑古史學開始由大體認同，[3]到逐步進行較深入全面的批駁。

錢穆這一時期對疑古史學進行批判與他的中國歷史教學是分不開的。他在北京大學主教中國上古史和秦漢史。當時學術界也將秦漢史劃入上古史。[4]由於古史辨運動的興起和發展，古史研究成爲史學界關注的中心和研究熱點，對古史研究的不同意見和觀點往往反映了各史學派別和學者的不同歷史文化觀。以胡適、顧頡剛、傅斯年爲代表的新考據派在以北大爲中心的北方學術界和文教界占據優勢，因此，北大歷史系重視中國古代史，特別是上古史的教學和研究，其陣營十分強大，開設的課程也多。楊向奎說，當時的北大歷史系應當稱爲中國古代史專業（先秦史專業），所開課基本與古代史有關。[5]錢穆說，歷史系上古史一門除自己所開的必修課外，又開八門選修課，顧頡剛和傅孟眞各任一門。由於他與此派學術觀點和思想認識不同，雙方的學術思想交鋒十分激烈。他說：「大凡余在當時北大上課，幾如登辯論場。」[6]

錢穆這一時期對古史辨派的批駁主要集中在四個方面：

一是，反對古史辨派「層累地造成的中國古史」說。古史辨的疑古思想與以前疑古思想的一個根本區別是，不僅認爲經書有僞，而且，古代的傳說和神話也是僞造的，中國上古史體系正是由後人不斷臆造的傳說和神話層累地造成的。因此，顧頡剛說，他看傳說的辨僞比看經書的辨僞還重，「我們現在既沒有『經書即信史』的成見，所以，我們要辨明古史，看史跡的事理還輕，而看傳說的經歷卻重。……只有這樣做才可得一確當的整理，才可盡我們整理的責任。」[7]胡適對顧頡剛這一看法的評價是：「這是顧先生這一次討論古史的根本見解，也就是他的根本方法。」[8]錢穆對這種因上古多傳說與神話而否認中國古史存在的觀點進行了駁斥。他說，「然上古神話爲一事，歷史眞相又爲一事。決不能以上古傳說多神話，遂並其眞相不問。若上古之眞相不顯白，則以下必有無從說起之苦。」[9]「近人全認傳說爲僞造與說謊，此所以治古史多所窒礙也。」[10]又說，舊籍中的古史人物和體系，「固無從必證其有，亦無從必證其無。至多在今日只能謂此等古史盡屬傳說，則就傳說而論傳說，亦未嘗無思辨探討之餘地。……若此種自古相沿之傳說，並非全出後人之僞造與說謊，則古人傳說，雖非即是古史眞相，亦可借此窺見古史眞相之一面。」[11]

二是，對古史辨派的另一基本觀點，即中國傳統典籍全是先秦、主要是漢人編造的觀點進行了批駁。劉節說：「……自孔子以下直到劉歆，其間學者很少有幾個人沒有造過謠的。」[12]顧頡剛說：「現存的古書莫非漢人所編定，現存的古事莫不經漢人的排比，而漢代是一個『通經致用』的時代，爲謀他們應用的方便，常常不惜犧牲古書古事來遷就他們自己，所以，漢學是攪亂史跡的大本營。」[13]他們認爲先秦諸子和漢人造僞，目的是爲各自的政治主張和現實政治服務的。錢穆卻認爲，中國傳統典籍及其思想有一自然的歷史演變過程，漢代並沒有一個大規模的造僞運動，「無論政治和學說，在我看來，從漢武到王莽，從董仲舒到劉歆，也只是一線演進和生長，而今文學家的見解，則認爲其間定有一番盛大的僞造和突異的改換。」「劉歆王莽一切說法皆有沿襲，並非無端僞造。」[14]因此，他認爲中國傳統典籍大體是可信的，今人不能因爲自己對古代制度和禮俗等不瞭解就否認古代典籍的眞實性。如古史辨派認爲《易經》並非儒家經典，只是古人用來占卦的卜筮書，跟人文化成無關。錢穆則說：「縱謂周易是卜筮書，然卜筮之判吉凶，孰爲吉而孰則凶，其事有出於卜筮之外矣。……周易六十四卦各有其教訓，即各有其義趣，寧得不謂是古代關於人生哲學一部甚有價值之經典乎爲今苟不能確定周易上下篇亦戰國人所僞造，則治古代哲學思想者烏得不援引及之耶！」[15]

三是，指出疑古史學的治學方法和精神承襲了清代今文經學的門戶之見。錢穆說，雖然古史辨派的古史剝皮法承新時代的精神，比清代今文經學的復古解放更進一步，不再受經書崇聖、經書無僞觀念的束縛，其辨僞與清代今文經學「也確有幾許相異」，然而由於它又承襲了清代今文經學的方法，「所以古史辨和今文學，雖則盡不妨分爲兩事，而在一般的見解，常認其爲一流，而顧先生也時時不免根據今文學派的態度和議論來爲自己的古史觀張目。這一點，似乎在古史辨發展的途程上，要橫添許多無謂的不必的迂迴和歧迷。」[16]如果以一種歷史演進的目光和方法來看待中國傳統典籍和傳說的演變，那麼，「顧先生原文所引各種史料及疑點，均可用歷史演進的原則和傳說的流變來加以說明，不必用今文家說把大規模的作僞及急劇的改換來歸罪於劉歆一人。」[17]爲了從根源上有力駁擊疑古史學的門戶之見，錢穆在《周官著作時代考》中對清代經學研究的門戶之見及其危害作了深入分析。他說，晚清今文經學與古文經學關於經書辨爲之說均不可信，原因是今古文之分本出晚清今文學家與古文學家的門戶之見。「苟錮蔽於此門戶之內，則不僅將無由見此門戶之外，並亦將不知其門戶之所在，與夫其門戶之所由立矣。故知雖爲徵實之學，仍貴乎學者之能脫樊籠詳翔寥廓也。」「本書宗旨，則端在撤藩籬而破壁壘，凡諸門戶，通爲一家。經學上的問題，同時即爲史學上之問題，自春秋以下，歷戰國，經秦迄漢，全據歷史記載，就於史學立場，而爲經學顯真是。遂若有以超出於從來經學專家藩籬壁壘之外，而另闢途徑，別開戶牖，此則本書之所由異夫前人也。」[18]

四是，對古史辨派以辨僞和疑古來否定中國歷史文化的本質及其危害進行了揭示和批評。顧頡剛認爲，由漢人僞造、沿襲了二千多年的中國古史系統的基本內容便是四種偶像論，即帝系爲種族的偶像、王制爲政治的偶像、道統爲倫理的偶像、經學是學術的偶像，「這四種偶像都建立在不自然的一元論上。……有了這樣堅實的一元論，於是我們的歷史一切被其攪亂，我們的思想一切受其統治。」[19]基於這種認識，古史辨派認爲中國東周以前無信史。既然中國歷史文化經典和源頭是僞造的，那麼，此下的中國歷史文化也就失去了存在的真實性和合理性。這便走向了民族歷史文化虛無主義。錢穆對這種極端疑古，進而以此否定中國歷史文化真實性的古史觀明確表示反對。他說，儒家爲古學之一大宗，六經亦古籍之一大類，兩者本身即爲古史之一大部，「謂必捨此二者而後可以求古史之真相，我未見其有當也。治東周不能無取於春秋與左氏，治西周不能無取於詩書，此皆儒家所傳，六籍所統，可信多於可疑，司馬遷所謂載籍極博猶必考信於是也。」[20]因此，他認爲當時的辨僞疑古之風，「或幾於枝之獵而忘其本，細之搜而遺其巨，離本益遠，歧出益迷。」[21]這便是說古史辨派的疑古走錯了方向。錢穆進而對其以中國現代歷史一時的病衰來否定整個民族歷史文化的錯誤作法及其危害進行了批評，他說：「苟此民族而盡喪其固有之文化，即盡忘其已往之歷史，而民族精神亦日萎枯以盡，而前途之生命亦竭。」「夫文化之演進時時有其創新，即時時有其轉變，遠古遺骸何足以遙制歷史命運於數千載之下！……我不自負責而巧卸其罪於古人，古人寧受之耶！」[22]這已經指明了古史辨派的根本弊病所在。

事實上，錢穆並不是反對辨僞，只是他認爲辨僞和考據的目的不在疑古，而在考古，以考古來證明古史哪些是可信的，哪些是不可信的，最終目標是建立可信的古史觀。錢穆晚年對疑古史學與自己史學的異同作過精要點陳，即疑古與考古之分。他說，顧頡剛的史學淵源於崔東壁的《考信錄》，變而過激，乃有《古史辨》之躍起。「然考信必有疑，疑古終當考。二者分辨，僅在分數上。如禹爲大蟲之說，頡剛稍後亦不堅持。而余則疑《堯典》，疑《禹貢》，疑《易傳》，疑老子出莊周後，所疑皆超於頡剛。然竊願以考古名，不願以疑古名。」[23]不過，錢穆從理論高度來系統和深入批判疑古史學及其反傳統精神，還是通過寫作《國史大綱》，由此對中國歷史文化有了較爲全面的認識之後。

二、治史要注意歷史地理學的研究

歷史地理學是錢穆歷史研究的重要領域，他認爲歷史地理學研究，「要爲治古史者一大綱目」。[24]他在這方面的研究大致包括二個方面，一是對中國古史地名的考證；二是注重研究地理環境在歷史文化演進中的作用，運用人文地理變遷說明歷史文化的變化發展，並從理論上予以闡發。這一時期，他的歷史地理學研究取得重要成就，撰寫了一批重要的歷史地理學文章。他的歷史地理學研究及其體現的歷史文化思想，是其民族文化生命史學思想的基本內容之一，同時，也是對中國「天人合一」文化觀的繼承與發展。

中國傳統史地研究雖然反映了中國歷史文化觀包容天地自然與人文歷史於一體的深刻思想，但它並不重視歷史地理學的理論研究。清代史地研究是中國傳統歷史地理學研究的高峰，從清初顧祖禹的《讀史方輿紀要》到乾嘉的輿地考據，再到晚清的邊疆史地研究，其特點是重視歷史地理研究的經世致用，在方法上則運用細密的考據，這與中國學術傳統特點是一致的。錢穆便是在清代史地學的影響之下步入歷史地理學研究領域的。除了在中小學時受對傳統歷史地理學有相當瞭解的老師，如顧子重和呂思勉等的啓蒙誘導外，清代學者史地著述對他則有直接的引導。他說：「我開始能懂歷史地理，卻是從讀經學書入門的，因我早年曾用功讀過了《皇清經解》。」「其中有一部閻若璩的《四書釋地》。他把《四書》地名一一查考。……我因讀了《四書釋地》，才懂得考據之學，才懂得地理知識之有用，才懂得如何在歷史上活用地理知識的方法。」[25]除《四書釋地》外，對他產生直接影響的史地著作還有胡渭的《禹貢錐指》、顧棟高的《春秋大事表》和顧祖禹的《讀史方輿紀要》。

錢穆是由考證古史地名步入歷史地理學研究領域的，這也是他在歷史地理學研究上最有成就的方面。關於此一治學歷程，他說，一九二二年秋——一九二三年秋在廈門集美學校教書時，因讀《船山遺書》注《楚辭·九歌》，「言屈原居湘乃漢水，非沅湘之湘，尤有啓發。後在《先秦諸子繫年》一書中詳論之。又爲《楚辭地名考》，《周初地理考》，《三苗疆域考》，最後爲《史記地名考》，余之注意古史地名遷革，其起源在此。」[26]三、四十年代隨著對先秦諸子研究的深入和對上古史研究展開，他對古史地名作了進一步的考證，寫下一系列文章，如〈古三苗疆域考〉、〈黃帝故事地望考〉和〈西周戎禍考〉等。這些文章大都發表於三十年代中前期的《禹貢》和四十年代前期的《齊魯學報》上。後來，又被收入一九八二年出版的《古史地理論叢》一書。他的另一古史地名考證代表作是《史記地名考》。一九三九年暑期，他應聘齊魯大學國學研究所後，回蘇州省親一年。他念拿薪水當有撰述以報，又撰《先秦諸子繫年》後有續寫《戰國地理考》願望，於是決定擴大範圍通考《史記》地名。此書完成於一九四〇年。錢穆的古史地名考證是與古史研究以及對疑古史學的批評相聯繫的，他通過考證古史地名來說明史籍所載的中國上古史大體是可信的。

錢穆對自己的古史地理研究頗爲自負，說，「餘之所論，雖引端於船山，而所發現，則實爲古今所未及」。[27]又說，《史記地名考》「體裁別出，辭簡義盡，篇幅不甚大，而《史記》全書逐一地名已考訂無遺。盡取材於三家注。……從來爲春秋地名考戰國地名考者，書已多有，未有如余此書之簡淨者」。[28]這不僅是指他在考證上的貢獻，更是指他的古史地名考證並非簡單的考證，而是內含很深的義理。他說，《史記地名考》「實是一部有甚深背景的專家著述，決非只是抄卡片、集體編排所能完成。……只是在體例的外表上，好像只是一堆材料，因而使此書更難閱讀。」[29]

錢穆視自己歷史地理研究爲古今所未及，內含甚深的義理，就在於他將理論與歷史結合起來，強調從地理環境來說明民族歷史文化的形成發展、特質及其相互關係。這與傳統歷史地理學是不同的。他在二十世紀三、四十年代寫的〈中國歷史上的南北強弱觀〉、〈水利與水害〉、〈戰後新首都問題〉和〈論首都〉，以及晚年寫的〈歷史與地理〉和〈歷史人物與地理〉等文章，都是這方面的代表作。這些文章從古史地名的演變探尋中國古代各部族的遷徙和各地經濟、政治與文化的演進，特別是中國西北和東南地區政治、經濟和文化的歷史變遷。[30]《中國文化史導論》、《文化學大義》和《中國歷史研究法》的有關部分對中西歷史文化的產生發展、人類歷史文化不同形態的形成與地理環境的關係、中國歷史文化的演變與中國人文地理的變遷等作了較系統的理論和歷史分析。他的基本觀點是，自然地理環境決定了人類歷史文化的產生和不同歷史文化形態的形成，這是在先的。歷史文化形成後，又具有其超越性，並不完全受制於自然地理環境，歷史文化形成後與地理環境形成有互動作用。他認爲，這些思想「本是與中國人向所抱持之天人合一觀與性道合一觀相通合一。」[31]中國歷史文化的生成發展便是天地和人文、宇宙與人生合一的歷史。

三、民族文化生命史學及其思想體系的初步形成

錢穆到北平之前，對當時的民族歷史文化虛無主義已經作了批評。只是，這種批評還缺乏堅實的歷史和理論的依據。這一時期，他通過對中國歷史進行全面深入的研究，爲民族文化生命史學及其思想體系的建立奠定了堅實的歷史基礎，也爲批判新文化運動中的民族歷史文化虛無主義提供了充分的理論和歷史依據。

錢穆對中國歷史進行通體的思考研究，首先是在中國政治制度史方面。他從教小學時，已對當時文化

思想界用「封建社會」和「帝王專制」等西方概念術語來論說中國秦漢以來兩千多年的歷史表示不滿。不過限於自身學識尚淺，未敢妄議。[32]到北大後，他感到不能再對此容忍下去，於是在第二年提出要開設「中國政治制度史」的選修課。這遭到歷史系主任和學校的堅決反對，理由是，中國秦以下政治只是君主專制，今民國已建，以前的歷史不必再研究。錢穆反駁說：「言實際政治以前制度可不再問。今治歷史，以前究屬如何專制，亦當略知，烏可盡置不問。」[33]經過他的爭取，此課終於獲准選開。此課講義當時未能編撰成書，但他說，一九五二年出版的《中國歷代政治得失》，「亦可謂余在北大講授此課一簡編。則已距當年開講近二十年之久矣。」[34]此書通過對漢、唐、宋、明、清五個朝代政治制度得失的剖析，對中國古代政治制度中的中央政府與地方政府組織、選舉與考試制度、賦稅制度、國防與兵役制度等進行了扼要的分析，意在說明中國古代政治制度的演進及其特殊性。他說，中國古代社會是由周朝的封建演進到秦漢的統一，由西漢初的軍人政府演進到西漢中期以後的士人政府，再由東漢以下的士族門第演進到隋唐的科舉競選。它與西方歷史上的政治制度根本不同，中國秦漢以下不是西方中古時期的封建社會。總體上看，中國也沒有帝王專制，中國歷史上的政治主要由士人掌握，這正是中國歷史的進步所在。錢穆的這種政治史觀與當時文化思想界的主流觀點是完全對立的。

不過，從中國全部歷史文化及其演進大勢出發，以堅實充分的歷史事實來建構其民族文化生命史學及其思想體系，則是他的《國史大綱》。錢穆研究中國歷史的根本原因，固然是爲了批駁當時盛行的民族文化虛無主義。但是，直接動因卻與「九一八」事變後民族危機的加劇，以及由此引發的有關中國歷史命運的再思考有關。他當時雖然沒有寫作中國通史的明確計劃，卻已立有此志，他說：「亦將以明天人之際，通古今之變，求以合之當世，備一家之言。雖不能至，心嚮往之。」[35]他在西南聯大上課時曾對學生說，自己研究中國歷史，「是從『九一八』事變後開始的，就是要探究我們國家民族還有沒有希望。」[36]「九一八」事變後，南京國民政府下令「中國通史」爲大學必修課。北大原來不開中國通史，當時實際控制北大的是以胡適、傅斯年爲核心的新考據派。他們只重視上古史和斷代史，不重視通史研究；只重視對史料的考據，不重視對歷史的解釋。[37]因此，北大雖遵令辦理，但說中國通史課不可急速開講，必須由精治斷代史和專門史的專家分時代和門類講授，預定聘北平史學界十五位教授分別講授，然後會成通史。錢穆認爲，如此會使學生感到頭緒紛繁，摸不到要領，通史一課實增學生之不通。因此，他願意一人獨開此課。一九三三年秋，北大乃聘他教授中國通史。

此後，日侮愈烈，更讓錢穆感到對中國歷史文化進行全面和深入研究的緊迫性。他說，今又値曠古未有之新局，民族存亡之交，新舊相嬗，不知蛻蟺之所屆，「鑒古知今，端賴歷史。……今日所急需者，厥爲一種簡要而有系統之通史，與國人以一種對已往大體明晰之認識，爲進而治本國政治社會文化學術種種學問樹其基礎。尤當爲解決當前種種問題提供以活潑新鮮之刺激。」[38]《國史大綱》寫成後，他曾對學生說，自己本不想將此書急切寫成，「特以國難棖觸，不自抑耳」。[39]不過，他最終決定撰寫一部新的中國通史，卻是由聯大同事陳夢家極力促成的。[40]一九三八夏至一九三九年夏，錢穆在雲南宜良撰成《國史大綱》。該書一九四〇年由商務印書館出版。書稿成後，他又寫「引論」，載昆明的《中央日報》。《國史大綱》的「引論」既是本書的總綱，也是錢穆首次系統地闡述自己的史學思想。《國史大綱》的創新及其史學思想主要表現在以下五個方面。

第一，初步闡明了他的歷史觀。㈠回答了什麼是歷史？「我民族國家已往全部之活動，是爲歷史。」[41]㈡分析了歷史的內容、結構及其相互關係，他說：「『社會經濟』爲其最下層之基礎，『政治制度』爲其最上層之結頂，而『學術思想』則爲其中層之幹柱。大體言之，歷史事態，要不出此三者之外。」[42]㈢通過分析中國歷史文化的演進和特點，並與西方歷史比較，闡明了有關歷史進程的理論。他說，中國史演進有一可注意之事象，「即我民族文化常於『和平』中得進展是也。歐洲史每常於『鬥爭』中著精神。」[43]這即是說，不同國家和民族歷史的演變進程是不同的，以西方歷史發展模式來衡量和套解中國歷史是錯誤的。㈣論說了歷史演進的動力。他說，一民族一國家歷史的演進有生力，有病態，「生力者，即其民族與國家歷史所由推進之根本動力也。病態者，即其歷史演進途中所時時不免遭遇之頓挫與波折也。」「生力自古以長存，病態隨時而忽起。」[44]此說旨在從理論上批判歷史虛無主義無視和否認中國歷史自有之生力，誤把中國歷史演進的「病態」當作常態的觀點。

第二，回答了什麼是歷史知識及其價值。㈠對歷史材料和歷史知識作了區分。他說，流傳至今的歷史記載只是歷史材料，而非歷史知識，「歷史知識，隨時變遷，應與當身現代種種問題，有親切之聯絡。歷史知識，貴能鑒古而知今。」[45]這就闡明了歷史知識的本質特徵之一在於「致用」。同時，歷史知識又必須出於歷史材料，不能像今人言革新而蔑視歷史。㈡歷史知識的價值不僅在於能鑒古知今和服務現實，還在於它能使國民產生民族愛國之情。因爲情感由認識而生，「惟知之深，故愛之切。若一民族對其已往歷史無所了知，此必爲無文化之民族。」「故欲其國民對國家有深厚之愛情，必先使其國民對國家已往歷史有深厚的認識。欲其國民對國家當前有眞實之改進，必先使其國民對國家已往歷史有眞實之瞭解。我人今日所需之歷史知識，其要在此。」[46] ㈢通過對近代中國史學三派，即他所說的傳統派（亦可謂記誦派）、革新派（亦可謂宣傳派）和科學派（亦可謂考訂派）的主張及其特徵的分析，對它們蔑棄歷史知識的民族文化虛無主義和歷史自譴論作了批判。

第三，在著作體例和研究方法上。㈠採用綱目體和章節體相結合的通史編纂新體例，以便讀者把握中國歷史文化的本質特徵和演進大勢。㈡通過論述歷史知識與時代演變、歷史材料與歷史知識的關係，以及中國史學發展史上史書體裁的演變與創新，從理論和歷史兩個方面說明了中國今日所需要新通史。新通史的主要任務，「尤在將國史眞態，傳播於國人之前，使曉然瞭解於我先民對於國家民族所已盡之責任，而油然興其慨想，奮發愛惜保護之摯意也。」[47]「引論」最後說，冀以新國史開新紀元，願《國史大綱》能成爲將來新國史之馬前卒。㈢闡述了研究歷史的兩個基本方法：求異和求同。通過「求異」尋求歷史之變，以明文化的動態，衡論文化的進退；通過「求同」探求歷史的「基相」，於諸異中見其同，於一同中出諸異，以認清民族之精神和文化。而求同與求異是與實證和通變的歷史研究方法一致的，故研究歷史「仍當於客觀中求實證，通覽全史而覓取其動態」。[48] ㈣將考據與義理結合起來研究歷史，以成一家之言。他說：「近人治史，群趨雜碎，以考核相尚，而忽其大節；否則空言史觀，遊談無根。穆之此書，竊欲追步古人，重明中華史學，所謂通天人之故，究古今之變，以成一家之言者。」[49]

第四，首次明確將文化、民族和歷史結合起來進行系統論述。㈠闡述了文化在民族和國家形成中的決定作用。他說：「民族之摶成，國家之創建，胥皆『文化』演進中之一階程也。故民族與國家者，皆人類文化之產物也。」[50] 他認爲，今天我們仍可以言抗日建國，正因爲中國文化傳統沒有完全息絕。一民族的文化傳統皆由其民族數十、數百世澆灌培育而成，不能自外巧取偷竊而得，所以，「我民族國家之前途，仍將於我先民文化所貽自身內部獲得其生機。我所謂必於我先民國史略有知者，即謂此。」[51](二)強調了民族性在歷史中的重要地位。他說：「治國史之第一任務，在能於國家民族之內部自身，求得其獨特精神之所在。」[52]所謂獨特精神，即指歷史的民族性。這裏雖然沒有把文化、歷史、民族與人生和生命相聯繫，闡述民族歷史文化的生命性，但已指出文化在民族歷史演進中的決定作用，這表明他的民族文化生命史學思想已初步形成。錢穆把文化、民族與歷史結合起來，是爲了從理論上駁倒各種歷史文化虛無主義和自譴論，這正是《國史大綱》的立足點和歸結點。

第五，結合歷史事實，從民族文化生命史觀的理論高度對疑古史學作了系統和深入的批判。他說，任何一個國家的國民必當對本國歷史抱一種溫情與敬意，「所謂對其本國已往歷史有一種溫情與敬意者，至少不會對其本國已往歷史抱一種偏激的虛無主義（即視本國已往歷史爲無一點有價值，亦無一處足以使彼滿意），亦至少不會感到現在我們是站在已往歷史最高之頂點（此乃一種淺薄狂妄的進化觀），而將我們當身種種罪惡與弱點，一切諉於古人（此乃一種似是而非之文化自譴）。」[53]所謂「對本國已往歷史抱一種偏激的虛無主義」、「淺薄狂妄的進化觀」、「似是而非之文化自譴」，即揭示了以疑古史學爲代表的歷史文化觀的理論癥結及其危害，所以，「凡對於已往歷史抱一種革命的蔑視者，此皆一切眞正進步之勁敵也。」[54]《國史大綱》第一、二章結合歷史事實，從學術和思想層面對疑古學派的思想進行了系統分析和批判。首先，提出了與古史辨派「層累地造成的中國古史」的根本觀念相對立的「層累地遺失的眞古史」觀。他說，中華民族是一重視歷史的民族，「中國古史早已歷經古人不斷努力，有一番卓越謹嚴而合理的編訂。」「今求創建新的古史觀，則對近人極端之懷疑論，亦應稍加以修正。從一方面看，古史若經後人層累地造成；惟據另一方面看，則古史實經後人層累地遺失而淘汰。層累造成之僞古史固應破壞，層累遺失的眞古史，尤待探索。」55其次，肯定了古史傳說的合理性及其對古史研究的價值，反對疑古學派將古史傳說視同於「假造」，對疑古學派研究方法的錯誤進行了分析。同時，提出了古史研究的正確方法，他說：「大體上研究古史，應有其相當之限度，凡及年曆、人物、制度、學術等等，過細推求，往往難得眞相。」「然古史並非不可講，從散見各古書的傳說中去找尋，仍可得一個古代中國民族活動情形之大概。此種活動情形，主要的是文化狀態與地理區域。」56再者，批判疑古史學缺乏歷史眼光，看不到民族歷史演變發展的連續性。他說：「自禹、啓以來，中國古史上已有中央共主傳世相承千年之久，雖王朝有夏、商之別，政治演進，則仍是一脈相沿。治古史者每忽略此點，好將中國古代文化壓低，好將古代年曆縮短，遂至周代有突飛猛進，不知其所從來之感。」57

《國史大綱》出版後，在史學界乃至文化思想界都爲產生很大影響。它的學術價值是當時許多史家首肯的。顧頡剛在介紹當時中國通史寫作時說，中國通史著作雖然不少，但很少能達到理想的地步，「多屬千篇一律，彼此抄襲。其中較近理想的，有呂思勉《白話本國史》、《中國通史》，鄧之誠《中華二千年史》，陳恭祿《中國史》，繆鳳林《中國通史綱要》，張蔭麟《中國史綱》，錢穆《國史大綱》等。……錢先生的書最後出而創見最多。」58《國史大綱》的出現更有時代的意義，它不但要爲中國歷史文化鳴不平，還要以民族文化生命思想去喚醒和激發國人抵禦日侮、振興民族的信心與力量。《國史大綱》確實也起到了這種作用。據錢穆說，在北平聞有將《國史大綱》整書傳抄者，「其時尚在對日抗戰中，滯留北平學人，讀此書，倍增國家民族之感。」[59]此外，由於《國史大綱》旗幟鮮明，不僅在於「立」，還在於「破」，因此，它的發表和出版在當時引起了激烈的大討論，贊成和反對的大有人在。他的學生李埏說：「聯大自播遷南來，學術討論（按：指對引論的討論）之熱烈以此爲最。」[60]據張其昀（曉峰）說，他在昆明訪陳寅恪時，「寅恪告彼近日此間報端有一篇大文章，君必一讀。曉峰問，何題。乃曰，錢某《國史大綱》引論。」[61]《國史大綱》出版後，張又問傅斯年的意見，「孟眞言：向不讀錢某書文一字。」[62]馬克思主義史學家則稱其爲「歷史研究中的復古傾向」。[63]

總之，《國史大綱》是錢穆第一次把歷史研究和理論研究結合起來，把歷史、民族和文化結合起來，全面、系統和深入闡發其史學思想的著作。《國史大綱》對中國歷史文化與復興問題作出了明確和系統的回答，它的寫就標誌著錢穆民族文化生命史學思想體系的初步建立，錢穆也因此在中國近現代史學中占有了一席之地。

註釋

1 西南聯大由南遷昆明的北大、清華和南開聯合組建。

2 這些著作主要包括上海商務印書館出版的《先秦諸子繫年》（一九三五年十二月）、《中國近三百年學術史》（一九三七年十二月）和《國史大綱》（一九四〇年六月）。其秦漢史和中國政治制度史方面的教學研究成果，在二十世紀五十年代也編著爲《秦漢史》和《中國歷代政治得失》出版。錢穆很大一部分學術著述是結合教學講義和各種學術講演稿寫成的，除上述著作外，其他重要著作還有《國學概論》、《文化學大義》、《中國歷史研究法》、《史學導言》和《從中國歷史來看中國民族性及中國文化》等。錢穆一生以教與學爲職志，始終將學術研究與教育事業緊密結合在一起，眞正做到了教學相長。他一生絕大部分時間是在學校度過的，自他一九一二年任教小學，到後來任教中學，任教大學，再後來創辦新亞書院，晚年在臺灣和海外大學任教或講學，直至一九八五年六月給臺灣中國文化大學史語所博士班講最後一課，其教學生涯長達七十四年。他一邊研究和撰寫大量有關中國歷史文化的著作，一邊通過教學或演說宣講中國歷史文化的眞相與長處，目的只有一個，即鼓舞國人的民族自信心，批判各種民族歷史文化虛無主義，實現中國歷史文化的復興。

3

二十世紀三十年代初，錢穆仍然肯定疑古史學在辨僞與重建古史中的作用，對疑古史學的方法也並未完全否定。他說：「我想整理古代文化學術思想，雖則文獻無徵，有許多困難存在，而或者還認爲是不急之務，然而在此學術思想新舊交替劇變的時代，又恰承著清儒那種以復古爲解放的未竟之餘波，讓一輩合宜做古史考辨的學者，粗枝大葉地，先整理出一個中國古代文化學術思想的較近眞的面相來，爲此後新文化萌茁生機的一個旁助，實是件至要的事。」「顧先生的《古史辨》，不用說是一個應著上述的趨勢和需要而產生的可寶貴的新芽。」（〈評顧頡剛五德始終說下的政治和歷史〉，顧頡剛編著《古史辨》第五冊，第六一八頁。）他對胡適概括顧頡剛古史辨根本方法和見解的觀點也不反對。胡適認爲，顧頡剛辨僞古史的根本方法與見解「重在每一種傳說的『經歷』與演進，這是用歷史演進的見解來觀察歷史上的傳說。」「這是顧先生這一次討論古史的根本見解，也就是他的根本方法。」（胡適〈古史討論讀後感〉，《胡適文存》二集卷一，第七二頁。）胡適又將這種方法簡稱爲「剝皮主義」。錢穆說：「我對這個見解和方法，也抱著相當的贊同。」（〈評顧頡剛五德始終說下的政治和歷史〉，顧頡剛編著《古史辨》第五冊，第六一九頁。）

4 劉節說：「上古史的年代，嚴格說起來應該從商代直數到東漢末年。就其中再劃分三個時期：商代爲一期，周初到戰國末年爲一期，秦漢兩代爲一期。」（顧頡剛編著《古史辨》第五冊，劉序，第四頁。）從《古史辨》討論的內容來看，也是將其下限劃在漢代。

5 參見楊向奎〈回憶錢賓四先生〉，《錢穆紀念文集》，第三頁。

6 《八十憶雙親　師友雜憶》，第一六六頁。

7 顧頡剛〈與錢玄同論古史書〉，顧頡剛編著《古史辨》第一冊，第六〇頁。收入《民國叢書》第四編，上海書店影印，一九九二年十二月第一版。

8 胡適〈古史討論讀後感〉，《胡適文存》二集卷一，第七三頁。

9 公沙（按：爲錢穆筆名。）〈評夏曾佑《中國古代史》〉，《圖書季刊》第一卷第二期，第七六頁。

10 〈唐虞禪讓說釋疑〉，呂思勉、童書業編著《古史辨》第七冊（下），一九八二年十一月第一版，第二九五頁。

11 〈重答李峻之君對余周初地理考之駁難〉，《古史地理論叢》，臺北東大圖書有限公司，一九八二年七月初版，第一七三～一七四頁。

12 顧頡剛編著《古史辨》第五冊，劉序，第五頁。

13 羅根澤編著《古史辨》第四冊，顧序，上海古籍出版社，一九八二年八月第一版，第二一頁。

14 〈評顧頡剛五德始終說下的政治和歷史〉，《古史辨》第五冊，第六二一頁，第六三〇頁。

15 〈崔東壁遺書序〉（一九三五年十二月），《中國學術思想史論叢》(八)，臺北東大圖書有限公司，一九八〇年三月初版，第二八九～二九〇頁。

16 〈評顧頡剛五德始終說下的政治和歷史〉，顧頡剛編著《古史辨》第五冊，第六一九頁，第六二一頁。

17 〈評顧頡剛五德始終說下的政治和歷史〉，顧頡剛編著《古史辨》第五冊，第六三〇頁。

18 《兩漢經學今古文平議》，自序，第三頁，第四頁。
19 羅根澤編著《古史辨》第四冊，顧序，第一二～一三頁。
20 〈崔東壁遺書序〉，《中國學術思想史論叢》㈧，第二八六頁。
21 〈崔東壁遺書序〉，《中國學術思想史論叢》㈧，第二九二頁。
22 〈崔東壁遺書序〉，《中國學術思想史論叢》㈧，第二九三頁，第二九四頁。
23 《八十憶雙親　師友雜憶》，第一六七～一六八頁。
24 《古史地理論叢》，序，臺北東大圖書有限公司，一九八二年七月初版，第二頁。
25 〈歷史與地理〉，《新亞遺鐸》，臺北東大圖書有限公司，一九八九年九月初版，第六一〇頁。
26 《八十憶雙親　師友雜憶》，第一二九頁。
27 《古史地理論叢》，序，第二頁。
28 《八十憶雙親　師友雜憶》，第二三四頁。
29 〈我是如何研究中國古史地名〉，《新亞遺鐸》，第八〇五頁。
30 參見李木妙《中國傳統文化的捍衛者——國史大師錢穆教授生平及其著述》，香港新亞研究所，一九九四年版，第七九頁。羅義俊說：「先生又以通儒精神精研歷史地理學，將地名學、史學、政治經濟、人文及民族學融會一體，……論究中國歷史上各地經濟、政治、人文演進的古今變遷。」（羅義俊〈錢賓四先生傳略〉，《錢穆紀念文集》，第二八一頁。）這種評述也是頗得其理的。
31 〈民族與文化〉，《中華文化十二講》，東大圖書有限公司，臺北，一九八五年十一月再版，第五五頁。
32 錢穆說，自己每讀報章雜誌和新著作，「竊疑其譴責古人往事過偏過激。按之舊籍，知其不然。」（《八十憶雙親　師友雜憶》，第三六一頁。）如稱先秦以上爲封建社會，而讀《詩經》、《左傳》諸書，其社會情況根本不能與歐洲中古時期相提並論；至於農奴社會等名辭，更無其證。又說中國自秦以下盡屬帝王專制，「而余讀四史（按：似乎應爲廿四史）及《通鑑》，歷代帝王都有嘉言懿行，又豈專制兩字所能概括。進而讀《通典》、《通考》，見各項傳統制度更多超於國人詬病之上者。……厚誣古人，武斷已甚。余之治學，亦追隨時風而求加以明證實據，乃不免向時賢稍有諫諍，於古人稍作平反，如是而已。至於當時國人群慕西化，則自慚譾陋，未敢妄議。」（《八十憶雙親　師友雜憶》，第三六二頁。）

33 《八十憶雙親　師友雜憶》，第一六九頁。

34 《八十憶雙親　師友雜憶》，第一七〇頁。按：此書與《中國歷史精神》被香港大學定爲投考中文系的必讀書。

35 《中國近三百年學術史》上冊，自序，北京商務印書館，一九九七年八月新一版，第四頁。

36 吳沛瀾〈憶賓四師〉，《錢穆紀念文集》，第五二頁。

37 錢穆說：「彼（按：指傅斯年）似主先治斷代史，不主張講通史。彼著述亦僅限先秦以上，即平日談論，亦甚少超出此範圍。」（《八十憶雙親　師友雜憶》，第一六八頁）又說：「適之於史學，則似徘徊頡剛孟真兩人之間。先爲〈中國大史學家崔東壁〉一文，僅成半篇。然於頡剛《古史辨》則備致稱許。此下則轉近孟真一邊。故北大歷史系所定課程似先注意於斷代史。」（《八十憶雙親　師友雜憶》，第一六八～一六九頁）

38 公沙〈評夏曾佑《中國古代史》〉，《圖書季刊》第一卷第二期，一九三四年六月，第七五頁。

39 〈致學生李埏、王玉哲（一九四〇，一，二十）〉，江蘇省無錫縣政協編《錢穆紀念文集》，上海人民出版社，一九九二年四月第一版，第十七頁。

40 一九三七年七月，日本發動了全面侵華戰爭，北大等北方高校被迫南遷。錢穆在西南聯大繼續教授中國通史。一九三八年春他與同事陳夢家論及史學時，陳勸其爲全國大學青年和時代急迫需要考慮，應寫一中國通史教科書。他覺得材料太多和所知有限，未同意。後來兩人相聚，陳夢家又提此事。錢穆說茲事體大，流亡中恐難有機會，等它日返回北平再試爲之。陳說，那時先生興趣廣，門路多，恐難有意來寫一教科書，不如現在就平日課堂所講，隨筆書之，豈不駕輕就熟，又使讀者受益。錢穆覺其言有理，當改變初衷，先試成一體例。陳夢家說，如此當爲全國大學青年先祝賀，其他人受益亦復不可計，望錢穆勿改變主意。「余之有意撰寫《國史大綱》一書，實自夢家此兩夕話促成之。而在余之《國史大綱》引論中，乃竟未提及。」（《八十憶雙親 師友雜憶》，第二一七頁）

41 《國史大綱》（修訂本），引論，商務印書館，北京，一九九六年修訂第三版，第一頁。

42 《國史大綱》（修訂本），引論，第九頁。

43 《國史大綱》（修訂本），引論，第一二頁。

44 《國史大綱》（修訂本），引論，第二五頁，第二六頁。

45 《國史大綱》（修訂本），引論，第二頁。

46 《國史大綱》（修訂本），引論，第二頁，第三頁。

47 《國史大綱》（修訂本），引論，第八頁。

48 《國史大綱》（修訂本），引論，第一一～一二頁。

49 《致學生李埏、王玉哲（一九四〇，一，二十）》，《錢穆紀念文集》，第一七頁。

50 《國史大綱》（修訂本），引論，第三一頁。

51 《國史大綱》（修訂本），引論，第三二頁。

52 《國史大綱》（修訂本），引論，第一一頁。

53 《國史大綱》（修訂本），「凡讀本書請先具下列諸信念」。

54 《國史大綱》（修訂本），引論，第二頁。

55 《國史大綱》（修訂本），第七頁～八頁。

56 《國史大綱》（修訂本），第九頁，第一〇頁。

57 《國史大綱》（修訂本），第三五頁。

58 顧頡剛《當代中國史學》，勝利出版公司，一九四七年版，第八五頁。收入《民國叢書》第一編，上海書店影印，一九八九年十月第一版。

59 《八十憶雙親　師友雜憶》，第二三九頁。

60 李埏〈昔年從遊之樂　今日終天之痛——敬悼先師錢賓四先生〉，《錢穆紀念文集》，第一三頁。

61 《八十憶雙親　師友雜憶》，第二三八頁。

62 《八十憶雙親　師友雜憶》，第二三八頁。

63 胡繩〈論歷史研究和現實問題的關聯——從錢穆先生的「國史大綱引論」中評歷史研究中的復古傾向〉。收入《胡繩文集》（一九三五～一九四八），重慶出版社，一九九〇年十月第一版。

第三章

民族文化生命史觀的確立及其史學思想體系的豐富發展

一九三九年夏，錢穆離開西南聯大，受聘於成都的齊魯大學國學研究所。一九四三年秋至一九四六年夏，轉去華西大學，並在四川大學兼職。一九四六年秋至一九四七年秋，受聘於昆明的五華學院和雲南大學。一九四七年秋至一九四九年春，受聘於無錫的私立江南大學和遷至蘇州的河南大學。一九四九年春，因時局劇變南下廣州。一九四九年秋至一九五〇年秋，在香港創辦和主持香港亞洲文商學院。一九五〇年秋，任新亞書院（由文商學院改辦）院長。一九五三年十月，創辦新亞研究所。一九六四年辭卸新亞書院院長和新亞研究所所長職務。這二十多年正是世界和中國歷史發生滄桑巨變的時期。它觸發和激起了錢穆對民族、文化和歷史作更全面深入的思考研究，他決定從文化哲學的視角和高度來審視中西方歷史文化，並確立了其民族文化生命史觀。此間他對歷史認識論、史學方法論和歷史價值論等作了進一步闡發，豐富和發展了民族文化生命史學思想體系。這一時期錢穆史學思想的發展分爲兩個階段：一是，自一九三九年夏離開西南聯大至一九四九年秋去香港之前，他側重從文化史的角度探討中國歷史，重在對文化作歷史的分析，同時對歷史生命哲學亦多有論述。二是，自一九四九年秋到一九六四年夏在新亞書院時期，他主要從文化、民族與歷史理論的角度分析中國的歷史文化，並與西方歷史文化進行比較，著重理論的闡釋，同時對歷史研究法亦有較系統的探討。

一、治史當認識和把握民族文化之大體，於中西文化作比較

錢穆說，在小學時聽了體操老師講中國歷史分久必合、合久必分，而西方歷史合了便不再分，此後中國應向西方學習，便想中國必該有中國的道理，只是自己還不敢隨便批評西方。後來研究國史，「本由民初新文化運動對國史多加詬詈，略有匡正。執其兩端，用其中於民，庶於世風稍盡補偏救弊之功。」[1]也就是說，他當時並不認爲西方文化存在弊病。

一九四〇年十二月太平洋戰爭爆發，第二次世界大戰全面展開。這使他對西方文化的看法有了根本轉變，同時對中國歷史文化也有了新的思考。他說，西方人說二戰是政治思想的戰爭，然而西方人既認爲民主政治是最進步的，如何又會發生政治思想的戰爭呢？「然後我才知道西方的政治思想也多以偏概全，憑空立論。若能因時因地制宜，則政治制度盡可有變通。」[2]又說，德義法西斯對中國人所崇奉的英法民主政治肆意抨擊，始知近代西方尚多壁壘相峙；在國內，西南聯大師生有尊美尊蘇之對抗，重慶中央政府外，更有趨向延安自樹敵體者，「國內紛呶，已有與國外混一難辨之勢。而我國家民族四五千年之歷史傳統文化精義，乃絕不見有獨立自主之望。此後治學，似當先於國家民族文化大體有所認識，有所把捉，始

能由源尋委，由本達末，於各項學問有入門，有出路。……余之一知半解，乃始有轉向於文化學之研究。……是爲余晚年學問蘄求轉向一因緣。亦自國內之社會潮流有以啓之也。」[3]於是，他決定從文化的角度來探討中國歷史，並對中西文化進行比較，希望從根本上解決中國文化的復興和對西方文化的補偏救弊工作。這是他一生治學路向的重大轉折。自此至一九四九年離開中國大陸，他寫了許多論述中國文化歷史的著述，如《中國文化史導論》、《文化與教育》、《湖上閒思錄》、《中國人之宗教觀與人生觀》和《政學私言》等。他還說，自己這時開始研究文化問題，也是由於《國史大綱》寫完後，「自念全部中國史中之大綱大節，已在書中揭舉。循此詳求，事在讀者。或有謬誤，亦待讀者指出，再作思考。余之興趣，遂從歷史逐漸轉移到文化問題上。」[4]

《中國文化史導論》的撰寫是錢穆治學和思想轉向的標誌。[5]他說，自己寫此書是因「歷史限於事實，可以專就本己，眞相即明。而文化則寓有價值觀，必雙方比較，乃知得失。余在成都始寫《中國文化史導論》一書，此爲余對於自己學問有意開新之發端。」[6]他在一九八七年爲此書寫修訂版序時又說，此書是《國史大綱》後，「第一部進而討論中國文化史有系統之著作，乃專就通史中有關文化史一端作導論。故此書當與《國史大綱》合讀，庶易獲得著者寫作之大意所在。」「本書雖主要在專論中國方面，實亦兼論及中西文化異同問題。迄今四十六年來，余對中西文化問題之商榷討論屢有著作，而大體論點並無越出本書所提主要綱宗之外。」[7]

《中國文化史導論》分十章，即：中國文化之地理背景；國家凝成與民族融和；古代觀念與古代生活；古代學術與古代文字；文治政府之創建；社會主義與經濟政策；新民族與新宗教之再融和；文藝美術與個性伸展；宗教再澄清民族再融和與社會文化之再普及與再深入；中西接觸與文化更新。修訂本還附錄了〈中國文化傳統之演進〉一文。

錢穆在「弁言」中對文化的內涵、文化的類型和特徵、農業文化的特質及今日所面臨的問題、文化與歷史的關係、文化的特性及認識方法等作了簡明的闡述，意在從文化史和理論上剖析中國文化的特性和長處，批判新文化運動以來對中國歷史文化的簡單和片面否定，爲中國文化復興提供文化思想根據。首先，他對「文化」與「文明」的內涵作了解釋。他說：「文明偏在外，屬物質方面。文化偏在內，屬精神方面。故文明可以向外傳播與接受，文化則必由其群體內部精神累積而產生。」[8]他想以此說明中國可以接受和學習的只是西方偏向外的、物質層面的「文明」，而無法學習、也不應該學習其文化。其次，指出文化精神的不同，究其根源是起於自然環境的分別，並影響其生活方式。他將人類文化分爲遊牧文化、農耕文化、商業文化三型。其中遊牧文化與商業文化爲一類，它們起於內不足，「內不足則需向外尋求，因此而爲流動的，進取的。」它們無論爲人生觀或世界觀，都有一種強烈的「對立感」，於是「尚自由」，「爭獨立」，「故此種文化特性常見爲『征伐的』、『侵略的』」。農耕文化爲一類，它可以自給，無事外求，「因此而爲靜定的，保守的」，它主要是依賴自然環境，其生存惟待人類的信任與忍耐爲順應，它講「天人相應」和「物我一體」，講「順」與「和」。「故此種文化之特性常見爲『和平的』」。[9]第三，農業文化有大型和小型之分，只有中國爲古代惟一大型農業文化國家，所以它的文化發展獨得四五千年之久。在今日商業文化的衝擊下，農業文化產生了危機。不過，大型農國只要與新科學和新工業相配合，仍可保持它的安足感。今天有資格領導世界和平的，也只有這類國家，即美、蘇、中。由於美蘇兩國的傳統文化未必是農業的，即未必為和平的，所以，「中國則為舉世惟一的農耕和平文化最優秀之代表，而其所缺者，則為新科學新機械之裝備與輔助。」如果中國文化得以改進，「實不僅為中國一國之幸，抑於全世界人類文化前程以及舉世渴望之和平，必可有絕大之貢獻。」[10]第四，闡明了文化與歷史的一體關係。他說，要改進中國，必須使國人認清中國文化已往的眞相。然而，文化問題實為一歷史問題，「中國文化，表現在中國已往全部歷史過程中，除卻歷史，無從談文化。」[11]第五，對文化的複雜性、完整性和發展性作了分析，同時也闡說了文化研究的方法。文化有複雜性，即是要求看文化應該觀其大體；文化有完整性，即是要求從構成文化的物質生活、集體生活和內心生活相互間的聯繫和一體方面看文化；文化有發展性，即是要求在歷史進程的整個時期中求其體態，看它如何搭配和演進，這樣才能對整個文化精神有較客觀和平允的估計與認識。總之，《中國文化史導論》把中國的歷史和民族文化融會貫通地看待和研究，使他的民族文化生命史學思想體系更加明確和豐富了。

錢穆生長於一個東西文化大碰撞的時代。在那種時代，任何一個有心救國和復興民族的人，都必然會對中西歷史文化進行對比，以為自己的救國救民方案提供歷史和理論參照。錢穆也不例外。錢穆早年治學便注意對中西文化思想進行比較，一九二〇年他在上海的《時事新報・學燈》上就發表過〈論希臘哲人與中國道家思想之異同〉一文。只是在四十年代之前，他對中西歷史文化的對比研究很少。這一時期，他開始對中西文化作較為系統和深入的比較研究。除《中國文化史導論》，他還撰寫了許多此類文章，如〈世界文化之三型——東西文化之探討〉、〈東西文化之再探討〉、〈東西政治精神之基本歧異〉、〈東西人生觀之對照〉、〈道家思想與安其那主義〉、〈關於中西文學對比答梁實秋先生〉、〈中西文化接觸之回顧與前瞻〉、〈人類文化之展望〉和〈從東西歷史看盛衰興亡〉等。他與學生的言談也常涉及中西歷史文化及其思想家的對比。一九四七年底到一九四九年春在私立江南大學時，錢穆常與學生徜徉湖堤之間，漫談古今之變和中西學術文化之異同，「於儒家學說、釋道思想，俱有闡發，對康德、尼采、柏格森、黑格爾，各有評論。一言以蔽之，則是東方學術遠勝於西方，中國應以固有文化，取其優秀，建設中國自己的人文科學，對世界作出貢獻。」[12]

二、歷史為一大生命，心性是歷史生命之本體，無思想則無民族歷史

錢穆民族文化生命史觀的根本點是，把歷史文化看成是一大生命，心性則是歷史文化生命的本體。這一時期，他對這兩個問題都有具體論述。

一九四三年錢穆發表了〈中國今日所需要之新史學與新史學家〉一文，這是闡述民族文化生命史觀的要文。它從歷史的本質、演變及其特性說明了中國今日所需新史學的本質特徵和新史家應有的素質。文章的主要內容是：第一，歷史是人事記載，而人事必有持續性和變動性，可達數十、數百乃至數千年以上者，「人事乃由過去穿透現在而直達將來，過去與將來凝成一片，而共成其爲一有寬度之現在。」[13]因此，歷史實爲融過去、現在和未來爲一體的、有寬度的現在。第二，歷史乃一時間性學問，但歷史時間與物理時間不同，它有無限量的寬度。歷史是一大事業，事業莫不有相當的寬度，有持續和變動，所以，「歷史

正為一大事業，一大生命。」[14]第三，由於歷史有無限量的寬度，人們正可以在此無限量寬度的現在中不斷努力，以把握現在而改變過去，完成理想與完美的現在，「故歷史實為人類事業之不斷改進，而決非命定。」[15]第四，歷史事件雖各有終極，但歷史事件中較大較有關係者莫不活躍於現在，莫不有其將來。當知將來可以改定過去，而過去亦可控制將來。過去和將來都有可知和不可知，「過去與未來相互擁抱，相互滲透，而其機括則操之於現在。」[16]

歷史是一大生命，那麼，這個生命的本體又是什麼呢？錢穆認為是文化，文化是歷史之體，歷史是文化之相。而文化之根本是倫理道德。在中國文化中，倫理道德的核心或體是心性。中國文化是一種道德文化，心性合一乃是中國文化的本質特徵和優越性所在。性道合一、天人合一，實際上都是心性合一的不同表述，它們本質上是一樣的。所以，錢穆民族文化生命史觀的最根本體或說體中之體，是人的心性；其歷史生命的文化本體論實際就是心性本體論。儒家心性論是孟子首倡的，到宋明理學時期達到高峰和哲學上的完備階段。錢穆心性歷史本體論的形成，是與他這一時期對宋明理學的深入研究和新的認識分不開的。

錢穆一生喜好理學，從中獲益非淺。他說：「顧余自念，數十年孤陋窮餓，於古今學術略有所窺，其得力最深者莫如宋明儒。……自問薄有一得，莫匪宋明儒之所賜。」[17]上文曾說，其早年治學始於集部，後因遍讀唐宋八大家的文集，始知「學者之文」與「文人之文」的分別，於是轉治朱子學與陽明學，遂逐漸喜歡上宋明理學。不過，他對理學的認識有一個大的轉變過程。他說：「余治宋明理學，首讀《近思錄》及《傳習錄》，於後書尤愛好，及讀黃全兩學案，亦更好黃氏。因此於理學各家中，乃偏嗜陽明。」[18]羅義俊亦說，錢穆早年「亦認陽明良知之學簡易直捷明白四達，兼掃蕩和會之能事，學風淹被之廣，即伊川晦翁皆不逮。」[19]一九三〇其所寫《王守仁》由上海商務印書館出版。一九三七年，他的認識有了大轉變，開始轉歸程朱。當時，他隨北大南遷到湖南南嶽，專借商務印書館新出《四庫珍本初集》中的宋明各家集，「又讀王龍溪、羅念庵兩集，於王學得失特有啓悟。皆撰寫專文。是爲余此下治理學一意歸於程朱之最先開始。」[20]他認爲，王陽明的心性學太偏重於人生界，其末流易落入虛空和遊談無垠。朱子學則博大、會通和切實，它把理氣論與心性論結合起來。理氣論講宇宙界，心性論落實到人生界；而就人生界說人生，則是心性重於理氣。故理學從根本上說就是心學。[21]羅義俊說：「（錢穆）至是，以爲王門有承領本體太易之病，尤失在注重現在心小我心而忽略文化心大群心，致王門末流盛倡人皆可以爲聖之高論，而治平大道多不顧及，遂爲先生此下治理學，一意歸向於程朱之最先開始。」[22]一九四四年曆春至夏，他在成都華西壩因病閑養，讀《朱子語類》一百三十卷，未敢遺忽一字，自覺對宋明理學又薄有長進。當年夏避暑於灌縣一寺兩月，向寺僧借讀《指月錄》，「於是遂通禪學，因之於宋明儒所論，續有窺悟。」[23]「因於朱學深有體悟」。[24]一九五三年出版的《宋明理學概述》是他研究宋明理學的重要著作。他說：「此皆十年來大病大亂中所得。雖自問智慮短淺，修養工疏，而寢饋宋明理學，前後已逾三十載。聊示學者以門徑，雖或詮釋未當，衡評失理，當可見諒於古人，見諒於來者。」[25]

錢穆講理學是理氣與心性並重，並不因轉歸程朱而輕視心性之學。在南嶽，馮友蘭拿出新撰《新理學》請他指正，他便說中國理學家論理氣必兼論心性，兩者相輔相成，「今君書，獨論理氣，不及心性，一取一捨，恐有未當。」[26]他此後對陽明學依然嗜好。據余英時說，在新亞書院時，「一年暑假，錢穆患嚴重的胃潰瘍，孤零零躺在教室地上養病，內心卻渴望讀王陽明文集。」[27]在他看來，心性之學是理學之本，亦是中國文化之本。只是，不能只講心性，不講理氣，心性必須與理氣結合起來，這樣，才能融宇宙自然與人生歷史爲一體。錢穆的心性與理氣合一思想，從直接淵源上說，是對朱子學與陽明學的繼承發展；而從根本上說，則是對中國儒家心物合一、性道合一和天人合一思想的繼承和發展。

這一時期，錢穆因醉心於宋明理學兼及道教和禪宗，故中國思想史成爲他學術研究的重心之一。不過，思想史成爲他研究的重要內容，還在於他認爲思想在民族歷史演進中具有重要的地位和作用。他說，「無思想之民族，決不能獨立自存於世界之上。」「今天世界的問題，最主要者，還是一思想問題。……我認爲研究中國思想史，不僅對於中國今天的思想界可得一反省一啓示。實於近代西方思想上之衝突矛盾獲不得解決處，可有一番意外之貢獻與調和。」[28]又說，思想史「乃指導歷史前進最後最主要的動力」。[29]此前，他對中國思想史已有斷代的研究，《先秦諸子繫年》實際也是一部先秦學術思想史。他對清代學術思想的系統深入研究主要在二十世紀三十年代。他在北大開了兩年的「中國近三百年學術史」課，後整理成《中國近三百年學術史》出版。它是一部清代學術思想史。四十年代，他因深入研究理學，進而對與理學形成有關的道家和佛學進行了大量研究。此前他對莊老的道家思想已頗有所得，此間則進涉魏晉玄學和金元新道教。在佛學上，對禪宗用力不少。約在一九四四～一九四五年間，他因偶讀胡適〈論神會〉等文，不禁操筆寫下〈神會與壇經〉、〈禪宗與理學〉、〈再論禪宗與理學〉和〈三論禪宗與理學〉等文，後收入《中國學術思想史論叢》第四集。一九四六～一九四七年秋在昆明五華書院，他因教授中國思想史，曾集中閱讀宋元明三朝諸禪師的撰述及金元兩代新道教的書，尤其是後者。嚴耕望認爲，「此爲先生治學之又一趨向」。[30]

通過這些研究，錢穆對中國思想史有了通體的認識。一九五一年寫成的《中國思想史》，對中國思想史作了提玄鈎要的敘述，揭示了中國思想的特質及其生命意義與價值，批判了近代以來蔑視中國傳統思想的做法。他說：「思想必有淵源，有生命，……本書旨在指示出中國思想之深遠的淵源，抉發出中國思想之眞實的生命。學者由此窺入，明體可以達用，博古可以通今。庶乎使中國民族之將來，仍可自有思想，自覺出路。」[31]一九五五年，他又出版了《中國思想通俗講話》。此書闡發問題的角度與《中國思想史》不同，它主要通過對中國傳統社會普遍流行的四個共通思想觀念——「道理」、「性命」、「德行」和「氣運」的闡發，由此上溯整個中國思想史，「由淺入深，即憑眾所共知共喻，闡述此諸觀念諸名詞之內在涵義，及其流變沿革，並及其相互會通之點，而藉以描述出中國傳統思想一大輪廓。」[32]他說，思想必有傳統，這一時代思想必在上一時代有其淵源、線索和條理，亦即歷史性，「因此講思想史，即無異於是講現代思想，因其已埋藏蘊蓄在現代思想之心坎底裏，而有其深厚生命，故爲吾人所不得不注意探討與發揮，以求其適應於現時代之需要，而成爲一番新思想。」[33]

三、文化學理論的提出，民族文化生命史學思想的確立和完善

一九五一年錢穆寫成《文化學大義》，從理論上對文化作了系統和深入的闡述。此後直至一九六四年離開新亞書院，他主要從理論上就文化與民族、文化與歷史作進一步的研究。這方面的重要著作還有《民族與文化》、《中國歷史精神》和《國史新論》等。

錢穆研究重心的又一轉變，是由一九四九年中國社會的重大變化引起的。一九四九年國民黨政權在大陸覆滅，他認爲，中國歷史文化已面臨傾圮之危，遂南走香港。他爲挽救中國傳統文化，一方面，效仿春秋戰國時期孔子等私家講學和宋代以來私家興辦書院傳佈文化的方式和精神，在香港創辦了新亞書院，以期爲中國歷史文化的復興傳薪火和育人材；一方面，在港臺等地系統講演中國歷史文化。一九五〇年冬，他在臺灣系統演講了文化學理論和中國歷史文化精神。他說：「自念一九四九年初離大陸，至是重履國土，舊識新交，日有接觸。痛定思痛，語多感發。余對國家民族前途抱堅定之樂觀，只望國人能一回顧，則四千年來歷史文化傳統朗在目前。苟有認識，迷途知返，自有生機。余此兩次講演大意只在此。」[34]他結合這些講演和教學，撰寫了許多闡述文化理論及中西歷史文化的著述。這些著述從文化學的理論高度闡明中國歷史文化與西方歷史文化有質的不同，它不僅具有恒久的生命力，而且具有西方文化無法比擬的優越性，是人類文化的終極歸宿。

《文化學大義》是錢穆闡述文化理論及中西文化觀的代表作。[35]他在書中第一次系統和深入地闡發了文化學理論，並對近代以來各種錯誤的文化觀進行了批駁。此書分八講，分別探討了文化學研究的意義、文化學的性質、文化的階層構造、文化的類型、文化的組成要素、東西文化的比較、文化的新生與衰老和世界文化的發展遠景。另外，還附錄了〈世界文化之新生〉、〈孔子與世界文化新生〉和〈人類新文化與新科學〉三篇文章。首先，他在「爲什麼要講文化學？」中說明了文化學研究的重大意義。他說：「在我的看法，今天的中國問題，乃至世界問題，並不僅是一個軍事的、經濟的、政治的、或是外交的問題，而已是一個整個世界的文化問題。一切問題都從文化問題產生，也都該從文化問題來求解決。」[36]最近兩百年來的世界爲近代西洋文化控制和領導，但近代西洋文化已出了許多毛病，遠從一次世界大戰，到二次世界大戰，再到新的世界大戰的威脅，都證明了這一點。這些病症不能以世界戰爭來解決，仍須從文化上尋求根本出路。至於中國文化，在此一百年來也病痛百出，除非它有一徹底新生，中國近百年來種種失敗和苦痛的歷史將繼續推演，而且將愈演愈深，愈演愈烈。因此，無論中國還是世界，最終的解決都要落到文化問題上。其次，回答了什麼是文化學？他說：「文化學是就人類生活之具有傳統性，綜合性的整一全體而研究其內在意義與價值的一種學問。」[37]第三，從人類文化的一般性和普遍性著眼，對文化的三階層、兩類型和七要素進行了闡述。他說，文化即人類生活（人生），因此，文化可以根據人類生活的演進由低級到高級分爲物質或經濟人生、社會或政治人生、精神或心靈人生三大階層。人類文化又因形成的自然環境及其生活方式不同分爲兩大類，即內傾的農耕文化和外傾的遊牧文化與商業文化。然而，不論什爲文化，它們的基本內容都包括經濟、政治、科學、宗教、道德、文學和藝術這七種要素。各民族文化的不同是因爲這七種要素各自搭配不同而造成的。第四，對東西兩大不同類型的文化進行了比較。他說，東方文化是偏向政治的，政治是內傾的，面向人生世界；在它之下又偏向道德。西方文化是偏向科學的，科學是外傾的，面向物世界；在科學之下又偏向宗教。文化與文明不同，「文明是物質的，文化是生命的。文明可以傳播，可以摹仿，文化則須自本自根，從自己內部生命中培植生長。」[38]同時，對中西文化的各自內容和特質也作了分析。他進而對近代以來在文化觀和中西文化問題上的兩種觀點，即，文化可以學習和移植、文化在本質上無根本差別而只有進步與落後之分的觀點進行了批駁。第五，闡釋了文化生命的本質和特點及其文化生命與民族生命的關係。他說：「文化生命，究和自然生物的生命不同。個人生命屬於自然界，民族文化生命則屬於人文界。……只要文化生命持續，民族生命亦可相隨持續。」[39]最後，在「世界文化之遠景」部分和〈人類新文化與新科學〉一文中指出，世界文化將由世界各民族文化大融和而逐漸產生，並非由西方文化獨領風騷，中國文化將在其中發揮重要作用和巨大貢獻；人類未來新文化將不是由目前的科學精神領導，「應該有一種新科學與之相應，而此種新科學，將必爲接受人文精神所領導之科學。」[40]本書附錄的〈世界文化之新生〉和〈孔子與世界文化新生〉兩文，則進一步說明了中國文化在世界文化新生中將會發揮重要作用和巨大貢獻。

《文化學大義》和《國史大綱》、《中國文化史導論》是相輔相成的。後兩者從歷史的角度，用實證的方法對歷史、文化和民族的演進及其關係進行了探源，前者則從理論的角度，用邏輯的方法，對文化、民族和歷史的內涵及其關係進行了分析。兩者相結合，使錢穆的民族文化生命史學思想體系有了歷史的依據和理論的基礎。所以說，《文化學大義》標誌著錢穆民族文化生命史學及其思想體系的確立。

重視和強調民族在歷史文化生命成長和演進中的地位和作用，是錢穆民族文化生命史學思想的本質特徵之一。他對此作了大量的論述，代表作當屬一九六〇年出版的《民族與文化》一書。此書結合中華民族的生成發展和中國歷史演進及其文化傳統，從民族與文化的關係、中國的民族觀與文化觀、中國社會的結構、中華民族的擴展與融凝過程、中國歷史的演進大勢、歷史的領導精神和中國文化的本質及其特徵等方面，突出闡述了民族與文化和歷史的關係，旨在強調在歷史文化的形成和發展中「民族性」所起的主體作用。他說：「文化只是人類集體生活之總稱，文化必有一主體，此主體即民族。」「民族創造了文化，但民族亦由文化而融成。」[41]他還指出，中國的民族觀實爲一種文化觀，以文化來統攝和融凝民族國家的民族文化觀，不僅是中國民族的特質，也是最契合民族與文化本質的。這是錢穆對民族文化生命史學思想的進一步論述。

此後，他繼續對民族文化生命史學思想進行闡釋。他的《中國歷史精神》和《國史新論》結合中國歷史演變進程及其精神，從中國歷史上的政治、經濟、國防、教育與考試制度、知識份子與士、地理與人物、道德精神、中國社會的演變、中國文化傳統的演進、中國文化與中國人等方面對中國歷史文化作了系統和扼要的分析與論述，它們也大大豐富和發展了錢穆的民族文化生命史學及其思想體系。

四、對史學方法的探討

這一時期錢穆史學思想的確立和完善，還表現在他對史學本身進行了較全面的探討。他寫了《學籥》和《中國歷史研究法》等著作，以及〈歷史與時代〉、〈近五十年中國人心中所流行的一套歷史哲學〉、〈中國史學之精神〉、〈經學與史學〉、〈張曉峰中華五千年史序〉、〈中國古代大史學家——司馬遷〉、〈中國歷史教學〉、〈中國文史大義〉、〈中國歷史學者的使命〉和〈我是如何研究中國古史地名〉等文章，對史學與歷史和現實、歷史研究方法論及其具體方法、史學在人文學科中的地位和作用、史學的功能與價值、中國史學的演進及其特質和歷史學家的素質等多有闡發。不過，此間他對史學的探討主要是在史學方法上。它主要包括歷史研究方法論、歷史研究各領域的具體方法、史書的編纂體裁及中國傳統史學方法等方面。

《學論》是集中體現錢穆史學方法思想的重要著作之一。他曾在給余英時的論學書簡中說：「拙著《近三百年學術史》盼細看。又《學論》諸篇，雖篇幅不多，亦須精讀，爲學門徑與讀書方法，穆之所知，已盡在此兩書中。」[42]他說，自己少時失學，鄉居自學無師友指點，不知所謂爲學門徑與方法。冥索十餘載，始稍知古人學術源流，及其深淺高下和是非得失。然僅存胸懷間，未敢輕作論述。「嗣後稍有撰著，而終不敢輕談門徑方法。良以人之爲學，才性既不同，機緣復互異，從入之道，難可一致。自審所窺有限，豈宜妄有主張，轉滋貽誤。頃年適六十，少壯所志，十不償一，精力就衰，殆不能更有所深涉，而廁身師席，亦垂五十寒暑矣。平生微尙，所拳拳服膺，自以謂是者，舉以告人，義亦宜然。……倘有好學之士，取而爲法，亦爲學入門之一途也。因名之曰學論云爾。」[43]《學論》從學術研究方法論的高度闡述了治學方法論以及與時代風氣變遷的關係。他主張考據、義理和辭章的統一，對近代以來在治學方法上片面崇尚清儒考據之學，輕譏宋儒義理之學的風氣作了深刻批評。他又說，治學不當以找材料爲目的，對前人的書本作隻言片語的摘錄，應聯繫整個時代與前人的身世，作知人論世的研究。要作融會史家思想情感的「活考據」，反對純客觀的「死考據」。治學要講心術，即是要有學問上的德性；學術方法背後實際包含和體現了學者的道德心術。此書雖是總論治學方法的，但他認爲史學是人文學最基本的學科，所以，亦是討論史學方法論的。

關於歷史研究的一般方法，錢穆繼承了中國傳統學術貴通不貴專的精神，強調研究歷史必須瞭解其他學術領域。他說，中國歷史上的大史學家都是旁通各門學問的，如孔子、司馬遷、杜佑、歐陽修、司馬光、鄭樵、章學誠等。他特別推崇北宋的歐陽修，視之爲兩宋時期中國文化復興的代表人物。因爲他經史子集皆通，既是大史學家，又是大文學家、經學家、思想家，「中國學問經史子集四部，歐陽修已一人兼之。其實中國大學者盡如此。中國學問主通不主專，故中國學術界貴通人，不貴專家。苟其專在一門上，則其地位即若次一等。」[44]他的這一思想在《中國學術通義》中有較詳盡的闡述。

他對史學研究具體方法的論述主要包括《中國歷史研究法》一書、《中國歷史精神》中的「史學精神與史學方法」部分及〈我是如何研究中國古史地名〉一文。《中國歷史研究法》是將一九六一年他在香港孟氏教育基金會所作的八次講演彙編而成，是系統和深入闡述通史與專門史研究方法的著作。它從中國歷史的內容、結構和特性出發，分門別類地闡述了如何研究通史、政治史、社會史、經濟史、學術史、歷史人物、歷史地理、文化史。第一講「如何研究通史」是此書的總綱。它從歷史的三特性，即特殊性、變異性和傳統性，闡釋了治史須「明變」和作通體的研究，只有這樣，「才是可遠可大，才能眞明白了歷史時代之變，才能貫通上下古今而獲得歷史之大全。」[45]他認爲，以通變的眼光和方法來研究歷史，不僅在通史領域是這樣，在專門史領域也是如此。他的《宋明理學概述》「序」和〈我是如何研究中國古史地名〉一文，對學術思想史和古史地名研究的具體方法作了較多的論述。

〈張曉峰中華五千年序〉是他論述中國史學編纂方法，特別是中國傳統史學體裁和史法的重要文章。此文對中國史書的三大體裁，紀事本末體、編年體和紀傳體的長短得失進行了剖析。他認爲，紀傳體最能揭示歷史演變的本質和原動力所在，它對「每一歷史事變之各方面，其原動力所在，其是非得失成敗之所以然，乃無不彰顯。時代之隆汙，國族之榮悴，凡屬歷史演變最後根本所在，皆可明白昭示，此誠史學貢獻之最大意義所在也。」「故列傳一體，實當爲史書中之最進步最完備，而又最得歷史之眞情實義者。」[46]

他對近代以來中國史學獨尊紀事本末體及一味採用西方章節體寫史的做法進行了嚴厲抨擊，說它不能得歷史之眞跡。因爲，各歷史事件是相互牽涉和滲透的，歷史爲一古今相連的大事，以紀事本末體紀事，實由人的主觀裁斷，「雖若有歷史之形式，實失歷史之眞相。今即據以爲歷史之眞相在是，而不知其多出於治史者之主觀意見。」[47]《中國歷史精神》中的「史學精神與史學方法」闡明了歷史研究的兩個要點，即，「研究歷史，應該從現時代中找問題，應該在過去時代中找答案，這是研究歷史兩要點。」[48]他既反對把對歷史記載的研究當成史學，也反對西方那種從玄想中構造出來的歷史哲學。

這一時期錢穆從文化學的角度和高度，結合中西歷史文化的演變和特質，對歷史文化的生命性與特徵，歷史生命的心性本體論，歷史文化的結構、內容和類型，民族、文化和歷史的關係等一系列歷史文化觀的基本問題進行了闡述，從而確立了他的民族文化生命史觀。他對史學理論的闡述也是圍繞民族文化生命史觀展開的，特別是對史學方法作了較全面的論述，他的史學思想體系得到豐富和發展。

註釋

1 《湖上閑思錄》，再跋，臺北東大圖書有限公司，一九八四年一月再版，第七頁。

2 〈中國文化與世界人類的前途〉，《中華文化十二講》，第八〇頁。

3 《八十憶雙親 師友雜憶》，第三六二頁。
4 《湖上閑思錄》，再跋，第七頁。
5 此書寫於一九四一年冬，成於一九四三～一九四四年，部分篇章曾刊載於一九四三～一九四四年的《思想與時代》月刊雜誌上。該書一九四八年由上海中正書局出版。
6 《湖上閑思錄》，再跋，第七頁。
7 《中國文化史導論》（修訂本），修訂版序，北京商務印書館，一九九四年六月修訂版，第一頁。
8 《中國文化史導論》（修訂本），弁言，第一頁。
9 《中國文化史導論》（修訂本），弁言，第二～三頁。
10 《中國文化史導論》（修訂本），弁言，第五頁。
11 《中國文化史導論》（修訂本），弁言，第六頁。
12 諸宗海〈國魂常在師道永存——爲紀念賓四先生逝世一周年寫〉，《錢穆紀念文集》，第六六頁。
13 〈中國今日所需要之新史學與新史學家〉，《世界局勢與中國文化》，臺北東大圖書有限公司，一九八五年五月第三版，第二三二頁。
14 〈中國今日所需要之新史學與新史學家〉，《世界局勢與中國文化》，第二三四頁。
15 〈中國今日所需要之新史學與新史學家〉，《世界局勢與中國文化》，第二三五頁。
16 〈中國今日所需要之新史學與新史學家〉，《世界局勢與中國文化》，第二三七頁。
17 《宋明理學概述》，序，第二頁。
18 《中國學術思想史論叢》㈦，序言，臺北東大圖書有限公司，一九八六年九月再版，第一頁。
19 羅義俊〈錢賓四先生傳略〉，《錢穆紀念文集》，第二八四頁。

20 《八十憶雙親　師友雜憶》，第二〇九頁。

21 參見《朱子學提綱》的論朱子理氣論和心性論部分。

22 羅義俊〈錢賓四先生傳略〉，《錢穆紀念文集》，第二八四頁。

23 《宋明理學概述》，序，第三頁。

24 《中國學術思想史論叢》(七)，序言，第一頁。

25 《宋明理學概述》，序，第三頁。

26 《八十憶雙親　師友雜憶》，第二〇九頁。

27 余英時〈猶記風吹水上鱗——敬悼錢賓四師〉，《錢穆與中國文化》，第十頁。

28 《中國思想史》，例言，新亞書院，香港，一九六二年三月再版，第二頁；自序，第七～八頁。

29 《國史新論》，自序，臺北東大圖書有限公司，一九八一年二月初版，第一頁。

30 嚴耕望〈錢賓四先生行誼述略〉，《錢穆紀念文集》，第一一五頁。

31 《中國思想史》，例言，第二頁。

32 《中國思想通俗講話》，自序，臺北東大圖書有限公司，一九九〇年一月增訂初版，第五頁。

33 《中國思想通俗講話》，第三頁。

34 《八十憶雙親　師友雜憶》，第二八九頁。

35 此書是錢穆將其一九五〇年十二月在臺灣省立師範學院所作講演整理而成。

36 《文化學大義》，臺北正中書局，一九五二年一月初版，第一頁。

37 《文化學大義》，第六頁。

38 《文化學大義》，第六二頁。

39 《文化學大義》，第六六頁。
40 《文化學大義》，第一二一頁。
41 《民族與文化》，香港新亞書院，一九六二年六月再版，第一頁。
42 〈錢賓四先生論學書簡〉，轉見余英時《錢穆與中國文化》，第二三三頁。
43 《學籥》，序目，第一～二頁。
44 《八十憶雙親　師友雜憶》，第三二九頁。
45 《中國歷史研究法》，香港孟氏教育基金會，一九六一年一二月初版，第九頁。
46 〈張曉峰中華五千年史序〉，《中國學術通義》，臺灣學生書局，一九六六年三月再版，第一六三頁。
47 〈張曉峰中華五千年史序〉，《中國學術通義》，第一六九頁。
48 《中國歷史精神》，香港增附三版，一九六四年，第一一～一二頁。

第四章

民族文化生命史學思想的總結、轉進和完善

一九六四年七月，錢穆獲准辭去新亞書院院長和新亞研究所所長職務。一九六五年夏至一九六六年春在馬來西亞大學講學。一九六七年十月遷居臺北。一九六八年三月，當選爲臺灣中國歷史學會理事。七月，當選爲臺灣中央研究院人文組院士。一九六九年，受聘爲臺灣中國文化學院（後改爲中國文化大學）史學研究所教授、臺北中央故宮博物院特聘研究員。一九七〇年，當選爲新亞文化會名譽董事長。一九七八年，當選爲臺灣中國歷史學會監事。一九八四年三月，獲臺北中央行政院「文化獎章」。一九八六年，被聘爲臺灣總統府資政。一九八七年，當選爲中國文化大學名譽教授。一九九〇年八月三十日在臺北辭世，享年九十六歲。錢穆在最後二十六年的學術生涯中，繼續走歷史文化中心論的史學道路，這是其以民族文化生命史學爲本位的學術思想的總結、轉進和完善時期。他一方面對自己一生的史學活動和思想進行總結，將此前所寫的大量著述編撰成集，一方面繼續在史學上作新的探求，撰寫了許多新論著。

一、堅持走歷史文化中心論的史學道路

這一時期錢穆的講演和著述皆以歷史文化爲中心。他說，在港臺的三十年，「凡有撰寫，亦率以歷史與文化兩題目爲主。」[1]又說：「余此三十年來，有歷次講演，及抒寫有關歷史方面之文字，則一皆以文化爲中心。」[2]他編集和撰寫了大量論述中國和世界歷史文化及文化思想的著述，主要有《中國文化精神》、《中國文化叢談》、《孔子與論語》、《靈魂與心》、《中華文化十二講》、《中國文化精神》、《歷史與文化論叢》、《世界局勢與中國文化》、《從中國歷史來看中國民族性及中國文化》、《新亞遺鐸》、《雙溪獨語》和《晚學盲言》等。

錢穆晚年堅持走歷史文化中心論的史學道路，一方面是出於對中國歷史文化的信心和情感，他說：「惟能對國家民族傳統的文化有信心，始能對保護捍衛當前的莫大責任有勇氣。余對中國傳統文化之深博偉大，所知甚淺。然自問愛國熱忱，則自幼年迄於今茲，從未後人。凡我所講，無不自我對國家民族之一腔熱忱中來。」[3]這與近代以來各種西化派對中國歷史文化採取純客觀和科學的態度迥然不同。另一方面是出於對中西歷史文化的長期思考研究，他說自己對中國歷史文化的看法，「則皆是從我一生在不斷的國難之鼓勵與指導下困心衡慮而得」。[4]他視歷史文化爲一個民族和國家的生命源泉，一個民族和國家如果拋棄了它的歷史和文化，將無以自存和發展。他說：「竊謂民族之形成，胥賴其有歷史與文化之兩項。無歷史、無世界新潮流，乃吾民族處境之變。[5]貴能不忘本我，乃可善爲因應。因應在我，豈能去其我以求因應？我之不存，又誰爲其應者？亦何貴有一切之因應？自念畢生努力，亦惟期國人之迷途知返，認識自我，乃始有力可用，有途可循，則惟歷史與文化兩項，不當棄置不問。而此兩者盡在過去，宜可述，不可作。」[6]又說，不同民族的文化各有本根，在中西文化大碰撞的今天，要研求中國歷史文化的特質，就必須與西方文化比較，「此種講述，非有標新炫異之意，亦時代潮流有以使之然耳。」[7]

錢穆晚年的歷史文化思想與他在四、五十年代的思想是一脈相承的，基本精神沒有變。七十年代末，他撰《中西文化比較觀》時說：「初不意余方今所撰，正多舊來見解，並有前所發得，而今已漫忘者。自慚學問未有進步，而國事世風，每下愈況。回憶當年太湖邊一段心境，[8]亦已有黃鶴一去不復返之狀。撫今追昔，感慨何似。」[9]一九八七年，他爲《中國文化史導論》作「修訂版序」，也說：「迄今四十六年來，余對中西文化問題之商榷討論屢有著作，而大體論點並無越出本書所提主要綱宗之外。讀此書，實有與著者此下所著有關商討中西文化問題各書比較合讀之必要，幸讀者勿加忽略。」[10]這些充分說明，錢穆不以自己的思想是否一意趨新爲新進和落伍的標準。他編纂的歷史文化論集，許多文章是五、六十年代乃至四十年代所寫，如《歷史與文化論叢》、《中國文化叢談》、《世界局勢與中國文化》和《新亞遺鐸》。

但是，錢穆晚年對中國歷史文化不僅是回顧和總結，也有新的闡發。他自小就對中國歷史文化的優劣與命運十分關注，把一生的心血和精力都投入到這一問題的思考和探究中，他的命運已與中國歷史文化的進退興衰聯繫在一起。中華民族在近現代歷史復興路途中的風風雨雨與坎坷曲折，世界歷史在近現代演進中的風雲變幻和前景未卜，錢穆自我人生的起伏跌蕩與其家庭的離聚悲歡，這一切使他晚年對人類和中國歷史文化有了更爲全面深切的體悟和闡發。集中體現他晚年歷史文化思想的代表作有：㈠一九六八年出版的《中華文化十二講》。它從中國文化的中心思想「性道合一論」、中國文化的中庸之道、中國文化中的人和人倫、中國文化理想中的人的生活、中國文化中的最高信仰與最終理想、中國文化中的武功與武德、中國文化的升沈進退、中國歷史上的軍人、歷史上的人與事與理、民族與文化和中國文化與世界全人類的前途十二個方面闡發了中國的歷史文化。㈡一九七一年出版的《中國文化精神》。書中論述了中國文化的精神、中國文化的傳統何在、文化傳統的散播與調和、文化的變與常、文化的長命與短命、文化中的事業與性情、文化的中和與偏反、文化中的自然與世俗、文化中的積累與開新、文化中的精粹與渣滓、文化的前瞻與回顧和復興文化的心理條件等問題。㈢一九七九年出版的《從中國歷史來看中國民族性及中國文化》。[11]他十分重視此書，說自己三十餘年來的講演和著述皆以文化為中心，「自病雙目，不再親書冊，而心中所往復不能忘者，則惟此。及去新亞講演，題名從中國歷史來看中國民族性及中國文化，此實余三十年來向學一總題。」[12]又說，此書「所根據盡皆舊材料舊知識，然於國人回頭認識自我，求對我中國人與中國之舊傳統舊精神稍有瞭解。或於此下尋求開新自救之道有所助益。則誠生平懇切以求之一大希望所在也。」[13]此書結合近現代世界史，運用比較的方法，從中國人的性格、中國人的行為、中國人的思想總綱和中國人的文化結構四個方面對中國歷史文化的特質作了精要指陳。㈣一九八七年出版的《晚學盲言》是他雙目失明後，於九十二歲時寫成。他說：「惟余之為此書，亦不啻余之晚學，爰題為晚學盲言。」[14]這是他論歷史文化的重要著作，他在書中對自己文化思想、尤其是中西文化異同思想進行了總結。全書共八十餘萬字，分三大部分九十分題，從宇宙天地自然、政治社會人文、德性行為修養三大部分比較中西文化異同，全面和集中地闡發了中國傳統文化的內容和特質。他在《八十憶雙親　師友雜憶》中說，自己曾草寫《中西文化比較觀》一書。不過，此書未見出版。[15]

他論歷史文化的散篇文章也不少，〈中國文化對人類未來可有的貢獻〉是他去世前三個月寫的一篇闡發中國文化的要文，也是他對中國文化的最後心聲。他說，自己雖已屢次講到「天人合一觀」，「惟到最近始澈悟此一觀念實是整個中國傳統文化思想之歸宿處。……我深信中國文化對世界人類未來求生存之貢獻，主要亦即在此。」「以過去世界文化之興衰大略言之，西方文化一衰則不易再興，而中國文化則屢仆屢起，故能綿延數千年不斷。這可說，因於中國傳統文化精神，自古以來即能注意到不違背天，不違背自然，且又能與天命自然融合一體。我以爲此下世界文化之歸趨，恐必將以中國傳統文化爲宗主。」16

二、「學術興則文化興」的中國文化復興道路

重視對中國傳統學術思想的博綜和會通研究，是錢穆晚年學術思想研究的重要工作之一。他先後撰著和編集了《中國學術通義》、《現代中國學術論衡》和《中國學術思想史論叢》等重要著述。這種博綜和會通的研究使他對中國學術思想有了新的認識，他提出了「學術興則文化興」的重要思想，這也是他一生學術研究的心得。

「學術興則文化興」的基本內涵是，把學術思想視爲歷史文化的中心，學術思想研究是歷史文化研究的根本和中心，這是他對文化決定論的進一步發展。它在方法論上的意義是，重視從學術思想與歷史文化的互動關係來探討中國歷史文化的長處和持久生命力，進而爲中國歷史文化的復興指明出路。它的基本內容是：

㈠學術和文化一樣有民族獨特性；學術的獨特性與文化的獨特性密切相關，不可分割，「文化異，斯學術亦異。」17學術固然會隨時代的變化而變化，但每個國家和民族的學術各有自己的生命和個性，彼我

不能相互替更。中西文化傳統不同，學術也不相同。因此，近代中國與西方文化接觸後有「國學」一詞之興起。想要瞭解中國舊學，不當以西方文化爲準繩，「亦當從中國舊學本所具有之精神宗旨道途格局尋求瞭解，否則將貌似神非，並亦一無所知。既所不知，又何從而有正確之批判。」[18]反之，不瞭解中國學術的獨特性，也無從瞭解中國文化的獨特性。㈡中國學術的獨特性在於它和中國文化一樣具有人文性，由此形成中國學術的又一特點：貴通不貴專。中國學術的人文性與尚通性是一脈相通的，「中國傳統，重視其人所爲之學，而更重視爲此學之人。中國傳統，每認爲學屬於人，而非人屬於學。故人之爲學，必能以人爲主而學爲從。當以人爲學之中心，而不以學爲人之中心。故中國學術乃亦尚通不尚專。既貴其學之能專，尤更貴其人之能通。故學問所尚，在能完成人人之德性，而不尚爲學術分門類，使人人獲有其部分之知識。苟其僅見學，不見人。人隱於學，而不能以學顯人，斯即非中國傳統之所貴。」[19]㈢學術是文化的上層，也是文化的領導力量，「欲考較一國家一民族之文化，上層首當注意其學術，下層則當注意其風俗。學術爲文化導先路。苟非有學術領導，則文化將無向往。非停滯不前，則迷惑失途。」[20]㈣由於學術和文化一樣有民族性，「故欲復興國家，復興文化，首當復興學術。而新學術則仍當從舊學術中翻新復興。此始爲中國學術文化將來光明一坦途。」「學術明而後文化明，學術復興而後文化可復興。」[21]

錢穆對民初以來、主要是新文化運動以來學術的西化取向進行了批判。他說，新文化運動不是一種理性和冷靜的思考，它所以能一時間風靡全國，是與道咸以來內憂外患使國人思變心切、群盼以西學救國的急躁心理分不開，「適之乃獨爲一時想望所歸。而新文化運動乃竟掩脅塵囂，無與抗衡。風氣之變，亦誠有難言者。」「舊學宏博，既需會通，又求切合時宜，其事不易。尋瑕索疵，漫肆批評，則不難。」[22]他認爲新文化運動的學術取向悖離了中國傳統。由於民國以來、尤其是新文化運動的啓導，文學、史學、哲學、考古發掘和甲骨文等專門之學一時風起雲湧，中國學術開始如西方學術般分門別類，務爲專家，這與中國重通儒之學和重和合的傳統大相違異，以至返讀古籍扞格不相入。然而，新文化運動的實質又不在提倡學術的專門化，而在否定中國的傳統學術文化，全盤西化。他們只重開新，不講承舊，使中國文化學術傳統面臨亡墜的境地，「其所假設者，似僅爲打倒孔家店，中國舊文化要不得。一意廣泛批評，即其小心求證矣。至民主科學兩項，究當作何具體之開創與設施，則初未之及。……要之，重在除舊，至於如何布新，則實未深及。」[23]此後，中國社會的巨大變化，更使中國傳統文化和學術掃地而盡。

　　爲了闡明中國傳統學術的民族獨特性，批判近代以來、特別是新文化運動以來文化學術思想界的西化潮流，使國人更好地認識、繼承和發展中國傳統學術，以復興中國的民族文化，錢穆晚年決意對中國學術思想進行全面的研究總結。其代表作有：㈠《中國學術通義》。它彙集了錢穆在港臺近三十年所寫討論中國傳統學術及其特質的文章，主要研討經史子集四部，以求會通和合。首篇爲〈四部概論〉。他說，中國學術自魏晉以下分經史子集四部，分而論之，合而觀之，四部大要約略可見。第二篇爲〈中國儒學與文化傳統〉。他說，儒學是中國學術的中心，四部之學莫不以儒學爲主。可以說儒學是中國文化精神之中心，明白古今儒學之流變，即知中國學術文化古今之變及其變之所在。《中國學術通義》還對朱子學、中國傳統史學、文學和治學方法等作了闡述。㈡《中國現代學術論衡》。此書重在論述如何在現代繼承和發展中國傳統學術，「對於中國古人爲學之宗旨趨向，分野門徑，別從一新角度重爲闡述。要之，從文化大體系言，余則以和合與分別來作中西之比較。從學術思想方面言，余則以通與專兩字來作衡論。」[24]它遵照當代各門新學術的分類法，將中國現代學術分爲宗教、哲學、科學、心理學、史學、考古學、教育學、政治學、社會學、文學、藝術、音樂十二類，並將它們與中國傳統學術進行對比，「比較異同，乃可批評得失。否則惟分新舊，惟分中西，惟中爲舊，惟西爲新，惟破舊趨新之當務，則竊恐其言有不如是之易者。」「其名稱或中國所舊有，或傳譯而新增。粗就余所略窺於舊籍者，以見中西新舊有其異，亦有其同，仍可會通求之。」[25] (三)《中國學術思想史論叢》。這是一套彙集錢穆六十年來未收入各學術專著的、研討中國歷代學術思想散篇論文的大型文集，共有論文一百一十九篇，一百五十五萬多字。書分三編八冊，上編自上古至先秦，中編自秦漢至隋唐五代，下編自宋代至近代。他說，編纂此書主要是爲了批評和糾正近代國人輕言妄說舊籍錯誤，尤其是以崇洋蔑古爲職志的新文化運動對中國學術的狂論妄議，「余就所譏評，一一按其實情，殆無一是。韓昌黎有言，凡物不得其平則鳴，人之於言也亦然，有不得已者而後言。余之終亦不免於不得已而後言，則亦昌黎所謂不平之鳴也。」[26]

三、晚學得新知　綜六藝以尊朱

錢穆晚年學術思想研究的另一重要成就，是對宋明理學有了新的領悟和認識，對朱子學進行了全面和深入的闡發，在理學上一意「尊朱」。這不僅標誌著他在理學上的轉進，也標誌著他晚年整個學術思想的轉進。

錢穆一生爲人治學受宋明理學影響很大。宋明理學注重人生學問，既講求人的心性道德，又高揚格物、致知、正心、誠意、修身、齊家、治國、平天下的綱領，融心性實踐與治平大道於一體。他認爲這是中國歷史文化的特質和生命精神所在。他說，宋明理學是中國儒家文化的偉大復興，是中國的文藝復興，開啓了中國近代史。[27]其民族文化生命史學思想的根基——民族文化生命史觀，就是把理學張揚的「心性」作爲歷史生命的本體。他對中國歷史文化的理解和認識程度，他思想的每次轉進，都與對理學的新理解直接相關。自二十世紀四、五十年代對理學有了較全面研究後，他的研究一直沒有停止，且不斷有新得。一九七六年他爲《宋明理學概述》寫跋，說此書寫成至今已二十多年，「自問對宋明理學，又薄有所獲。」[28]這一時期，他的主要研究成果有《朱子新學案》、《理學六家詩鈔》和《宋代理學三書隨劄》等。此外，書成未付梓的還有《朱子四書集義精要隨札》和《近思錄隨札》等。

對朱子學作系統和深入的研究，是錢穆晚年研究宋明理學的最重要成就，他視此爲自己一生學術的轉進和博綜。一九六四年七月，他在新亞辭職後，預定此後閒居生活的兩項工作之一便是撰寫《朱子新學案》。一九六五年一月他自寫春聯：「晚學得新知滙百川而歸海，忘年爲述古綜六藝以尊朱。」[29]表達了以「尊朱」爲一生學術歸途的心願。經過六年的努力，《朱子新學案》於一九六九年十一月完稿。《朱子新學案》分五冊五十八章，約百萬言。全書分兩大部分：一是朱子的思想，分「理氣」與「心性」兩部分；二是朱子的學術，分「經學」、「史學」、「文學」三部分。在敍說朱子學術的部分，又附有朱子的校勘、考據、辨僞和游藝諸篇。在這兩大部分之外，尚有其他篇章以指陳朱子學在宋明理學中的地位。書末附「朱子年譜要略」。爲便於讀者尋閱，一九七〇年又撰《朱子學提綱》冠於書首。

錢穆晚年在學術上轉向「尊朱」的根本原因是，他認爲朱子與孔子一樣是中國歷史和學術思想史上最偉大的人物。孔子集前古學術思想之大成，開創儒學，使之成爲中國文化傳統的主幹。北宋理學興起是儒學之重光，而朱子崛起於南宋，「不僅能集北宋以來理學之大成，並亦可謂其乃集孔子以下學術思想之大成。此兩人，先後矗立，皆能匯納群流，歸之一趨。自有朱子，而後孔子以下之儒學，乃重獲新生機，發揮新精神，直迄於今。」[30]又說，儒學僅是中國傳統文化一主幹，此外尚有百家眾流，「而孔子朱子矗立中道，乃成爲其他百家眾流所共同批評之對象與共同抨擊之目標。故此兩人，實不僅爲儒學傳統之中心，乃亦爲中國學術思想史上正反兩面所共同集向之中心，不僅治儒學者，必先注意此兩人，即治其他百家眾流之學，亦必注意此兩人，乃能如網在綱，如裘在領。不僅正反之兼盡，亦得全體之通貫。」[31]朱子在學術史上之地位，一是集理學之大成，二是集宋學之大成，即理學興起前的北宋諸儒之學，三是集漢唐儒之大成，「蓋自有朱子，而後使理學重復回向於經學而得相綰合。古今儒學大傳統，得以復全，而理學精旨，亦因此更得洗發光昌，此惟朱子一人之功。」[32]他視朱子學爲理學與經學的統一，充分肯定朱子學在整個中國文化學術思想史和儒學發展史中承上啓下的地位和作用。

錢穆對朱子的學術思想進行了全面和深入的分析和指陳，推許朱子的學術思想博大會通，融貫四部；本末始終，內外合一，天人兼顧，心理並重；得仁之精髓；推宗四書，以心性爲本；格物致知與心性修養並行；學以致用，精熟史學，重治平大道。然而，他最稱道的則是朱子的治學方法與精神，即從大傳統中醞釀發展其思想。他說，朱子學「一面固最能創新義，一面又最能守傳統。其爲注解，無論古今人書，皆務爲句句而解，字字而求，此正是漢儒傳經章句訓詁工夫，只求發明書中之本義與眞相，不容絲毫臆見測說之參雜。此正是經學上傳統工夫。明得前人本意，與發揮自己新意，事不相妨。故經學之與理學，貴在相濟，不在獨申。合則兩美，分則兩損。朱子學之著精神處正在此。」[33]又說，四書學亦可說是「朱子全部學術之中心或其結穴」，其精神與方法正體現了這點，它「重在即就語孟本文，務求發得其正義，而力戒自立說。而後孔孟大傳統，得以奠定。此即是一種經學精神。然在朱子語孟集注學庸章句中，終不免有許多自立說之處，此乃是一種理學精神。故曰朱子之四書學，乃是綰經學與理學而一之。」[34]所以，後代大儒堪匹孔子述而不作和信而好古精神的惟有朱子。錢穆極力稱讚朱子治學方法和精神，說它是中國儒學的眞正傳統和中國傳統學術的正道與最高境界，體現了他「據舊開新」的歷史文化觀，即，小到學者個人治學，大到民族國家對傳統歷史文化的態度和方法，都應先固守傳統，以此爲立腳點和本根，然後，才能在此基礎上創新發展。否則，不是創新，也不能創新。他崇奉朱子，微旨在此。他不僅以繼承和發揚孔子和朱子所傳的儒學眞諦和學統爲已任，亦以之爲自己學術生命的根本和終極追求。

錢穆晚年在孔子研究上也有新得。他治學始於研治《論語》，此後對孔子頗多研究，代表作有《論語要略》、《先秦諸子繫年》第一卷，《孔子與春秋》和《論語新解》等。一九七四年他又寫《孔子傳》一書。此書立意與以前著述不同，重在闡發孔子在中國歷史文化上的重要地位和眞正貢獻。他說，孔子是中國歷史上第一大聖人，集此前兩千五百多年中國歷史文化之大成，開此後兩千五百多年中國歷史文化演進之新統，「在此五千多年，中國歷史進程之指示，中國文化理想之建立，具有最深影響最大貢獻者，殆無人堪與孔子相比倫。」[35]與他人對孔子的評價不同，他說孔子的事業主要有三大項：學與教、政治事業、著述。孔子對中國歷史文化的最大貢獻不在政治事業與著述，而在「學與教」，「後代之尊孔子爲至聖先師，其意義即在此。」[36]漢儒尊孔之失、清儒尊漢反宋之弊和晚清今文經學之禍都是由於對孔子「學與教」

事業的誤識，只有宋儒對此有正確衡定，「故於五經之上，更重四書，以孟子繼孔子而並稱，代替了漢唐時代以孔子繼周公而齊稱之舊規。此不得不謂乃宋儒闡揚孔子精神之一大貢獻。」[37]所以，今天若要重振孔子儒家傳統以復興中國文化，闡揚孔子生平所最重視的自學與教人精神，尤為當務之急。

四、對史學思想的全面總結

錢穆晚年對自己的史學思想作了全面的闡釋和總結，他編撰的史學論著數量之豐富，內容之系統，涉及面之廣，是以往不能相比的。其中，專論史學的著作有《中國史學發微》和《中國史學名著》；將以前的史學研究成果首次編集出版的有《古史地理論叢》和《中國通史參考資料》。《歷史與文化論叢》、《中國學術通義》、《中國現代學術論衡》、《晚學盲言》和《朱子新學案》也集中收錄了他闡發史學思想的重要文章和文字。此外，《中國文化叢談》、《世界局勢與中國文化》、《中華文化十二講》、《中國學術思想史論叢》、《新亞遺鐸》和《師友雜憶》等著述也有不少論述史學的文字。這些論著中所收的重要史學文章有：〈歷史與人生〉、〈中國民族性與中國文化之長處〉、〈民族歷史與文化〉、〈中國歷史與中國民族性〉、〈從中西文化看歷史盛衰興亡〉、〈中國歷史精神〉、〈中國史學之特點〉、〈中國史學略論〉、〈中國文化傳統中之史學與文學〉、〈我人今日所需之歷史知識〉、〈略談當前史學界〉、〈史學與文化復興〉、〈經學與史學〉、〈朱子的史學〉、〈中國史學中之文與質〉、〈袁宏政論與史學〉、〈國史館撰稿漫談〉、〈中國歷史人物〉、〈略論中國歷史人物之一例〉、〈周公與中國文化〉、

〈中國古代大史學家——司馬遷〉、〈歷史地理與文化〉和〈歷史與地理〉等。

這些論著對歷史理論、史學理論、中西史學比較和中國史學精神等方面的問題作了不同程度的探究和闡發。受晚年歷史文化思想轉進的影響，他尤爲注重從史學切入文化學術領域，又從文化學術領域返觀史學，將兩者作融匯貫通的闡發，這是錢穆晚年史學研究的突出特點。他主要從史學研究方法、史學的功能和價値、史學與其他學科的關係和歷史人物的作用等方面入手，把中國史學演進與中國歷史文化演進聯繫起來，指出中國史學的精神和特質即是中國歷史文化精神和特質的映現，中國歷史文化精神和特質又決定了中國史學的演變及其精神特點。

《中國史學發微》系統和集中體現了他晚年的史學思想。其中〈國史漫話〉和〈中國史學之精神〉爲中年時期所寫。此書宗旨，一是，闡明史學在中國傳統學術中的中心地位及中國史學注重會通的精神。他說：「自然科學基本在數學，人文學基本則在史學。」[38]史學在中國演生和包容了一切傳統學術門類，在經史子集中，史學起源最早，經子集實際都導源於史學。同時，中國傳統的四部之學原本就是會通爲一的，孔子實已兼有四部之學，故後人尊之爲至聖先師。「余此書專爲史學發微，苟其人不通四部之學，不能通古今之變而成其一家之言，又何得成爲一史家。……此則治中國學術，皆當以此爲法。」[39]二是，著重闡明中國史學的價値觀。他認爲，中國民族的歷史意識在世界各民族中起源最早，故中國史學最發達。中國文化視歷史爲人生和生命，視過去、現在和未來爲一大存在和生命體，所以，中國人重視歷史的垂訓資鑒功能，「中國人惟知愛重歷史，故能蔓延擴張，以有今日。西方人只爲不愛重歷史，乃日趨分裂，亦直達於今。」[40]

《史學導言》是此書最集中和深入論述史學的文字。它從學問三方面、治史學所必備之一番心情、歷史上之時間與事件和歷史上的人物四個方面闡述了中國傳統史學的思想方法和精神。他在闡述這些思想時，結合了現代史學的一些新觀念。[41]首先，治史要做到考據、義理和辭章的統一，他說：「一切知識，應以德行、情感爲基本。一切考據之學，應以義理、辭章爲基本。一言一行不苟且，此是義理學開始。一字一句不苟且，此是辭章學開始，預備了這兩項條件，才能來讀歷史治史學。」[42]其次，治史必須具備一番愛國愛民、關心世事民瘼的心情。否則，不叫歷史研究，不是史學。他說，治史有八個字最重要，即「世運興衰」與「人物賢奸」，這是治史的入門和歸宿。治史要有一種史學家的心情與抱負，通過治史懂得了世運興衰和人物賢奸，「積久感染，也自能培養出一番對民族國家之愛心，自能於民族國家當前處境知關切。」「培養史心，來求取史識，這一種學問，乃謂之史學。」[43]第三，從歷史時間觀闡釋了歷史爲一大現在和一大民族生命。中國歷史的背後有一大生命存在，此即中華民族五千年來的一番大生命。個人的小生命必須寄放於民族大生命中才能存在。第四，指出中國史學最重視人文精神，強調歷史人物的道德品格在歷史上的作用。所以，中國史學重人物的賢奸之辨和褒貶的筆法，讀史便是要懂得人物的賢奸。中國史學重道德心性的人文精神，即是中國歷史文化精神的體現。他認爲，只有中國史學最得歷史的眞諦。反之，由於中國史學最得歷史眞諦，中國歷史文化才能綿延四五千年，並且依然有強大的生命力。

《中國史學名著》從講述中國古代史學名著的角度，簡明扼要地敘述了中國古代史家的思想和中國古代史學的演進，同時結合中國史學和史家的思想闡發了他的基本史學思想。其中，他突出闡述了以下五個方面的內容：㈠研讀史家的著作，不僅要知道辨它的眞僞，把握其內容，更要懂得瞭解史著背後作者的情感、思想和精神，這樣才能看到它的時代意義與歷史價值，此即「知人論世」的史學方法論。這是《中國史學名著》所要闡發的基本宗旨。㈡通過闡釋《史記》「明天人之際，通古今之變，成一家之言」和章學誠「六經皆史」的思想，說明治史要有一番會通自然人文和古今之變的高遠境界，要講史學的經世致用，這才是眞正的史學和史家。那種把史學視爲考據和史料之學的觀點是十分狹隘的。㈢結合整個中國傳統學術的演變發展，對中國古代史學的演變發展史作了獨具慧眼的分析。同時，闡明了史學在中國傳統學術中的基本地位以及與經部、子部和集部的互動關係。㈣結合歷代史學名著，對中國史書體裁的基本形式和特徵、史書體裁在古代的演變與時代變化的關係、史書體裁與中國傳統史學精神及中國歷史文化精神的關係等問題作了具體分析。㈤通過對周公《西周書》、孔子《春秋》、司馬遷《史記》、杜佑《通典》、鄭樵《通志》和章學誠《文史通義》等史家及其史著的分析，說明了史學的創新必須建立在尊重和繼承前人史學和文化傳統的基礎上。同時，對劉知幾《史通》「疑古」和「惑經」體現出的菲薄和蔑視文化傳統的史學思想進行了批判。

錢穆的其他史學論著也對歷史觀、歷史認識論、史學方法論、史學知識論和史學價值論、史家素質、中西史學比較及其中西文化等作了不同程度的闡發。

錢穆晚年堅持走文化中心論的史學道路，突出強調歷史文化在史學研究中的地位和作用，以及這種學術研究對民族歷史文化復興所起的決定作用。他提出「學術興則文化興」，而史學是人文學的基本，從這個意義上說，「史學興即是文化興」。他晚年綜六藝以「尊朱」，正反映出其融心性實踐與治平大道於一體的史學思想的轉進。這一切使他得以對史學各個方面的基本問題進行系統總結和深入抉發。可以說，錢穆民族文化生命史學思想體系的各個方面在晚年有了深入發展，達到了完善的境地。

註釋

1 《歷史與文化論叢》，序，臺北東大圖書有限公司，一九八五年九月再版，第一頁。

2 《八十憶雙親　師友雜憶》，第三六三頁。

3 《中國文化精神》，序，第一頁。

4 《中國文化精神》，序，第二頁。

5 按：此句文意頗費解，查《錢賓四先生全集》，此句爲「無歷史，則無世界新潮流，斯乃吾民族處境之變。」（《錢賓四先生全集》第四十二冊，《歷史與文化論叢》序，第七頁。）

6 《歷史與文化論叢》，序，第一頁。

7 《八十憶雙親　師友雜憶》，第三六三頁。

8 這是指他寫《湖上閑思錄》時的思想和心境。《湖上閑思錄》是他一九四八年春執教位於無錫太湖之濱的私立江南大學時所寫的一部散論歷史文化的文集，它暢談哲學、科學、政治、歷史、社會、藝術、文學、人生和道德等文化諸門類，言淺意深，較全面和清晰地反映了他當時的文化觀。

9 《湖上閑思錄》，再跋，第八頁。

10 《中國文化史導論》（修訂本），修訂版序，第一頁。

11 此書是將錢穆一九七八年在香港中文大學新亞書院的首次「錢賓四先生學術文化講座」所作講演結集而成。

12 《八十憶雙親　師友雜憶》，第三六三頁。

13 《從中國歷史來看中國民族性及中國文化》，序二，香港中文大學出版社，一九七九年版，第五頁。

14 《晚學盲言》，序，臺北東大圖書有限公司，一九八七年八月初版，第二頁。

15 又據錢穆學生吳沛瀾說，他曾寫信請錢穆賜寄《中西文化比較觀》一書。而錢穆夫人胡美琦讓錢穆之子錢行轉告說：「並無此方面的專著。」（吳沛瀾〈憶賓四師〉，《錢穆紀念文集》，第五六頁。）

16 原文載臺北《聯合報》一九九〇年九月二十六日。轉見《錢穆紀念文集》，第二五〇頁，第二五二頁。

17 《現代中國學術論衡》，序，臺北東大圖書有限公司，一九八四年十二月初版，第一頁。

18 《中國學術通義》，序，第二頁。

19 《中國學術通義》，序，第四頁。

20 《中國學術通義》，序，第一頁。

21 《中國學術通義》，序，第三頁，第七頁。

22 《現代中國學術論衡》，序，第三頁。

23 《現代中國學術論衡》，序，第四頁。

24 《八十憶雙親　師友雜憶》，第三六六頁。

25 《現代中國學術論衡》，序，第五頁。

26 《中國學術思想史論叢》(一)，序，臺北東大圖書有限公司，一九七六年六月初版，第一頁。

27 錢穆說：「西方有文藝復興，中國之有宋代，則亦當為中國之文藝復興。研討中國文化特性者，於此一古今之變，尤當深切尋究。」（〈中國文化特質〉，《中國史學發微》，臺北東大圖書有限公司，一九八九年三月初版，第一五四頁）又據羅義俊說，錢穆在一九八一年香港宋史研討會上說，宋代是我國歷史上文化最為發達的朝代，北宋時期是我國的文藝復興時代，提議研究者對此多加注意，「而以宋代為中國近代史之開始，即是先生一大創說，其說與日本京大派創始人內藤湖南不謀而合，且內涵中國歷史文化之近代化的意義。」（羅義俊〈錢賓四先生傳略〉，《錢穆紀念文集》，第三〇二頁）

28 《宋明理學概述》，跋，第四三八頁。

29 轉見羅義俊〈錢賓四先生傳略〉，《錢穆紀念文集》，第二九九頁。

30 《朱子學提綱》，第一頁。

31 《朱子學提綱》，第二頁。

32 《朱子學提綱》，第一七一頁。

33 《朱子學提綱》，第三五頁。

34 《朱子學提綱》，第一八九頁，第一九〇頁。

35 《孔子傳》，序言，臺北東大圖書有限公司，一九八七年七月再版，第一頁。

36 《孔子傳》，序言，第二頁。

37 《孔子傳》，序言，第三頁。

38 〈史學導言〉，《中國史學發微》，第五一頁。

39 《中國史學發微》，序一，第五頁。

40 《中國史學發微》，序二，第六頁。

41 他說，對歷史上的三大要項，即歷史時間、歷史事件和歷史人物，「我都將加一些新的觀念來講。」（〈史學導言〉，《中國史學發微》，第八一頁。）

42 〈史學導言〉，《中國史學發微》，第五〇頁。

43 〈史學導言〉，《中國史學發微》，第六〇頁，第六三頁。

中編

錢穆的民族文化生命史觀

第五章 心性合一的民族文化生命本體論

歷史觀首先要探討的是歷史的性質及其本體問題。對歷史的性質及其本體的認識決定了歷史學家對歷史的結構和內容，歷史的動力和歷史的運動等歷史觀中最基本問題的認識，也就是說，這是決定一個歷史學家有什麼樣歷史觀的首要和根本因素。有什麼樣的歷史本體論，就有什麼樣的歷史觀。同時，歷史學家對歷史本體的認識，還從根本上決定了他對歷史認識、歷史研究方法、史學性質和史學價值等基本問題的認識。所以，我們首先來分析錢穆關於歷史的性質及其本體的思想。[1]錢穆認爲，歷史本質上是一綿亙古今的民族文化生命體。心性是民族文化生命體的本體。人文道德性的「仁」又是心性的本體。人文道德精神既有人類歷史本質的普遍性，又不能離開民族歷史的特殊性，它必須是兩者的結合。所以，從他對歷史的性質及其本體的認識，我們可以稱其歷史觀爲民族文化生命史觀。

一、什麼是歷史與文化？

錢穆爲什麼把歷史視爲是一個文化生命體？這首先要看他是怎樣解釋歷史與文化的。

錢穆對「歷史」作了種種解釋和回答，歸納起來主要包括七種：

㈠歷史是人生和人生的經驗。「歷史便即是人生，歷史是我們全部的人生，就是全部人生的經驗。」2

㈡歷史是生命，是生命的經驗和過程。「歷史便是生命，生命便是歷史。」3「歷史是一種經驗，是一個生命。更透徹一點講，歷史就是我們的生命」。4

㈢歷史是人生的事業或一大事。「歷史是我們人生的經驗，人生的事業」。5「歷史只是一件大事，即是我們人類的生命過程。」6

㈣歷史為民族國家已往的全部活動。「我民族國家已往全部之活動，是爲歷史。」7

㈤歷史是一積累。「歷史是一積累」，「歷史成於群心群業，並必有時代累積。後一時期之歷史，必已有前一時期爲之準備開端，斷無可以斬然截然割斷前一代，來嶄新創出下一代。」8

㈥歷史是人的記憶。「歷史只是人的記憶。記憶並非先在的，記憶只是一些經驗之遺存。」9

㈦歷史是人生或人事的記載。「歷史乃人生之記載，亦即人生之寫照。人生乃歷史之方然，歷史則人生之既然。」10「歷史只是一種人事記載，事由人主，人由心主，人心則有所同然。」11

在上述七種解釋中，第一至第五種說法是從內涵和外延上對歷史的本質、內容和特性所作的定義。第六、七種說法將歷史說成是人的記憶和人事記載，顯然是將客觀的歷史與歷史記載混爲一談了。12

錢穆對文化也有種種解釋，歸納起來大致有五種：

㈠文化是一個（大）生命。「文化是一個生命，這生命是一大生命，不如我們每一人的小生命。同時是一長生命，不如我們每一人的短生命。」「在文化存在中，尤其與其他存在不同，它裏面有一個生命的性質。這是文化的特性。」13「文化乃群體一大生命，與個己小生命不同。」14

(二)**文化是人類集體、全體生活或民族生活之總稱和總體，或各部門、各方面之融合。**「文化是一個民族生活的總體，把每一民族的一切生活包括起來稱之為文化。」15「文化只是人類集體生活之總稱」。16「文化是指集體的大群的人類生活而言。在某一地區，某一集團，某一社會，或某一民族之集合的大群的人生，指其生活之各部門各方面綜合的全體性而言，始得目之為文化。……文化是指的時空凝合的某一大群的生活之各部門各方面的整一全體。」17

(三)**文化即是人生，是大群人生或人生之總體。**「文化是人生總體相，分言之，構成此文化的也有許多體配合，如宗教、教育、政治、文學、藝術等，而政治方面又要加上軍事、法律等，這一文化體系是由各方面配合而成。」18「文化即是人生，此所謂人生，非指各個人之分別人生，乃指大群體之全人生，即由大群所集合而成的人生，此當包括人生之各部門、各方面。無論是物質的、精神的均在內，此始為大群人生的總全體。」19

(四)**文化是一種精神共業。**「文化是人類中大群集體人生之一種精神共業。」「既說文化是人們一種精神的共業，有其傳統性，因此也可說文化有生命性。」20

(五)**文化是歷史演變中的條貫和系統，即是精神。**「歷史由積變而成，在此積變中自成條貫，自有系統，此種積變中之條貫與系統，用近代人術語說，當即稱之為文化。文化乃超時代而存在者。時代是現實的，而超時代者則是精神的。精神並不能脫離現實而存在，但亦不為現實所拘縛。精神乃貫串於現實之中，包絡於現實之外，超越於各時代現實之不斷之變之上，深浸於各時代現實之不斷之變之裏，而見其有一種條貫與系統，無以名之，始名之曰精神。」[21]

在錢穆對文化五種不同解釋中，第一種是在內涵上對文化本質的定義；第二、三種是從外延上來解釋文化的內容及其整體性；第四、五種是從外延上來闡釋文化的精神終極性。

二、歷史是一文化生命體

下面，我們從錢穆對歷史和文化這二個範疇及其相互關係的闡釋，來說明他對歷史本質的認識，即歷史是一文化生命體。從上面可以看到，他用來解釋歷史與文化的概念比較多，其中人生、生命、經驗、事業、活動、積累、記憶和人事記載是解釋歷史的；[22]人生、生命、生活、精神和共業是解釋文化的。人生和生命則是共同運用的兩個概念，是他對歷史和文化內涵的本質界定。它們也是錢穆文化生命史觀的基本範疇，其他的概念都是在外延上對歷史和文化的人生意義或生命性及其指涉對象和範圍所做的進一步說明。

首先，來看錢穆對生命和人生及其關係的闡釋。關於生命。他說：「宇宙即不啻一生命，人類生命亦包涵在此宇宙大自然大生命中。物理神化，皆是此宇宙大生命之所表現。」[23]而眞正的生命是人類生命。人類生命與生物生命的根本不同是，除了求生存，還有更重要的行爲目的，即人類的情感需求和道德精神追求，「行爲存在，便是生命的存在。行爲消失了，便是生命沒有了。我們只有向善的行爲，才能把握到人類天性之共同趨向，而可以長久地存在。」[24]同時，人的生命不專在身軀裏，軀體不是人的生命，軀體僅是一件東西，僅是拿來表現人的生命的一項工具。一方面，外面的許多東西實爲身軀的變相，人的生命都借此來表現自身的存在；另一方面，人的生命又超越於這些物相而長存，「天地萬物，皆可爲吾生命之表現，皆可爲吾生命所利用，皆可爲吾生命之擴大。」「物質雖時時變壞，而生命卻能跳出此變壞之物質繼續存在。所以生命是在一連串的物質與物質間跳過去而長存。……這便是所謂文化。」[25]他又說，人的生命「一定要超出此生命所憑藉之工具——身體，而到達另一心靈的世界……。衣與食，則僅是維持此工具的一種手段，只是一種生活手段，卻不能說衣食是生命。……所以爲自己身體謀求衣食，這決無所謂道德精神。」[26]

關於人生。錢穆說：「『人生』、『歷史』和『文化』，本來只是一事」。[27]人生只是一連串有目的事情的連續，人生正爲此許多目的才有意義，「有目的有意義的人生，我們將稱之爲人文的人生，或文化的人生，以示別於自然的人生，即只以求生爲唯一目的之人生。」[28]人生只是一嚮往，嚮往即是向所追求物件的一個進展，所以，嚮往必有對象。人生正因向往和闖進對象的不同才變得眞實而有意義。他說：「人生始終是一個進展，向外面某種對象闖進而發現，而獲得，而創新。……生命之實在，在於其向前闖進之對象中。向藝術闖進，藝術便是生命之眞實。向科學闖進，科學便是生命之眞實。若只有闖進，便是撲空，沒有對象，便沒有生命之眞實性。照理闖進本身，便該是有對象的。人生最先闖進之途，只在求生命之延續。其次闖進愈深，才始有求美求眞與求善的種種對象。」[29]人生因嚮往對象不同又可分爲物質人生與精神人生，在精神人生中，又分爲藝術的、科學的、文學的、宗教的和道德的。

由此可見，在錢穆看來，人生是生命，沒有無生命的人生。但生命卻不等於人生，必得是有意義和價值的人的生命才是人生。人生和生命的意義和價值，就在於它們有超越自然生命求生和物欲之上的追求，即對眞、善、美的追求；就在於它們有愛、敬等情感和道德精神。而這就是文化。所以，有文化的人類生命才是眞正的生命，才能形成歷史。反過來說，歷史即是一文化生命。

其次，我們來看錢穆用於闡釋歷史和文化的其他概念及其相互關係。除了人生和生命，他用活動、事業、經驗和積累來解釋歷史，用生活、共業和精神來解釋文化。實際上，它們分別是對歷史和文化生命所具有的特徵、內容、時間性、功能和價值的闡釋。其中，精神是對歷史文化生命本質特徵的詮釋。生活、業、事業和活動主要是對歷史文化生命的內容、特徵與精神性的闡釋。經驗和積累則是對歷史文化生命的時間性、精神性、功能和價值的闡釋。

關於生活、事業、業和活動。錢穆認爲，生活與人生大體是一致的，只是人生的涵攝面常常要寬泛一些。人生有內外兩向，「一是內生活，一是外生活。內生活注重在生命本身與其內在德性之完成。外生活注重物質利用與其外面事業之放大。也可說一是偏向在心生活，一是偏向在物生活。」[30]他有時也把內生活稱爲生活，把外生活稱爲事業，兩者構成了人生的整體。他說：「每一人生，總有兩方面。一方面是我們的生活，一方面是我們的事業。事業外在，生活則內在。內在生活滿足穩定，外在事業自可有進步。內在生活不滿足，不穩定，只在外面事業進步上來求我們內在生活之滿足與穩定，此事必會有危險。因此該看重生活更過於事業。」[31]關於業。他說，業即事，但更具有精神性，「業是一番事，這番事，不限在平面上，指當前的，而是推上去，推下去，有因有果，有一種傳統性的歷史在內，這是我們人類一個共同的作業。這種作業，不僅表現在外面，而有其一種內在的精神性。這個業，不僅是由它造出，乃是前有所承，由它再造。而這個業又是永不終止，復有此後的不斷再造。因此業字之涵義，就深富有時間性。深富有精神性。」[32]由此可見，錢穆所說的生活、業和事業，只是對歷史文化生命不同方面或層面內容及特性所作的表述。它們在本質上相同的，它們的存在與活動都離不開人這一主體。這裏的人不是自然意義上的人，而是歷史文化意義的人（生）。所以，生活、事業和業本質上都是歷史文化生命有目的、有意義的物質和精神實踐活動及其在歷史文化中造成並遺存下的精神成果。

關於經驗和積累。錢穆常將經驗、積累與記憶結合起來闡述它們在歷史文化中的作用。他說，經驗的特徵和價值在於它能存留於人的記憶中，對後人的歷史文化活動起各種作用。當人們在已往的歷史文化活動中形成的經驗不斷積累，並時時被重新記起而加以運用，便會不斷形成新的歷史文化，已往的歷史文化生命便由此得以延續更新。記憶只是一些經驗之遺存，人的經驗保留在記憶中，有些有用，有些無用。有用的人生經驗遺存所成的記憶便成了歷史。經驗被不斷的記憶，便是生命的存在，便是歷史的新生，「所以有不斷的記憶，始有不斷的創造。有經驗，始有新生，沒有經驗，便再沒有新生。……我們把歷史再經驗，也便使歷史復活，使歷史再生。」[33]而經驗必然有一積累過程，因此具有時間性。正是經驗的存在及其作用才使歷史文化得以延續和發展。所以，錢穆所說的經驗本質上是人們在已往歷史文化活動中不斷形成的、能超越時空的一種思想觀念和精神意識。在他看來，超越時空的思想和精神即是一種歷史或文化生命。

錢穆又從歷史與文化二者間相互關係，闡明了文化生命便是歷史的本體，即，文化在歷史中具有質與體的地位和作用。

一方面，歷史即是文化，文化即是歷史；有歷史才有文化，有文化就有歷史。他說：「可以說文化是全部歷史之整體，我們須在歷史之整全體內來尋求歷史之大進程，這才是文化的眞正意義。」[34]「講文化定要講歷史。歷史是文化積累最具體的事實。」[35]所以，歷史與文化「實際是一而二，二而一的。」[36]另一方面，文化是體，歷史只是該體之相，即體之種種表現。他說：「也可以說文化是體，歷史是此體所表現的相。或說是現象，在現象背後則必有一體。看著種種相，自能接觸到這個體。可是我們也該明白須有了這個體，才能發生種種相。」「我們可以說歷史不同，就是文化不同。」[37]然而，所謂歷史不同者，不是幾個人名，地名，或幾件事情之不同，而是指長、短、大、小、繁複、簡單、安定、變動、深、淺等歷史諸相的不同，「在這種種異相之後，便可講到質之不同。我們也可說因爲文化相異，所以產生出歷史面相不同。……我們只看歷史的種種相，也就可以懂得它的文化精神。」[38]

可見，錢穆說歷史即文化、文化即歷史，實際是從體相合一、本末合一的角度來說明兩者相互作用、互不可缺。但是，如果從體相和本末相分的角度說，文化是本與體，歷史則是末與相。當然，作爲本體的文化是指超越自然和物質層面的人文和精神文化。雖然錢穆關於文化的構成有物質和精神或自然和人文二層面說和物質經濟、社會政治和精神觀念三層面說，[39]每一層面在文化的整體中各有其用，缺一不可，並且物質文化或自然文化是先起和基本的；精神或人文文化是從前者演化而來的，是後起的，不能違異先天而自有其獨立之存在。但他認爲最終起決定作用、具有文化終極意義和價值的則是人文和精神層面的文化，「後天的精神人生與人文文化，則屬進步的。」[40]「文化本身是精神的，僅存在著一堆物質，到底不成爲文化。」[41]文化本質上是大群人生的一種「精神共業」。他認爲，中國文化的偉大正在於它遠在三千年前便產生了超出人類生活各部門而涵蓋人類群體生活的文化觀念——「道」，而且，它重在對人文精神和價值的終極追求，看到了人生本質、即生命本體的精神文化性。他說：「道，便是指的人生，而是超出人生一切別相之上的一個綜合的更高的觀念，乃是指的一種人生之共相。政治要有道，外交也要有道，軍事也要有道，法律也要有道，一切別相人生，都要有一道。……中國人這個道字，可說即相當於近代西方人的文化二字，而實已超出之。」又說：「中國人講道，是指的人生本體，有其內在之意義與價值。」[42]「性道合一」是中國文化的中心思想及其特質所在。

綜上所述，錢穆關於歷史本質的基本認識是：歷史是人生，是一生命；然而，只有文化的人生才是眞實的生命，眞正的人生是文化生命。文化是體，歷史是文化體外化出的種種相。因此，歷史本質上是一文化生命，或者說，文化生命是歷史的本體。也就是說，他的歷史觀是一種文化生命史觀。

錢穆以文化生命來詮釋歷史的本質，是因他認爲自然歷史與人類歷史的本質區別在於文化，在人類歷史形成發展中文化具有根本性的決定作用。而文化的本質又在於它的生命意義。在近代以來的中國史學界，（文化）生命歷史哲學是一股頗有影響的史學思潮，持這種主張的歷史思想家有朱謙之和常乃德等。但他們主要是借鑒西方哲學家和歷史學家的歷史生命和文化生命學說，如斯賓塞、柏格森、德里希和克羅齊等人的思想。[43]錢穆與他們卻不同。他結合對中西歷史文化、特別是對中國歷史文化的實證性研究來建構其文化生命史觀，這在近代中國史學界是獨樹一幟的。在理論上，他主要是承繼中國儒家生命哲學，尤其是宋明新儒學的生命哲學，同時吸收了近代歷史文化生命哲學的一些思想和觀念，[44]從諸多角度和層面對歷史和文化的內涵和外延、歷史和文化及其與人生和生命的關係、歷史文化生命哲學的內容作了較爲系統和深入的闡釋。在方法上，他將自己的理論建立在較爲可靠的實證性研究基礎上。他通過對中國通史、中國政治制度史、中國學術思想史和中西歷史文化的大量研究爲其文化生命史觀提供了充分的歷史依據。此外，錢穆的文化生命學說還有它的現實目的和意義，即以此說明中國歷史文化的生命性和生命力，中國歷史文化並非如近代以來各種西化派所說的那樣已經喪失了生命力，僅是一堆斷爛朝報。這對近代以來各種歷史文化虛無主義是一批判。

但是，錢穆的文化生命觀並沒有從理論上駁倒以斯賓格勒和湯恩比爲代表的文化生命周期論或文明周期論。因爲，以生命來解釋歷史文化，而生命必然有一個新生、成長、鼎盛和衰老與死亡的過程，那麼，任何一個民族和國家的歷史文化就必然會有衰亡和死滅，雖然不同民族歷史文化的生長、發展和衰亡在歷史時間的長短上會有很大不同。錢穆說，與西方歷史文化不同，中國文化在古代的轉移播遷無礙於中國文化生命體系的存在與發展，中國各地的盛衰起落無礙於中國文化大系統的層出翻新，「因此中國文化是勁氣內轉的，它能單獨跳出了斯賓格勒文化悲觀論的圈子外，而繼續生長，欣欣向榮，機運不絕。」[45]這種以中西歷史文化的差異來說明中國歷史文化具有永恒生命力、能夠避免衰亡的觀點，看似有充分的歷史依據，實際上勿寧說是一種宗教式的信念，它在理論上和歷史事實上都是有缺陷的。因爲，中國傳統文化在今天的存在並不意味著它將來不會衰亡。而且，錢穆對斯賓格勒和湯恩比等人的批判是自相矛盾的。他一方面說，以他們爲代表的西方文化悲觀論並未得人類歷史文化的眞相，「湯恩比並未能深切看出人類文化以前與以後之眞問題眞癥結之所在，故他列舉世界人類文化，乃至分成七八十種之多，可知湯恩比講人類文化，依然限於地域分隔，不能調和融通來看。」[46]另一方面又說，斯賓格勒等人的文化悲觀論是從西方歷史總結出來的，以它來看西方歷史文化是正確的，只是不應用這種西方觀點來看中國歷史文化，「因西方文化是表現於外的，但中國文化是潛藏在內的。」[47]這實際上又承認了他們的文化悲觀論是有西方歷史作依據的。既然如此，怎麼又說他們未得人類歷史的眞相呢？

三、沒有民族就沒有歷史文化生命

錢穆文化生命史觀的重要意義還在於對民族、歷史和文化的關係作了深入的理論闡述，突出強調了民族性在歷史文化生命中的決定性意義。

首先，我們來看錢穆是怎樣解釋民族的？他對民族的定義性解釋較少。他說：「怎樣叫做民族呢？我們很簡單的可以說，只要他們的生活習慣、信仰對象、藝術愛好、思想方式，各有不同，就可以叫做異民族。」[48]又說，民族這個觀念中國古代沒有，是近代從西方移譯過來的。中西文化的民族觀有很大不同，「中國人注重在文化上，西方人注重在血統上。」「近代講民族的都注重在血統分別上，……由中國古人看來，似乎民族界線就在文化上。這是中國古人一個極大的創見，中國古人似乎早已看到將來世界人類演變，必然會有不拿血統做界線而拿文化做界線的新時代出現。」[49]在這裏，錢穆是拿文化來界定民族的。

他認爲，文化在民族形成中的決定性作用具體表現爲，一個地域的大群人要在長期的生活演化中形成爲一個民族，必須靠文化來指導和凝聚。質言之，文化創造了民族，沒有文化，就不會有民族，文化的興衰決定了民族的興衰。他說：「民族之摶成，國家之創建，胥皆『文化』演進中之一階程也。故民族與國家者，皆人類文化之產物也。舉世民族、國家之形形色色，皆代表其背後文化之形形色色，如影隨形，莫能違者。人類苟負有某一種文化演進之使命，則必摶成一民族焉，創建一國家焉，夫而後其背後之文化，始得有所憑依而發揚光大。若其所負文化演進之使命既中輟，則國家可以消失，民族可以離散。故非國家、民族不永命之可慮，而其民族、國家所由產生之文化之息絕爲可悲。世未有其民族文化尚燦爛光輝，而遽喪其國家者；亦未有其民族文化已衰息斷絕，而其國家之生命猶得長存者。環顧斯世，我民族命運之悠久，我國家規模之偉大，可謂絕出寡儔，獨步於古今矣。此我先民所負文化使命價値之眞憑實據也。」[50]他特別強調中國傳統文化觀以文化來分別民族的特點和重要價値，說中國的民族歷史文化正是中國古人「人文化成，以化成天下」這一「有體有用」文化觀的產物。「歷史文化傳統，即民族大生命之所在」。[51]這與他的文化生命本體觀是相符合的，也可以說，是其文化生命本體觀的必然產物。

然而，若只看到錢穆所說的這一點又是不全面的。錢穆同樣重視民族性在歷史和文化存在和演進中的重要作用和決定意義，他說：「我們該瞭解，民族、文化、歷史，這三個名詞，卻是同一個實質。……我們可以說，沒有一個有文化的民族會沒有歷史的，也沒有一個有歷史的民族會沒有文化的。同時，也沒有一段有文化的歷史而不是由一個民族所產生的。」[52]具體說，錢穆對民族在歷史和文化中的地位和作用的看法主要包括三個方面：

㈠民族是歷史文化創造的主體，沒有這一主體的實踐活動，歷史文化無法被創造出來。從這個層面和意義上說，兩者是一而二、二而一的。他說：「文化必有主一體，此主體即民族。如果我們說民族創造了文化，但民族亦由文化而融成。照此說來，亦可謂文化與民族，是一而二，二而一的。」[53]不過，創造文化的主體不能是個體的人，而必須是群體或大群的人，即民族。他在闡釋歷史文化人生和生命時，反覆說不能是「個人」、「各人之分別」、「個己」、「小我」和「小」的，而必須是「我們（全部）」、「大群」、「人類集體」、「（大）全體」、「大我」、「總體」、「大」和「共」的。他對歷史文化人生和生命作這些限定，一方面固然是說個人必須融入到群體或整體中才能體現和具有歷史文化生命的意義和價値，另一方面，也說明了它們所具有的民族群體性。在他看來，文化意義上的群體人必然最終體現在民族性上，脫離了民族群體的個人生命不是文化的生命，因此，是不能存在和沒有意義的，「當知每一個人根本不可能獨立完成爲一個人。我們是在某一個民族、某一個文化系統之下而完成其爲一人的」。[54]

(二)**歷史文化是由共相和別相、個性和共性或特殊性和普遍性構成的。**而歷史文化的別相、個性或特殊性即是歷史文化的民族性，也可以說，民族性是歷史文化的別相、個性或特殊性形成的原因。他說：「各個群體人生，都有它們的相同處，這是文化的共相。然而各個群體人生亦有它們的互異不同處，這是文化的別相。所謂各個群體人生之不同，也可說是一種民族性的不同。由於民族性之不同而產生了文化之別相。」[55]又說：「……文化相異，由於民族性不同。」[56]所以，不同民族會有不同的文化，「每一個民族，各有他們特殊的語言文字，各有他們特殊的文學藝術之愛好，各有他們的宗教信仰，與夫哲學觀點，各有他們的思想方法，各有他們的歷史傳統，人生習慣，與夫政治社會種種不同的現實情況。」[57]他認爲，中西歷史演變的個性正體現了中西雙方民族精神的不同。中國歷史總是趨向於團結和融和，西方歷史總像是分裂與鬥爭，中國史上的造反與作亂與西方歷史上的革命也不同。這種歷史的大趨勢和大動向，在短時期內無法看清楚，但經歷了長時期的演變，自能見出所謂歷史個性，「此種歷史個性，亦可說即是在歷史背後之國民性或民族性之表現。……歷史個性之不同，亦即是其民族精神之不同，也可說是文化傳統的不同。」[58]

㈢歷史文化存在的根本原因就在於它的特殊性，沒有特殊性便沒有歷史文化。所以，民族性是歷史文化存在的決定性因素。他說，沒有個性和相異，便沒有文化的存在。因為文化是一大生命，而生命必有其個性，「所謂個性，乃是一種個別的與眾不同的存在。此種不同存在，主要在心，亦說在性。人有個性，家庭，社會，民族，大群，亦各有個性。……從不同個性中而起變化。若無個性，如黃茆白葦，雖有生命存在，更無變化相異，又何來有所謂文化。」[59]世界上存在不同的文化體系正是由它們的特殊性造成的，「世上各民族文化傳統儘自有其相同處，然而仍必有其相異處，因此乃有各種文化體系可說。當知每一文化體系，則必有其特殊點所在，有其特殊點，乃能自成為一文化體系而存在。」[60]歷史的存在也在於民族的特殊性，「沒有特殊性就不成為歷史。如果世界上一切國家民族，都沒有其相互間的個別特殊性，只是混同一色，那就只需要亦只可能有一部人類史便概括盡了。更不須也不能再有中國史美國史之分。」[61]他說，那種認為中國文化與西方文化只有發展階段的差異、中國文化如果前進一步便能趕上西方文化的觀點是一種「文化抹殺論」，所以，「治國史之第一任務，在能於國家民族之內部自身，求得其獨特精神之所在。」[62]

由此可見，在錢穆看來，撇開歷史文化生命的民族性，單講歷史文化生命是空泛和沒有意義的。只有民族的歷史文化生命才是實際存在和有意義的。所以，確切地說，錢穆的歷史觀是一種民族文化生命史觀。民族文化生命史觀用民族來限定文化人生，即文化生命的意義，強調和突出了個性、特殊性在文化人生，即文化生命存在和發展中的決定性作用和意義，強調歷史文化演進發展的民族性，這是一種歷史文化多元性或多元化發展道路的理論。它對近代以來主導中國和世界的西方文化中心論和至善論是一個有力的批駁，這種思想在今天已經得到國內外學術界愈來愈多的認同。錢穆提出民族文化生命史觀的現實目的是爲了說明中國歷史文化與其他國家和民族歷史文化有著本質不同，有它獨特和不可替代的發展模式和價值。中國歷史文化的復興，不能建立在全盤西化或類似西化理論的基礎上，而應當從自身尋找源泉與動力。不然，就不是中國意義上的歷史文化復興，中國民族的復興便成了一句空話。不過，錢穆的民族文化生命史觀的本質意義並不在提倡歷史文化的多元性，而是主張中國歷史文化的一元性，這是其民族文化生命史觀的一個悖論，我們將在下面分析。

四、心性是文化生命的本體

歷史從本質上說是民族文化生命，而作爲一個生命體，又必有它的本體。錢穆認爲，民族文化生命的本體是「心性」。從根本上說，歷史學家的歷史觀是建立在世界觀基礎上的。錢穆的民族文化生命史觀便是建立在儒家、特別是宋明理學的世界觀——宇宙萬物是一大生命和心性爲生命本體的基礎上的。

錢穆認爲，從宇宙萬物到歷史人生都是有生命的，都是宇宙大生命的表現。從宇宙自然到歷史人生之所以是一大生命，首先在於它們是彼此依存的，「方其生，即依其他生命爲養。及其熟，則還以養其他之生命。故生命乃一大共體，絕無不賴他生而能成其爲生者，亦絕無不以養他生爲務者。……則不僅一家一國一民族爲群生，人之與禽獸草木同此天地同此會合而相聚，亦不啻相互爲群生。此生命乃爲一大總體。孤生有死，群生則傳。世代綿延，日益擴大。孤生之死，只是此大生命中一小變化。此爲耕稼人民共有一宇宙觀，共有一人生觀，即成其共有之生命觀。」[63]其次，在於它們有「化」有「育」，即是有生機的，「無生言化，有生言育。化育兩字，實亦相通。此總體乃是一有機的，亦可謂之即是一生命總體。」[64]「心性」則是宇宙天地和歷史人生大生命的主宰和本體。從宇宙自然生命走向歷史文化生命，心性之體貫穿其間，萬古永存。那麼錢穆眼中的「心性」又是什麼？

關於心。他認爲有生之物皆有心，「亦可謂凡屬有生，同亦有心。一是其求生之意志，二是其營生之智慧，三是其樂生之情感。」[65]人心在本源上來自於天，是天生的，「我心即天心。天就在你我身上，就在你我心裏。天人合一，沒有天就沒有人，沒有人也就不見有天。」[66]人心與宇宙萬物融爲一體，人心與天心是相通的，「故此人類文化大心，我們亦可說此乃心與天交心通於天之心。唯此由人類所創造出的精神界，即心世界，實則依然仍在宇宙自然界，物質界中，相互融爲一體，而不能跳出此自然宇宙，而獨立存在。」[67]然而，人心與自然心、動物心又有絕大差別。首先，人心超越了一般的自然心，是一種精神性的文化心；人心超越了各己的小生命，實爲歷史文化大生命之本。他說：「此一個心世界，亦可稱之爲精神界。我們不可說此宇宙則只是物質的，更無精神存在。」[68]人類原始人生，是由個人的小生命開始的，但是，從人文演進趨勢看，「人類終極人生，應向大生命歸宿。此即是人道中之大仁大義，而其本則皆在於人之一心。」[69]其次，歷史文化實爲人心離開身體的一種表現。他說：「人的心和動物之心之不同處，即在於人的心可以離開身體而求表現。那就是人的生命可以離開身體，即離開物質而表現之努力所達到的一種極端重要之成績。……我們據此推想，便可見得我們今天之所見，所遇，社會一切，便都是人類的心與生命之表現，都是人類的心與生命之逃避了小我一己之軀殼即物質生命而完成之表現。」[70]

錢穆認爲，心爲一體，是一生命，亦是生長的，「心生命乃是物生命以外之另一種生命。……人類的心生命，乃寄存於外面之物質世界而獲得其生命之進展者。均在此宇宙界，凡屬人類所創造之新的物質世界中，則莫不有人類心的生命之存在。」[71]這即是說，物質世界之本是人心，物質世界的發展即是心生命的生長。他又說：「由身以達夫家，由家以達夫國與天下。身之本在心，人心有同然，故一人之心可以達於上下古今千萬世之心之同然。而修身齊家治國平天下，一以貫之。所謂天人之際，古今之變，其要乃在一己之心。」[72]人心同然，當古人與今人之心互通爲一，古人和今人的生命融合爲一，由此便形成爲一個大生命，「這個大生命我們名之曰文化的生命，歷史的生命。」[73]他認爲，中國文化最能得歷史文化的這一精髓，所以，中國文化可稱爲「唯心文化」，「我此處唯心的心字，乃指人心言。中國文化以人文爲本位，而在人文界中一切以人心爲出發之基點，故說中國文化爲唯心文化。」[74]

錢穆強調中國文化的「唯心」性，意在指出歷史文化的人文主義本質特徵和精神。他說，西方人是從哲學來論歷史，不從歷史來創哲學。由西方宗教家來談歷史，必然是唯神的，由科學家來說歷史，必然是唯物的，這都是站在人類以外來談人類的歷史。只有中國人講歷史以人爲本位，「歷史是唯理的，亦是唯心的。理是人文之理，心是人文之心。由此上，心與理合一。中國人並說天即理也，宇宙大自然，亦只是一理。但理一分殊，中國人則把人文之理來會通宇宙大自然間一切理，由此上，心與天合，心與物合。中國人之道德觀，與其政教理想，及其對於天，對於宇宙萬物之共通有一理之終極信仰，則皆配合於中國人之人文本位之歷史觀而產生。」[75]他認爲，這種強調人（心）在歷史文化中的本質地位和決定作用的思想與西方唯心主義有本質不同，「中國文化最著重人，要叫每一人成爲天地中心，作天地主宰。」「但此不是西方哲學中之唯心論」。[76]他反對以觀念意義的「心」作爲歷史的本體，反對先立一觀念去演繹歷史。他說，馬克思將歷史的指導力量視爲唯物的，黑格爾將歷史的指導力量視爲唯心的，「他們都先立下一種哲學理論，再拿歷史來證明。我們現在所講，則要根據歷史本身來尋求有沒有這一種指導這全部歷史進程向前的精神。」[77]心的終極義雖是人文的和精神的，但也不是西方唯心主義所說的純主觀意志，其本源仍來自於天，即自然。他說，即使西方量子力學的出現使一些科學家想努力創立一種新的宗教——科學的新唯心論，「但在目前爲止，我們殊不可能推翻先有物，後有生命，再有心的常識。」[78]

關於性。錢穆說，中國人最看重這個性字，孔子講性相近，孟子講性善，荀子講性惡，《三字經》開始便說人之初性本善。首先，性是源於自然的，是萬物具有的一種好生求生的意志。他說，《中庸》的「天命之謂性」便說明了這個意思，「這一天字，也可說之爲自然。」[79]所以，性是萬物人生的共通，「……不僅生物有性，無生物亦有性。」[80]「性字的含義中，似有一個動力，一個嚮往，一個必然要如此的意向。一切有生物，尤其是人，顯然有一個求生、好生、重生、謀生的傾向，有一種生的意志，這即是性。」[81]其次，人性源於自然，卻又超越了自然之求生和好生的本性。他說，中國人爲要表示人與禽獸草木等一切生命不同，便牽連著說性命，即用性命兩字來代替生命，這包涵著極深的思想結晶和生命意義，其中包涵著兩層重要的意義，即：「一、人性既是稟賦於天，因此在人之中即具有天。二、天既賦此性與人，則在天之外又別有了人。……人之所得代表天者，即在人之性，而天之所以高出於人之上者，則在天之命。」[82]這即是說，人性既有自然性（天），又有人文性（人）。所以，人性即是天人合一，由人性展演和發展出歷史人生，而歷史人生又不違自然，「性即是一個天人合一。排除了人，於何見性，亦於何見天。欲知生命眞諦，先須知此小我之小生命。此一小我之小生命，乃自外面大自然大生命中來。但仍必回向外面大自然大生命中求持續、求發展、求完成。」[83]

人性最主要的精神便是具有道德性，即「善」。他說：「人類生命又是此生命大共通圈中一小共通。人性乃由天賦，故曰天性。人心最靈最能表現出此性，即是最能表現出此天。故曰人性善。」[84]又說：「人生一切美德，則總稱曰善。有善心斯爲人，始爲有價値人。善心亦稱良心，……此種善良之德，出自天賦，乃屬與生俱來，中國人則稱爲曰性。」[85]他認爲，中國文化最能明瞭這一點，中國人以「善」設教，以「善」制行，以做一善人爲人生最高目標。中國社會亦可稱是一善良的社會，中國民族可稱是一善良的民族，中國文化可稱是一善良的文化。所以，「中國人講人性的正宗是孟子性善論，是世界唯一獨有的中國文化結晶，是世界唯一獨有的爲中國人所發明的人文眞理。」[86]

關於心與性的特性、相互關係和作用。錢穆認爲，一方面，心與性雖然都是源於天，從自然萬物到人生都有心與性，但兩者又是有區別的，它們各有功用。從本質上說，性是更自然化的，屬於天，由性展演出心，心則傾重於人文化的，屬於人，「心固由性展演而來，但性只屬天，而心則屬於人。由性展演，乃是自然天道。由心展演，乃有文化人道。即論科學藝術亦如此。……至於人類以心交心，創出一套眞善美合一調整之理想人類文化，而天地變色，宇宙翻新，其事更値重視。」[87]另一方面，心與性又是相近相通的。他說：「性相近，心亦相近。人同此性，故亦同此心。……由於人性相近，故人身各器官所要求，亦有其大同。但在人身各器官之上猶有心，心爲天君。各官體乃爲天官，應受心君之主宰。人心同然，即見其先天之性。」[88]「中國人言性又言心。心由性來，性相通始見心，心相通始見性。」[89]進而言之，心性不僅相近相通，還是合一的。心性合一，亦即是天人合一，「亦即是心與物，人文與自然之合一。人類生活在自然界之中，不能離物以爲生。但人類同時亦生活在人文界之中，此人文界，乃從人群相處，即由心與心之相交，從其心之融和合一而演出。故天與物，若在人與心之外部，實亦在人與心之內部。外部轉是其基本處，而內部則轉爲其進步處。」[90]正是心和性的融通與合一，才使宇宙自然和歷史人生能融通和合爲大生命。他說：「孟子曰：『盡心知性，盡性知天。』天由性見，性由心見，此心有明德，明明德於天下，此即由小生命擴大而爲大生命。」[91]中國文化的特質就在主張「心性合一」論。文化的內容是廣泛的，包括語言、文字、思想及人生各方面等，「而其中最重要的還是一個『心』，說到深處便是性。」[92]

可見，心和性雖有別，卻不是兩個分別存在實體，不可分開來看。換句話說，錢穆講心與性的分別，主要是爲了從學理上更好地進行分析和說明，而非心性的本然狀態。心性實是不可分和一體的。一體的心性方是貫通宇宙自然和文化生命的主宰和眞實本體，一體的心性才有其存在的價值和意義。

錢穆繼承並發展了中國儒家、特別是宋明理學心性合一的歷史本體思想，既指出了歷史文化本源上的自然性和發展中的客觀實在性，歷史文化的形成並非人的主觀意志的爲產物，又強調了歷史文化在本質上的超越性，即人文性和道德性，歷史文化只是自然與人文的合一，是客觀實在與主體精神的合一，即，天人合一。他說：「西方有唯心論與唯物論之別。而中國則謂心物同體，心物一原。凡物各有其德其性，即其心。宇宙同體，則互顯己德以爲他用，非毀他德以供己用。」[93]他力圖打破近代以來學術界在歷史本體論上唯物和唯心的「心物兩分說」，作出了他的理論探索。心性合一的歷史本體論指出歷史文化的本質和終極意義在於人文性，或人文精神，離開人和人心去說世界和歷史，這個世界和歷史是不存在和沒有意義的。

不過，錢穆並未在理論上眞正解決這一問題。他既說人文原於自然，承認自然和歷史環境對人的制約作用，又說心性、精神文化和觀念之類的東西是歷史文化的本源、推動力和決定力量等。他雖對心物一體、人文和自然合一作了大量闡述，但他基本是從「心」這一主體方面來統攝物，以圖說明兩者的統一和合。這最終還是表現爲一種「歷史唯心論」。他也沒有探討歷史演進過程中主體實踐活動與「心」和「物」的具體關係。再者，近代以來的西方哲學和史學雖然並未解決「心」與「物」、「科學主義」與「人文主義」的兩分對立，但對兩者如何溝通與融和的探討還是取得了重要進展，提出了許多有益的思想。錢穆卻對此一概予以否定和批判。他的心性歷史本體論主要是對儒家傳統思想的繼承和發展，因此，它雖然體現了民族性，然而，也存在歷史局限性。

五、仁是心性之本，天下歸仁

在錢穆看來，說心性是民族文化生命的本體固然不錯，但仍未說到盡頭。因爲，單說心性體似乎較空泛。他認爲，心性的本質意義，即人文意義，在於倫理道德性的「仁」。仁是心性之本和終極歸宿，仁既演化出天地萬物和人文生命，又涵括歷史文化生命的一切，「一切名字言說皆出於心，因於名字流傳，人類心體得以廣大。此廣大心體即是仁。」[94]簡言之：「天下歸仁」。

錢穆說，仁乃孔子思想之本，《論語》中提到仁字最多，亦最重要。仁也是中國儒家思想的根本，後世儒家對仁遵奉勿輟。可以說，儒道即是仁道。按照儒家，特別是朱子的說法，仁普存於天地萬物之間，是整個宇宙天地之本體，贊育化成了天地萬物，仁道即是天地之道。「要之天地之道即是一個仁道，以其能生萬物，又能生生不絕。既是仁，故又謂之心。人生天地間，故能具此仁心。」[95]「天地間一切生物，千變萬化，總是天地生物之心之表現，此即是顯諸仁。……故朱子曰：仁是天地之生氣，又曰：仁是天地生物之心。」[96]同時，「仁可分爲宇宙之仁與人心之仁兩面說」。[97]不過，從本質上說，仁更具有人文意義和人文精神。因爲：

首先，仁是人心的本體，仁是的人類生命特性與本質，仁道亦人道。他說：「人心不能封閉在軀體內孤立爲心。人心必要跨越向外，與他心和通會合。故心之本體即是仁。」[98]就是說，仁要講求一種人與人之間的關係，必得在人與人的各種社會交往中得到體現和完成。反過來說，在社會歷史中，人心必然相互交往才能存在，並顯現其價值。單個人的、封閉的心是不能存在和沒有價值的。所以，「仁是人道不動眞理，因仁是人類原始本心，此心上通於天，可謂是自然與人文之接榫處，亦可謂是人類生命之特性與本質。發於仁心，斯爲仁道，不仁即不可謂之道。」[99]其次，仁演化出人文歷史，無仁則無人類歷史。從個人來說，仁是人之爲人的要義所在，「身之要義在其生，即在其人身各己之德。其德之發，最大爲仁」。[100]這裏所說的「人身」，是指生理學意義或自然意義的人。此人身要成爲「人生」，即歷史文化意義的人，就要以仁爲根本。從整個歷史文化生命來看，也是由仁發展而來，「人文生命，發展完成於心之仁。此心之仁，則廣及古今中外之全人類而不可死。若仁心死滅，則人道亦絕，回同於禽獸。亦將不獲如禽獸。」[101]第三，仁雖是心，但與一般的心不同，它是人心，具有人文的情境和道德倫理性。他認爲，孟子和朱子對「仁」的這一本質闡釋最精到。孟子釋仁，「一曰仁，人也。二曰仁，人心。三曰仁者愛人。仁爲人心之同然，凡人心必皆仁，故仁即是人之特性之標幟。其心不有仁，即不得謂之人。心具此仁，則必愛人。後來宋儒朱子說：仁者心之德，愛之理。此六字，即涵括了孟子三語，非有異致。」[102]仁愛爲人生的最高眞理，「天地之大德曰生，人生之最高眞理曰仁曰愛。瞭解得仁與愛，始是瞭解得人之歷史心與文化心，始是瞭解得人性。」[103]第四，仁心同然，可以歷古不變。我心你心，孔子時代的心與我們今天的心，是相同的，「我這個心可以瞭解別人的心，中國人稱之爲仁心。因此，大家同此一心，所以同稱爲一人。仁者人也。我心你心相同，同此一仁心，故稱此爲人道。」[104]

仁雖是中國儒家提出的一個人文道德範疇，但又是放之四海而皆準的。錢穆說，人類的學問分兩種，一是對人之學，即人文學，一是對物之學，即自然科學。「對人之學，最主要中心乃爲人之道，即人與人相處之道。」[105]中國人最會講對人之學，即人與人相處之道。儒家的「仁」即是講爲人之道，「中國儒家稱此人與人相處之道爲仁道，仁道即是人道。若不從人與人相處之道即仁道上立本，而憑空來講國家天下事，將會使人無同情，無恕道。人與人之間全變成權謀數術與威力財力之運用，不仁之極，而人道遂大壞。」[106]仁既展演了人文生命，又涵括了歷史的一切人事，所以，中國人說「天下歸仁」，「仁是超人我之一體。……一切人，一切事，盡在此一體中。故曰天下歸仁，乃是皆歸入此一體。」[107]他認爲，今日世界大病正在把對物之學，即自然科學移用來對人，「一切對人之學，皆主張運用自然科學的方法，而輕視了仁道與恕道」，[108]因此，醞成了人類的大禍。

錢穆認爲，中國是世界上歷史最悠久和最有生命力的國家，究其原因，不僅在於中國文化在古代便十分發達，更在於中國歷史文化自始便走對了路向，即建立了以「仁」爲本的文化。對個人而言，它要求注重人的心性道德修養，然後走上修齊治平的道路；對社會而言，它要求以道德倫理來規範人與人之間的各種社會關係和活動，以維持家國的太平。這是一種內傾的文化。「中國文化之內傾性，正在其把文化傳統精神表現寄託在各個人之身與心，乃以各個人爲中心出發點，由此推去，到人皆可以爲堯舜，到各自修身齊家治國而平天下。乃以天下平與世界大同爲道之極限，到此極限，道仍可有隱顯消長，但道則仍在，故歷史文化可以不斷有再興與復盛。」[109]這種以人爲本位的人文文化，從本質上說就是道德文化。「中國文化是個人中心的文化，是道德中心的文化，這並不是說中國人不看重物質表現，但一切物質表現都得推本歸趨於道德。此所謂人本位，以個人爲中心，以天下即世界人群爲極量。」[110]所以，中國歷史文化就是道德精神的產物，中國歷史文化的精神就是人文精神和道德精神。他說：「中國歷史乃由道德精神所形成，中國文化亦然。這一種道德精神乃是中國人所內心追求的一種做人的理想標準。乃是中國人所向前爭取蘄向到達的一種理想人格。……無論是政治的，經濟的，軍事的，教育的，各項事變乃及各種制度，以及主持此各項事變與創造此各種制度的各類人物，其所以到達此種境界者，完全必以這種道德精神爲其最後的解釋。因此，我稱此種道德精神爲中國的歷史精神。即是沒有了此種道德精神，也將不會有此種的歷史。」[111]中國歷史文化是最有人文精神的，亦即道德精神的；只有它才體現和符合人類文化的大道。而西方和世界其他民族的歷史文化是無法與中國相比的。西方人重物變，由物變來影響及人文。即便是近代西方文化，也只是一種因科學和知識發達而在物質上和力量上取得成就的文化，這是一種外傾文化。他說：「西方人知有變，不知有道。其變乃偏重在人生外面之物質上。」西方史學家講人類社會，「其言變主要均在外面器物上，其他一切人文則追隨而變。」[112]這種文化觀念與中國文化觀念大爲相異，由此導致中西歷史演變的差異，「一以人爲主，一以物爲主，雙方觀念不同，而其言歷史演進亦隨之而不同。」[113]西方文化確有它一時的力量和物質文明上的輝煌表現，但它無法解決人的內心道德和精神問題，無法滿足人的內心情感的要求，所以，不具有人類歷史文化應具有的本質特徵——人文精神和道德精神。

錢穆說，只有儒家的「仁」才得人文學的精義，闡明了如何爲人的道理和方法，並提出了一套修身齊家治國平天下的大道。這一建立在「心性」基礎上的、以「仁」爲本體的文化是中國文化的本質特徵。它不但是中國歷史文化在現代復興的本源，也必將爲解決目前因西方文化所帶來的問題與危機，爲世界人類文化謀求新出路做出貢獻。他說：「我們倘能不自暴自棄，高瞻遠矚，平心深慮，實在只有發揚中國文化，不僅爲救中國，亦可以救人類，此乃中國人當前一大責任大使命所在。」[114]一九八九年，錢穆在參加香港新亞書院四十週年校慶期間，曾說：「救世界必中國，救中國必儒家。」[115]

錢穆把中國儒家文化的「仁」作爲世界和歷史文化的最終本體，賦於歷史本體以倫理道德精神及其在人類歷史文化中的普遍意義，這對批判近代以來主宰中國史學界乃至整個文化學術思想界的唯科學主義思潮具有積極作用。同時，他以「仁」化精神，即人文精神與道德精神來界定中國歷史文化的本質和特徵，並以之說明中國歷史文化自有其長處與生命力，指明了中國歷史文化的獨特性所在，對民族文化虛無主義也有批判作用。

錢穆以內傾和外傾、道德和物質來分別和概括中西文化，未嘗沒有合理性成份。然而，他卻將中西文化的這種差異絕對化，認爲西方歷史文化只在物質上有進步，西方文化完全走錯了方向，「故一部西洋史，可謂乃在物變上有進步，而人文方面則未見有進步。」「現代歐洲，以人文論，恐尚不能比中國春秋時代，更遠不能與中國之戰國時代相比。……故惟中國史之進程，始得謂人類前途理想一目標。而如西洋史，則對人類前途和平相處之理想，相去甚遠。」116 所以，中國文化不僅能夠復興，而且可以解救西方文化和人類文化的危機。錢穆後半生的歷史文化研究，尤其是對中西歷史文化所作的大量比較研究，最終目的都在於反覆宣揚他的中國文化優越論和「至善論」。這種中國文化優越論與「至善論」缺乏充分的、普遍的歷史事實根據。西方文化並非不講求道德與人文精神，中國文化也非只重內在道德追求。而且，他把以「仁」爲核心的儒家文化泛化爲人類歷史文化發展的唯一方向與最終目標，認爲它具有人類歷史文化的普式性和終極意義。這又是一種文化一元論，是以中國文化取代西方文化的中國文化中心論。它與西方文化優越論和中心論一樣是錯誤的，並且與其民族歷史文化多元化的觀點自相矛盾。

錢穆把歷史的本質視爲民族文化生命，而道德性的心性（仁）是民族文化生命的本體。不過，他所說的道德化的心性（仁），既是一個實體範疇，即，心性是民族文化生命之本體，又是一個從屬性範疇，即，心性具有「用」的功能，是它展演出一切歷史文化。錢穆歷史觀的其他思想和史學思想都是由此演化和構建起來的。

註釋

1 關於中國哲學中「本體」的來源，錢穆說：「『本體』二字不見經傳，此宋儒從佛氏脫胎來者。」（《中國近三百年學術史》上冊，第四四頁。）

2 《中國歷史精神》，第一頁。

3 〈歷史會重演嗎？〉，《歷史與文化論叢》，第三〇一頁。

4 《中國歷史精神》，第四頁。

5 《中國歷史精神》，第三頁。

6 〈史學導言〉，《中國史學發微》，第八三頁。

7 《國史大綱》，引論，第一頁。

8 〈中國文化傳統中之史學〉，《中國學術通義》，第一三三頁，第一四六頁。

9 〈歷史與神〉，《湖上閑思錄》，第一〇九頁。

10 〈歷史與人生〉，《中國史學發微》，第一八五頁。

11 〈中國文化傳統中之史學〉，《中國學術通義》，第一四二頁。

12 錢穆有時將歷史等同於史學，如，他說：「歷史乃一時間性的學問。」（〈中國今日所需要之新史學與新史學家〉，《世界局勢與中國文化》，第二三四頁。）又說：「又因為中國歷史是分人立傳的，把一切事件全分散到各有關的人物的傳裏去，所以易於使人瞭解歷史由人主動，乃由人的共業所形成。」（〈中國史學之特點〉，《歷史與文化論叢》，第一二四頁。）這句話中的前一「歷史」顯然是指史學，後一「歷史」則是指歷史本身。但是，他有時對史學和歷史又有明確區分，如，他說：「文字記載並不是歷史，歷史是人事之本身，文字記載只記載了那些人事。」（〈自然人生與歷史人生〉，《歷史與文化論叢》，第三〇九頁。）

13 《中國文化精神》，第五一頁，第三三頁。

14 《晚學盲言》（上），第一八五頁。

15 《從中國歷史來看中國民族性及中國文化》，第一三頁。

16 《民族與文化》，第四三頁。

17 《文化學大義》，第四頁。

18 〈中國文化之成長與發展〉，《中國文化叢談》㈠，臺北三民書局，一九八四年九月第六版，第六七頁。

19 《中國歷史研究法》，第一〇八頁。

20 〈中國文化之成長與發展〉，《中國文化叢談》㈠，第五一頁，第五二頁。

21 〈歷史與時代〉，《歷史與文化論叢》，第二九〇～二九一頁。

22 由於錢穆將歷史與歷史記載（即記憶和人事記載）混爲一談，也就是說，人事記載與記憶不屬於歷史範疇的概念，所以，這裏就不去分析這兩個概念與歷史本質的關係了。

23 《晚學盲言》（上），第五五頁。

24 《中國歷史精神》，第九七頁。

25 〈物與心〉，《歷史與文化論叢》，第三五八頁。

26 《中國歷史精神》，第九七頁。

27 《中國文化史導論》，第一七頁。

28 《人生十論》，第二〇頁。

29 〈實質與影像〉，《湖上閑思錄》，第一一三頁。

30 〈史學導言〉，《中國史學發微》，第九三頁。

31 〈史學導言〉，《中國史學發微》，第九五頁。

32 〈中國文化之成長與發展〉，《中國文化叢談》㈠，第五一頁。

33 〈歷史與神〉，《湖上閑思錄》，第一一一頁。

34 〈中國歷史研究法〉，第一〇八頁。

35 〈中國歷史人物〉，《中國文化叢談》㈠，第一三三頁。

36 〈歷史地理與文化〉，《中國文化叢談》㈠，第二九頁。

37 〈歷史地理與文化〉，《中國文化叢談》㈠，第二九頁，第三二頁。

38 〈歷史地理與文化〉，《中國文化叢談》㈠，第三二～三三頁。

39 關於兩層面說。他說：「人類文化，即是人生一綜合體。人生可分兩部分，一曰物質部分，以身爲主。一曰精神部分，以心爲主。文化亦可分爲兩部分，一曰自然文化，又一曰人文文化。自然文化以人對物爲主。人文文化以人對人爲主。換言之，亦可謂是以心對心爲主。」（《雙溪獨語》，臺灣學生書局，一九八一年一月初版，第二三三頁）關於三層面說，詳見本編第六章中「歷史文化三層面和兩形態」一部分。

40 《雙溪獨語》，第二三三頁。

41 《中國歷史研究法》，第一二〇頁。

42 〈中國文化的中心思想——性道合一論〉，《中華文化十二講》，第五頁，第六頁。

43 朱謙之的有關思想可見其《歷史哲學》、《歷史哲學大綱》和《文化哲學》等；常乃德的有關思想可見其《生物史觀與社會》、《生物史觀研究》和《歷史哲學論叢》等。

44 關於錢穆的民族文化生命史觀受到近代以來西方歷史文化生命學說的影響，從錢穆的論述文字中找不出直接論據。但從錢穆對民族文化生命史觀，包括對歷史動力、歷史演進和歷史結構的論述來看，其使用的術語和表達方式與當時國內介紹西方歷史文化生命說的術語與表述方式有不少相似之處。他也說過，對歷史上的三大要項，即歷史時間、歷史事件和歷史人物，「我都將加一些新的觀念來講」。（〈史學導言〉，《中國史學發微》，第八一頁。）而且，從時間上看，歷史文化生命說是二十世紀二十年代被較多地介紹到中國的，朱謙之和常乃德等人的有關著作在二十世紀二、三十年代也已出版，而錢穆對文化生命史觀作系統的表述是在一九三七年抗戰之後。因此，他完全可能受此影響。再者，從他本人的著述和他人的回憶文章中，可以得知他對柏格森、克羅齊等西方哲學家有相當瞭解。錢穆本人對柏格森的生命學說作過不少評論（可參見〈歷史與神〉，《湖上閑思錄》），對克羅齊也有過評論。他的兩名學生在回憶錄中都提到他在課閑時間曾與他們談及包括柏格森和克羅齊在內的西方哲學家。（參見洪廷彥〈從成都到無錫——隨師讀書雜憶〉和諸宗海〈國魂常在　師道永存——爲紀念賓四先生逝世一周年寫〉，兩文均見《錢穆紀念文集》。）不過，他對西方歷史生命學說的吸收是次要的，非本質的，而對儒家生命學說的繼承是主要的和根本的，這點是可以肯定的。

45 《中國歷史精神》，第八八頁。

46 《中國歷史研究法》，第一〇一頁。

47 〈中國文化之潛力與新生〉，《歷史與文化論叢》，第二二五頁。

48 《民族與文化》，第三五～三六頁。

49 《民族與文化》，第四六頁，第四四～四五頁。

50 《國史大綱》（修訂本），引論，第三一～三二頁。

51 《晚學盲言》（下），第七二八頁。

52《中國歷史精神》，第五～六頁。
53《民族與文化》，第四三頁。
54《民族與文化》，第四一頁。
55〈中國文化之成長與發展〉，《中國文化叢談》㈠，第五二頁。
56〈民族與文化〉，《中華文化十二講》，第五五頁。
57〈一所理想的中文大學〉，《歷史與文化論叢》，第三三六頁。
58《中國歷史研究法》，第六頁。
59《中國文化精神》，第六頁。
60《中國歷史研究法》，第一一一頁。
61《中國歷史研究法》，第二頁。
62《國史大綱》（修訂本），引論，第一一頁。
63《晚學盲言》（上），第四二七～四二八頁。
64《晚學盲言》（上），第一二頁。
65《雙溪獨語》，第二八四頁。
66〈談中國文化復興運動〉，《中國文化叢談》㈠，第一〇八頁。
67〈中國人之宇宙信仰及其人生修養〉，《中國文化叢談》㈡，臺北三民書局，一九六九年十一月初版，第二一六頁。
68〈中國人之宇宙信仰及其人生修養〉，《中國文化叢談》㈡，第二一六頁。
69《雙溪獨語》，第五七頁。
70〈物與心〉，《歷史與文化論叢》，第三五六頁。

71 〈中國人之宇宙信仰及其人生修養〉，《中國文化叢談》㈡，第二一五～二一六頁。
72 〈中國教育思想史大綱〉，《中國史學發微》，第二五〇頁。
73 〈物與心〉，《歷史與文化論叢》，第三六一頁。
74 〈中國文化之唯心主義〉，《歷史與文化論叢》，第一〇八頁。
75 〈從人類歷史文化討論中國之前途〉，《歷史與文化論叢》，第六一頁。
76 〈中國文化中的最高信仰與終極理想〉，《中華文化十二講》，第九六頁。
77 《民族與文化》，第七一頁。
78 〈物與心〉，《歷史與文化論叢》，第三五五頁。
79 〈中國文化的中心思想──性道合一論〉，《中華文化十二講》，第八頁。
80 〈中國人之宇宙信仰及其人生修養〉，《中國文化叢談》㈡，第二一九頁。
81 〈中國文化的中心思想──性道合一論〉，《中華文化十二講》，第九頁。
82 《中國思想通俗講話》，第二七～二八頁。
83 《雙溪獨語》，第四頁。
84 〈中國人之宇宙信仰及其人生修養〉，《中國文化叢談》㈡，第二一九頁。
85 〈中國文化之唯心主義〉，《歷史與文化論叢》，第一一一頁。
86 〈物與心與歷史〉，《歷史與文化論叢》，第三〇六頁。
87 〈中國人之宇宙信仰及其人生修養〉，《中國文化叢談》㈡，第二三一頁。
88 《雙溪獨語》，第三〇頁。
89 《晚學盲言》（下），第六四八頁。

90 《雙溪獨語》，第二三四頁。

91 《晚學盲言》（上），第一九四頁。

92 〈華僑與復興中華文化運動〉，《中國文化叢談》(二)，第三二三頁。

93 《晚學盲言》（上），第一五三頁。

94 《雙溪獨語》，第六二頁。

95 《朱子新學案》（上），成都巴蜀書社，一九八六年八月第一版，第二四五頁。

96 《雙溪獨語》，第五二頁。

97 《朱子學提綱》，第八一頁。

98 《雙溪獨語》，第六七頁。

99 《雙溪獨語》，第八五～八六頁。

100 〈莊子薪盡火傳釋義〉，《中國史學發微》，第二五七頁。

101 《雙溪獨語》，第三七頁。

102 《雙溪獨語》，第三二～三三頁。

103 〈物與心與歷史〉，《歷史與文化論叢》，第三〇六頁～三〇七頁。

104 〈漫談中國文化復興〉，《歷史與文化論叢》，第九九頁。

105 〈人生三講〉，《歷史與文化論叢》，第二一一頁。

106 〈人生三講〉，《歷史與文化論叢》，第二一二頁。

107 《雙溪獨語》，第三六頁。

108 〈人生三講〉，《歷史與文化論叢》，第二一二頁。

109 《中國歷史精神》，第一三四頁。

110 《中國歷史精神》，第一三六頁。

111 《中國歷史精神》，第九五～九六頁。

112 〈中國歷史精神〉，《中國史學發微》，第一〇八頁，第一〇九頁。

113 〈中國歷史精神〉，《中國史學發微》，第一〇九頁。

114 〈中國文化與世界人類的前途〉，《中華文化十二講》，第八一～八二頁。

115 香港中文大學新亞書院《新亞生活》月刊，「悼念錢賓四先生專輯」(二)，一九九〇，一一，一五。轉見羅義俊〈錢穆及其史學綱要〉，《歷史教學問題》一九九七年第一期，第一四頁。

116 〈中國文化特質〉，《中國史學發微》，第一五九頁。

第六章

歷史文化三層面和七要素的歷史文化構成論

歷史文化是由道德性的心性本體展演和發展出來的。那麼，由道德性的心性本體展演和發展出的歷史文化又是如何構成的呢？它包括哪些基本要素和內容？錢穆認爲，歷史文化從下到上是由物質經濟、社會政治和精神思想三個層面構成。三者的關係是，下層產生上層，限制上層；上層形成後又超越下層，融攝下層。歷史文化是三者的合一，歷史文化的三個層面包括了人類歷史文化的各個要素，而精神和道德又具有終極和決定性的意義。1

一、歷史文化的三層面及其基本內容

錢穆說：「文化是全部歷史之整體，我們須在歷史之整全體內來尋求歷史之大進程，這才是文化的眞正意義。……換言之，文化即是人生，此所謂人生，非指各個人之分別人生，乃指大群體之全人生，即由大群所集合而成的人生，此當包括人生之各部門、各方面。無論是物質的、精神的均在內，此始爲大群人生的總全體。又當是立體的，非平面的。即是此整全體之大群人生之兼涵歷史演變在內者。」2那麼，此一立體的、整全體的、包括人生各方面和部門的人生，即歷史文化是如何構成的呢？由於他對歷史和文化的結構有不同的表述，我們先來分別分析，然後再歸納和綜合其本質。

錢穆關於歷史的結構和內容的解釋主要有四種：㈠歷史分爲精神與物質兩部分。他說，一國家民族已往的歷史，皆是其民族中個人與群體生命的表現，「生命又當分內外兩部分，外在部分屬物質，內在部分屬精神。」[3]㈡政治制度、學術思想和社會經濟是歷史的基本方面，「此三者，『社會經濟』爲其最下層之基礎，『政治制度』爲其最上層之結頂，而『學術思想』則爲其中層之幹柱。大體言之，歷史事態，要不出此三者之外。」[4]㈢歷史由上層和下層構成，上層爲政治，下層爲社會。他說：「大體上說，歷史有上層，有下層。我們當知，歷史不是一平面，像一條水，有其浮面，有其底層。浮面易見，底層不易見。」[5]錢穆這裏所說的社會是指處於社會最基層的民眾，而非組織形態意義的社會。又說，中國歷史除了上層和下層外，還有中間一層，即知識份子的學術界，「歷史的上層是政治，下層是民眾，但中國歷史上主要的，又有中間一層，即是知識份子學術界，中國人稱之曰『士』。」[6]㈣以歷史記載說，歷史可分爲四個部分，「一曰政治組織，一曰國際形勢，一曰社會結構，一曰思想學術。」[7]

歸納來看，錢穆對歷史結構的四種解釋主要是兩種觀點。第一種觀點即第一種解釋，它是從歷史的內外兩個方面說的。第二種觀點即後面三種解釋，它們的意思大致相同，都認爲歷史的基本內容包括（社會）經濟、政治和學術思想三方面，只是各自的表述角度和方式不同。第二、第三種側重從縱向說明歷史的構成內容。第四種說法中的國際形勢，實際可以歸入政治要素中去。不過，錢穆的後三種表述的確不夠嚴密，特別是他把社會經濟和社會民眾劃等號，同視爲歷史的下層基礎。而這兩者是根本不能等同的。

錢穆對文化的結構及其內容的闡釋比較明確和一致，即，文化由三個階層自下到上構成。他說，文化是人類生活的整體，文化是一人生綜合體，「大概言之，任何一種文化人生，必然由三個階層所凝合。」8他把人生分爲三大類，進而將文化劃分成三個階層：一是物質的人生，或稱自然的人生、經濟的人生。這是文化第一階層，屬於物質經濟方面。一切衣食住行，凡屬物質方面者均歸入此類。它是人類生活最先必經的一個階段，是最低的，最先的，亦是最基本的。沒有物質生活，沒有經濟條件，根本沒有所謂人生，也沒有所謂文化。第一文化階層裏的人生面對著物世界，是人對物的問題。二是社會人生，或稱政治的人生、集團的人生，屬第二階段的人生。這是文化第二階層，屬於政治社會方面，它包括政治法律、社會禮俗、民族風習、群體集合和家庭生活等種種組織規定與習慣。第二文化階層裏的人生面對著人世界，人開始在人世界裏過生活，是人對人的問題。最後，達到人生第三階層，也可稱爲精神的人生或心理的人生。這是文化的第三階層，屬於精神心靈方面。它是最高的，亦即最後和最終極的，全屬於觀念、精神、理性和趣味的。它包括宗教、哲學、文學、藝術等。第三階層文化裏的人生面對心世界，是心對心的問題。這種文化人生是一種歷史性的、超時代性的人生，是一種可以長期保留和長期存在的人生。9

關於文化三階層的關係。錢穆認爲，每一階層各有其獨特的意義、價值和所求完成的任務與目的。同時，下面階層又孕育出上面階層，上面階層超越了下面階層，又必包涵著下面的階層。自然無目的，人文則有目的，文化演進正在目的之提高。必待到達第三階層之目的完成，才始是文化之完成。可見，在他眼裏，文化三階層既是人類文化的一種邏輯結構，也是人類文化的一個歷史進程，人類文化的邏輯結構與其歷史進程是一致的，歷史和邏輯在這裏達到了和諧的統一。所以，他說：「我們把人類全部生活劃分爲三大類，而又恰恰配合上人文演進的三段落三時期，因此我們說文化有上述之三階層。」[10]

我們再把錢穆關於歷史和文化的結構及其關係的闡述結合起來，可以看到兩者基本是一致的。橫向看，歷史的內容包括（社會）經濟、政治和學術思想，文化的內容包括物質經濟、政治和精神心靈。這裏，歷史和文化的前兩項內容基本是相同的。問題是如何看待學術思想與精神心靈的關係。事實上，這兩者也是相通或相同的。他說：「欲考較一國家一民族之文化，其上層首當注意其學術，……學術爲文化導先路。」[11]根據他對文化三階層的解釋，文化的上層即是指精神和思想。他又說，中國學術的精神之一是不尚空言，一切都會落在實際措施上，「故在中國學術史上，亦可謂並無純粹之思想家或哲學家，『思想』兩字實近代中國接觸西方以後所興起之一新名詞，中國舊傳統只言『學術』或言學問，不言『思想』，因中國人思想之對象即在實際人事問題上，必須將此思想從實際措施中求證驗。」[12]這清楚地表明瞭學術與思想的同一關係。再從錢穆對文化第三階層的定性看，他說精神心靈亦屬觀念和理性的。而觀念和理性當屬思想範疇。所以，歷史和文化都包括（物質）經濟、政治和精神（思想）三大內容。從縱向上看，歷史和文化都以（物質）經濟爲基礎或底層。關於政治與精神（思想）的關係，錢穆的表述不同。他在說歷史結構時，將學術思想作爲中層，將政治作爲上層之結頂；而在說文化結構時，又說政治是第二階層，思想觀念是第三階層。他的這一說法看起來矛盾，實際上並不矛盾。他講歷史的結構，主要是從社會形態的歷史說的。在歷史形態中，政治是最上層的，但這並非說政治是最重要的。錢穆認爲，學術思想是領導政治的，學術思想是一個社會最根本的力量。[13]所以，他既說學術思想是歷史的中層，又說它是歷史的中堅。他說文化的結構，主要是從文化的自然演進過程來說的。在這種演進中，精神思想是人類文化最高和最終極所在。可見，兩者實際都肯定（思想）精神的核心地位、決定作用和終極價值。所以說，錢穆對歷史和文化結構及其關係的認識本質上是一致的。

錢穆對歷史文化結構和內容的認識是由其心性合一的歷史本體論所決定的。心性道德雖是起自於物質經濟生活，並包涵物質經濟生活，但已超越了物質經濟文化的層面。物質經濟生活從屬性上說，是偏於自然的，亦可說屬於天。所以，它是基礎的，由它演化出中層的政治制度、社會風俗和上層的學術思想、道德精神等。學術思想和道德精神從屬性上說，是偏於人文的，亦可說屬人。從歷史文化的本質和終極意義上說，後者才是最具有歷史文化精神的，才是歷史文化的最高層面。

那麼，錢穆對歷史文化的每一要素以及在整個人類歷史文化中的地位和作用又是如何闡述的呢？他說，文化是人類總體生活多方面各種部門之配合。人類文化逐漸演進，方面愈廣，部門愈雜。但扼要分析，則可將人類生活之諸多形態分劃成七大部門，亦稱文化七要素：一經濟，二政治，三科學，四宗教，五道德，六文學，七藝術，「古今中外各地區各民族一切文化內容，將逃不出這七個要素之配合。」[14]需要注意的是，他對經濟和政治的解釋比我們通常的解釋要寬泛，並有很多不同之處。本文將結合他關於歷史文化結構及內容的思想，分三大部分來分析他關於經濟、政治、文學、藝術、宗教和道德諸要素的思想。[15]

二、經濟的地位、作用和農業文化的優越性

錢穆說，經濟要素「包括衣食住行種種物質生活，即相當於前述文化之第一階層」。[16]他對經濟的闡述，常與物質生活聯繫在一起。

錢穆肯定經濟和物質生活在人類歷史文化中的基礎地位和重要作用。他說，經濟和物質生活是人類歷史文化發展的基礎，「沒有物質生活，沒有經濟條件，根本沒有所謂人生，亦沒有所謂文化。」[17]同時，經濟又是人生的一個基本問題，「經濟是人生一個基本問題，它是人生中很重要的一部分。若使經濟問題不得好解決，其他一切問題都將受影響。」[18]而且，在人類更高層的歷史文化中，仍然包涵著物質經濟層面的文化，「人類文化精神即建立於物質存在之基礎上，可以超越物質存在而仍必涵有物質存在」。[19]然而，錢穆又認爲物質經濟在人類歷史文化中的地位和作用是有限度和範圍的。具體說，表現爲以下幾個方面：

一是，經濟和物質生活不能包括全部的人生，不能將其作爲決定歷史文化和全部人生一切問題的根本和依據。他說：「經濟問題不能包括人生的整個問題，也不能說經濟問題可以決定人生其他的一切問題。……由整個文化整個人生來看經濟，經濟的發展是應有其比例的限度的。倘若個人或社會，把經濟當作唯一最重要的事件與問題，那麼這個人的人生決非最理想的人生，這社會也決非最理想的社會。」[20]物質生活進步誠然是人類生活中一項重要的進步，「但僅是一項重要的進步而止，我們千萬不該單憑物質生活來衡量全部人生。」[21]他認爲中國史之進步，「似乎不重在社會經濟方面而重在其政治制度方面」。[22]若論經濟狀態，中國社會似乎大體上停滯在農業自給的情況之下，由秦漢到最近的二千多年看不出中國史在此方面有幾多絕可注意之變動與進步。

二是，經濟和物質生活只能規定而不是決定道德和精神思想，而道德和精神思想卻領導經濟和物質生活。他說，人生基礎固然不能抹殺物質經濟生活條件，「但人生問題至少不能全由物質經濟生活條件來領導，來解決。」[23]如果讓物質經濟常追隨於人生欲望之後，求無限提高，將使人生永成一無限，「無限向前，卻是無限的不滿足，與無限的無休止，此將是人生之苦痛與禍害，決非人生之幸福與理想。故領導人向前者，應屬之於道德與禮義，不應屬之於欲望與經濟。人之種種欲望與物質經濟，同須受人生理想與道德之領導。」[24]所以，他認爲，也可以說正是因爲我們歡迎那樣的精神生活，所以才贊成那樣的物質條件，「若就純自然界的立場看，縱說物質生活決定了精神（仔細說來，則也只能說是規定而不能說決定）但若改就人文界的立場看，則還應該是精神領導著物質。」[25]在中國社會，經濟向來就不是最有力量的，「中國社會乃由其他部分來領導經濟，控制經濟，而並不由單純的經濟問題來領導社會，控制社會，所以經濟問題在中國歷史上，並不占最重要的地位。」[26]

三是，經濟在歷史文化中只能在一定限度內起作用，同時，也只有這樣，它的作用才是積極和有價值的。超過這一限度，它的作用將是消極和無價值的。他說：「經濟之必需既有一限度，我姑稱此限度謂之是經濟之低水準。倘經濟水準超出了此必須限度，此對人生可謂屬於不必需者，此不必需之經濟，我姑稱之謂是一種高水準之經濟。然所謂高水準，即已是超水準，它既已超過了一個人生必需的限度，這便是無限度，亦即是無水準可言了。低水準的必需經濟對人生是有其積極的價值的，可是非必需的高水準經濟卻對人生並無積極價值，不僅如此，甚至可成爲無作用無價值，更甚則可產生一些反作用與反價值。此種經濟只提高了人的欲望，但並不即是提高了人生。照人生理想言，經濟無限向上，並不即是人生的無限向上，抑且領導人生向上者應非經濟，而實別有所在。」[27]

四是，從總體看，經濟物質生活在整個歷史文化體系和全部人生中，是消極價值多，積極價值少。經濟生活只是整個文化生活最基層，若沒有相當的經濟生活作基礎，一切文化生活無從發展，但它「卻是消極的價值多，積極的價值少。因爲沒有經濟基礎，影響甚大。但經濟水準愈提高，它對全部文化體系所能貢獻之意義與價值並不相隨提高，甚至會相反地愈降低。」[28]經濟生活到底只是經濟生活，若過分在經濟生活上發展，反而會妨害其他文化生活之前途。他說：「我們不妨說，經濟生活是消極的，沒有相當滿足是絕對不成的，但有了相當滿足即該就此而止。其他文化生活如文學藝術之類，則是積極的，沒有了初若不打緊，但這一類的生活，可以無限發展，沒有限度的。」[29]中國傳統人生理論似乎就認定了這點，對經濟人生總採取消極態度，對其他文化人生則採取積極態度。

所以，錢穆反對包括唯物史觀在內一切經濟基礎決定論。他說：「物質經濟生活條件之所以重要，所以有價值，正爲其能補助一切上層的精神活動之故。若使上層的一切精神活動全失其價值，則在其下層而補足他的物質條件之價值之重要性，亦將連帶動搖而失落。」[30]經濟可以決定一切和全部人生都受經濟條件支配的唯物史觀，就今天西方社會來說有它部分的眞理，「但是這個眞理，已是病態的眞理。我們若眞受經濟問題來支配決定我們的一切，這一個人生，這一個社會，這一段歷史，這一種文化，已經走上了病態。馬克思的理論，是在西方社會開始走上病態後才產生的。因此他講人類社會演進，完全在經濟問題上著眼。」[31]它對中國是完全不適用的，因爲中國歷史並沒有依照馬克思觀點發展，中國社會實際是由學術和政治思想來領導社會經濟。

錢穆的經濟觀點是其道德化的心性本體論在經濟思想上的具體表述和展開。它承認物質經濟生活是歷史文化發展的基礎，但它的價值和作用又有限度，不能成爲歷史文化發展的領導力量；它強調了精神文化及其實踐活動在歷史文化發展中的終極意義與領導作用。這對反對庸俗的經濟基礎決定論和金錢拜物教有一定作用。但是，錢穆否認物質生產在人類歷史實踐活動中的最終決定性地位和作用，將精神觀念的能動作用誇大爲領導性的和決定性的。雖然在某些歷史階段和範圍的歷史活動中，精神觀念的能動作用表現爲首要和決定性的，但這並不能否認物質生產的最終決定地位和作用。他說物質生產的消極價值要比積極價值多，把社會生活和歷史發展中物質經濟的決定性作用與人們對物質欲望無限追求所產生的消極作用混爲一談。此外，他對馬克思歷史觀的批判是錯誤的。唯物史觀對物質經濟基礎與精神觀念的認識並非如錢穆所說，它十分重視人的物質生產實踐活動在歷史發展中的根本地位和精神文化實踐活動及其價值。

錢穆上述經濟觀點在理論上的進一步發展便是以此論證農業文化的獨特性、合理性和優越性，根本意圖則在說明中國歷史文化存在和發展的獨特性、合理性和優越性。

所謂獨特性，是說農業文化與遊牧商業文化不同。他說，人類文化不是如西方人所說是進步和變動的，必然要由農業文化演進到商業文化，實際上，兩者各有獨自的發展道路。所以，建立在農業經濟上的中國文化與建立在商業經濟上的西方文化不是歷史發展階段上的差別，而是文化形態上的差別，「一個是徹頭徹尾的農業文化，一個是徹頭徹尾的商業文化，這是雙方很顯著的不同點。」[32]中國人認爲，人類生活永遠仰賴農業爲基礎，人類文化應該永遠不脫離農業文化，只須在農業文化的根本上擴展和加上工業商業，「但文化還是一線相承，他的根本卻依然是一個農業。」「文化還是根本的與生長的，一切以農爲主。」[33]況且，從歷史上看，中國經濟落後於西方只是近百年西方科學發達後的事，因此，中國文化的復興不能以放棄農業文化爲前提，只能在保持中國農業經濟思想和政策的基礎上，吸取西方新科學，因地制宜地對中國歷史文化進行一番新的改造。近代以來徹底拋棄中國農業文化的現代化做法是模仿和抄襲西方，而非創造，「惟此厥爲中國今日之最大深病」。[34]

所謂合理性，是說農業經濟是人類歷史上最基本的社會經濟形態，它符合經濟的低水準限度，所以能產生積極的作用和價值。他說，人類歷史文化應以農業經濟爲基礎，再加上商業和工業經濟，才能不違歷史文化的本質規律，「只有農業生產爲人生所最必需者，乃最具低水準經濟中所應有之積極價值者。……由農業社會進入工商業社會後，農業仍不可缺。若一社會脫離了農業，此社會即無法生存。」[35]中國傳統社會的基本經濟思想和政策正符合這種低水準的要求，其具體表現就是「均產」思想和政策。他說，《論語》所說的「不患貧而患不均，不患寡而患不安」是二千年來中國經濟史上最爲人服膺的理論。社會上自然不能絕無貧富相差，但當使富者僅在社會上能表示其地位之較高而止，使貧者能獲得他們低水準的必需和低限度的生活，不要讓他們內心老憂慮，「無論富與貧同樣不該超水準，而此水準則以人生的理想爲依歸而樹立。」[36]正是這種均產政策和理想使中國一直不可能出現以商業資本和富人爲中心的資本主義社會。

所謂優越性，是建立在農業文化合理性上的。它是說由農業經濟造成的文化才是人類最根本和最有價值的文化。遊牧與商業文化崇尚人身之外的物生活，向外作無限的追求，尚物不尚人；它惟求富強，崇尚鬥爭與力量，人與自然、人與人相對立。結果是富而不足，強而不安，常要變動，常望進步，導致社會和文化常處於一種征服與被征服的境地。農業文化則崇尚人的內心生活，尚人不尚物；追求內心道德精神的完善與崇高，崇尚融和與中庸，導致人與自然、人與人的合一。它不求富強但求安足，因此能自本自根一線綿延，使社會和文化處於一種包容與和平的境地。這正是人類歷史文化演進的終極目標。[37]只有農業文化才符合人類文化心性合一或天人合一的本質要求，才充分體現歷史文化的人文主義精神。他認爲，中國歷史文化正是如此，中國歷史上各項經濟政策都是根據全體人群的生活意義與眞實需要來作決定的，「中國傳統經濟觀，均是一種人文本位者，重人生，不重經濟，經濟只以輔助人生，非以宰制人生。於是經濟發展，遂成爲有限度的。」[38]「中國人的經濟理論，完全如他的政治理論，同樣根據人生理想爲出發，歸宿到人類內心之實際要求上。並不曾就經濟而論經濟，結果乃致經濟與人生脫節，如目前世界之形勢般。」[39]

錢穆認爲，當今人類文化的一個共同和最大病症正在於只看重物質經濟在人生和社會中的作用，而不重視人內心精神生活的提高，重物不重人，形成一種極端唯物的世界，「一切問題，主要便是經濟問題，一切爭衡，主要也是經濟爭衡，其他全成爲次要，甚至被視爲不要，此始是今天世界種種病痛一大癥結，人類此下種種災禍，都將由此一大癥結而導演，而終於將使人類會感到無法防止。」[40]所以，若要誠心期求世界和平與社會幸福，當前世界的發展路向決不是眞領導，只從經濟問題下手也總不能眞正解決問題。應當在目前唯物的社會之外另產生一個理想的新社會，「其唯一特徵將是重視人勝過於重視物。一切物質條件，全爲著人類自身另有一個理想的前進目標而存在。一切物質經濟，爲奴而不爲主。它們只爲人類追求其前進目標供使用，它們不該本身自成爲目標而回過頭來使用人。」[41]這種理想新社會，就是他說的以中國傳統社會爲典範、建立在農業文化基礎上的社會。

錢穆的農業文化思想是其中國文化中心論和優越論的有機組成部分，是爲中國文化中心論和優越論提供理論和歷史依據的。他肯定中國農業文化獨特性、合理性和優越性，突出了中西歷史文化發展的獨特性和中國傳統農業文化的積極意義，這是他歷史文化觀中「民族性」思想的突出表現。他對近代西方文化因片面追求物質經濟發展及其引發病弊的針砭頗爲深刻。然而，他的觀點又有自相矛盾之處。他一方面說中西文化是兩種不同類型文化，有各自的發展道路，另一方面又說人類文化應以農業文化爲根本，人類文化發展應以農業文化爲終極目標。他以中國歷史文化發展的獨特性來否認人類文化發展的普遍性和中國傳統文化在歷史階段上的落後性，誇大農業文化的優越性。他貶損西方文化，無視西方近現代資本主義文化與西方傳統的商業文化的本質不同。錢穆經濟思想是對中國傳統自然經濟的歷史研究的結果，是對中國傳統自然經濟思想的繼承，帶有明顯的歷史局限性。

三、政治的涵義、地位與中西國家觀之比較

錢穆對政治的解釋比我們一般說的要寬泛，他對政治的解釋大體有四種：㈠政治「包括人群組合之種種法律制度習慣風俗等而言。其內容約略等於上述之文化第二階層。」[42]㈡政治「又要加上軍事、法律等」。[43]㈢政治應該分兩方面來講，「一是講人事，一是講制度。人事比較變動，制度由人創立亦由人改訂，亦屬人事而比較穩定，也可以規定人事；限制人事。」[44]㈣「政治乃管理眾人之事」。[45]在上述四種解釋中，第一、二種主要是從政治所包括的內容說的。第三種是從政治的兩個層面說的，「人事」主要是

指人們所從事的各種政治活動和行爲，「制度」則是政治活動中的組織方式、結構及其指導原則。第四種是從政治的功能屬性來說的。

由於政治處於歷史文化的第二階層，所以，政治的地位和作用具有兩重性。一方面，政治是歷史文化體系中最基本的要素，是領導下層社會和物質經濟人生的。他說：「一則我認爲政治乃文化體系中一要目。尤其如中國，其文化精神偏重在人文界。更其是儒家的抱負，一向著重修齊治平。要研究中國傳統文化，絕不該忽略中國傳統政治。」[46]中國歷史渾融一體，源遠流長，有一以貫之的發展，原因是「中國歷史上之傳統理想，乃是由政治來領導社會」。[47]另一方面，政治又應受精神文化和道德的領導，「人類文化，應該由道德來領導政治，再由政治來支配經濟，必使經濟與政治皆備有道德性」。[48]中國自秦漢以來所以能成爲一個廣土眾民的國家，正是因爲中國歷史上的政治演進背後，「別自有一種理性精神爲之指導也」。[49]

錢穆認爲，政治雖然都是建立在物質經濟基礎之上，但是，由於對人和物偏重不同，使政治有上傾和下傾之分。他說，人來到這個世界，首先面對物世界，故需科學，同時，人也要面對著人世界，故需政治，「一邊創造出自然科學，一邊創造出人文科學。西方文化顯然偏向在那一邊，東方文化顯然偏向在這一邊。」「用科學眼光看物，物在我之外，所以要鬥爭。用政治眼光看人，人亦在我之外，所以要組織。」[50]由此，人類歷史上的政治分爲東西方兩種形態，即上傾的和下傾的，「上傾是把政治措施聯繫到第三階層而接受其領導，下傾是把政治措施遷於就第一階層而聽從其支配。」[51]可見，所謂的上傾政治，是指政治要接受以倫理道德爲核心的精神文化領導。東方文化創造了人文科學，偏向於人，自然走向上傾的政治形態。中國政治是上傾的，因爲它「最先便想把第三階層來領導第二階層，再由第二階層來支配第一階層，它的政治理想也是上傾的。只其領導中心在道德不在宗教。」[52]中國傳統政治的重要特點之一就是政治活動即道德活動，「政治乃人生一大事，修身齊家與治國平天下一以貫之，徹頭徹尾，仍是一道德活動。孔子曰：政者正也，脫離了道德，便不再有政治。故孟子言仁政，言善政，政治之終極標準，仍脫離不了一善字，一仁字。」[53]所謂下傾政治，是指政治遷就於經濟和物質生活並受它的支配。西方文化創造了自然科學，偏向於物，自然走向下傾的政治形態。不僅西方傳統政治的三種形態希臘型的市府政治、羅馬的帝國政治和猶太型的（即基督教的）政教分離政治是如此，而且現代西方民主政治意識，「依然沒有更高的理論領導，依然是卑之無甚高論，常不免有遷就第一階層之下傾趨勢。」[54]東西方政治所以形成上傾和下傾兩種形態，正是雙方歷史文化演進的必然結果。

東西方不同的政治形態最終導致了雙方國家觀念的根本不同。他說，西方人說國家的構成要素是土地、民眾和主權，強調主權在國家中的決定地位。而中國傳統觀念認爲，這三要素是必備的，但僅此還不夠。國家的最高精神不應在主權上，「主權二字，對象是物質的，只是指對著某件東西而言。……主權的對象，都是指的一個物體，一件東西，一個工具，一種經濟性的使用品。」[55]我們不能說國家只是我們的工具和一件東西，可以對之爲所欲爲，隨便使用，所以，國家不該講主權。他說：「西方國家是一種權利的國家，所以認爲國家代表一種主權，一種力量，我們是憑藉國家來運用這主權和力量以達成我們另外的目的，這是一種功利的唯物的國家觀。」[56]中國文化卻認爲，無論個人、家庭、國家和天下都有一個共同的任務，就是要發揚人類最高的文化，表現人類最高的道德，「所以中國人的國家觀念，是一種道德的國家，或是文化的國家，所以必然要達成到天下的國家。」57

他說：「因於國家觀念之不同，所以代表國家精神的政治體制也就不同了。」58依照西方說法，國體分爲民主與君主，政體分爲專制與立憲，由是世間政體分爲三種：君主專制、君主立憲和民主立憲。他認爲，西方中古時期是封建君主專制，對西方歷史來說是對的，「然則中國已往政制，盡可有君主，無立憲，而非專制。」59這是中西傳統政治制度的根本區別。中國歷史上的政制演進可分爲三階段：第一，由西周的封建到秦漢的統一；第二，由西漢初的宗室、外戚和軍人組成的政府，變爲西漢中葉以下迄於東漢的士人政府；第三，由魏晉的士族門第再變爲隋唐的科舉競選。這種政治演進有一合理的趨向，它日趨平民化和社會化，權力逐漸由上層王室轉移到下層平民社會，政府是由具有儒家文化、來自於社會基層的「士」所組成和領導的「士人政府」。因此，中國傳統政治逐步擺脫了獨裁與專制，「可以說中國歷史上的傳統政治，已造成了社會各階層一天天地趨向於平等。」60而保證和實現這種政治進步的制度，一是秦以下設立的宰相制度。它是與王權相對峙的，是限制王權的，「此一制度可說是我們東方的民主政治；王室與君主則是世襲的，而宰相以下政府各級官吏，均須經公開考試，循序登進，此項制度顯然已成爲現代潮流世界性的制度的一部分了。」61二是「考試」與「銓選」兩大制度，這是維持中國歷代政府綱紀的兩大骨幹。當時組成政府的官吏都是從平民社會經考試與銓選而來，選拔的標準是「賢者在位，能者在職」。那些讀書和被錄用人就是「士人」。因此，中國自秦以下的統一政府實爲一士人政府和賢人政府，「政府早由人民直接參加而組成，即政府也就是人民自己的。我們竟可說這才是現代所謂的直接民權。而近代西方之選舉代議士國會，則仍然是一種間接民權啊。」62

同時，中西雙方在國家觀上的本質差別，又導致中國傳統政治是一統的，西方政治是分裂和多統的。他說：「唯其是道德的，文化的，所以應該一統，唯其是權力的，工具的，所以只有分裂。」「就中國歷史講，政治一統是常態，多統是變態。西洋史上則多統是常態，一統是異態。我們還可更進一步講，中國史上雖在多統時期，還有它一統的精神，西洋史上雖在一統時期，也還有它多統的本質。」63「一統」觀念貫穿於中國社會政治生活的各個層面，中國政治的「一統」成爲中國歷史文化的主要精神。他說：「中國歷史更主要的，乃有他的一套一統精神與傳統精神。何謂統？須有頭緒，有組織，合成一體，謂之體統，亦稱系統。……大群聚居一地，便該有頭緒，有組織，合成一體，此之謂一統。中國人稱大一統，乃說此合成一體之統，乃是人類生命事業中最有意義最有價值之最大者。故亦最偉大最可寶貴。而此一個統，則又貴其能世代相傳，永久存在，此則爲傳統。中國史之悠久與廣大，則正在此能一能傳之『統』字上。」64「統」又分爲血統、政統和道統。血統主要是在家庭範圍中。而政治是管理眾人之事，所以，血統上漸有政統，政統由血統演進而來，兩者通爲一體。受儒家道德政治觀的影響，中國政統重道義，輕權力，講王道，賤霸道。政統又是受道統支配和領導的。道統即是儒家所說的修齊治平的社會政治思想，它在社會實際政治中是由儒家士人掌握的教育和學術來運行和實現的。綜括三統，政統高於血統，道統又高於政統，「三者會通和合，融爲一體，乃成爲中國歷史上民族文化一大傳統。」65

以文化道德爲精神的國家觀與一統觀的進一步發展，便是中國傳統的「天下觀」，即，把平天下作爲人文大道和人類的大同境界。錢穆說：「在中國人的觀念中，國家和天下是兩個相距不太遠的觀念，由國家觀念稍稍向前展擴，便是天下觀念。」「中國人的終極理想，則是天下太平，世界大同，而達於天人合一。」[66]中國的天下觀是西方文化沒有的，是雙方一大分別，「但中國人言天下，即涵有道統之深義存在。故能不專限在一狹義之國家觀念之下，即不專限在一民族血統之狹義政府之下。」[67]中國自秦漢形成大一統後，卻是一純粹民族國家，與西方的帝國不同。中國與周圍四裔（東夷、南蠻、西戎、北狄）合爲一天下，其分別只在文化上，故說：「夷狄而中國，則中國之。中國而夷狄，則夷狄之。」這表明中國是以文化代表天下的，「故中國人之政治最高理想，乃爲以人文大道即文化平天下，而治國次之。」[68]他說：「中國之能歷三四千年成爲一廣土眾民之大國者，此亦其因之一。」[69]歐洲人自古僅有國家觀和國際觀，無天下觀。現在，科學發達，交通便利，世界各國可謂和合如一家。可實際上民族與國家間的鬥爭與分裂卻不斷，各國仍居無寧日，這成爲人類當前生存的一大問題。錢穆認爲，是西方這種權力和工具性的國家觀導致了目前的人類危機。只有中國文化道德的國家觀，注重民族和國家間文化道德的融和，把道德文化作爲人類共同追求的理想目標，才能最終實現人類在道德文化基礎上的一統與和平，即人類大同。

錢穆對中西政治的特徵作了具體的分析，突出了中西政治的獨特性，這爲人們認識中西歷史和政治提供了一個有益的視角。他對西方主權國家觀、中國道德國家觀和天下觀的本質及其特徵的認識自成一說。他將中國傳統政治制度概括爲「士人政府」與「平民政治」，指出了中國傳統政治制度與西方封建君主專制存在區別，進而對近代以來將中國傳統政治籠統和簡單稱爲封建帝王專制，全盤否定中國傳統政治和歷史進行了批評。然而，他完全否認主權國家觀是錯誤的。主權國家觀是歷史的產物，有其歷史必然性和積極性。純粹的道德國家觀固然是人類追求的理想目標，但在實際歷史發展中是很難存在的。將中國傳統政治美化爲道德政治的榜樣和「王政」也不符合歷史實際。而且，他對近代西方民主政治的批評失之偏頗。

近代西方民主政治與西方傳統政治有關，但也有質的不同。而以中西君主專制制度的差別來否定中國傳統政治本質上是君主專制，特別是說中國政治是一種民主政治，是比近代西方民主政治還要先進的民主政治，更是背離了歷史事實。他又誇大了中國傳統政治的地位與作用，貶低西方政治及其價值，將中國傳統政治道德觀與文化國家觀視爲人類歷史終極目標。他還說：「若我們更大膽說一句，也可說整個西方人在政治經驗上都比較還短淺。能講這句話的只有中國人。中國政治比西方先進步，這是歷史事實，不是民族誇大。」[70]錢穆的中國政治優越論是構成其中國歷史文化優越論的重要內容。

四、精神道德的終極地位及其與中西文化的關係

錢穆說，精神思想屬於歷史文化第三層面，它包括藝術、文學、宗教與道德。這四種境界沒有內外之別，只有一個心靈，內外交融，凝成一體，「此一體即是人類之心靈。到達這一境界，才算是眞人生。」[71]關於藝術。他說，藝術是人的心靈通過與他人和自然萬物的融通所達到的無我境界；它追求人生的趣味，是人生的快樂，即人生的本質或本體，「人生本體即是一樂，於人生中別尋快樂，既非眞藝術。眞藝術乃始得眞快樂。」[72]藝術和科學都本之於自然，都從原始人生來，但就它們在人生中的地位和作用來看，藝術與科學有本質不同：「科學偏向外，藝術偏向內。科學偏重物，藝術偏重心。科學僅爲人生一工具，而藝術則爲人生之本體。」[73]「科學是理智的，藝術則是趣味的。理智中的物只是物，趣味中的物是生命，是心靈。」[74]一切人生活動決不限於物質和理智的，因爲理智只是要探究事物的底細，是分析的。而人生

更貴有精神與心靈，藝術的精神則重在欣賞，通過藝術欣賞始能達到心物相通，心心相通，通體只是一心，物我兩忘。此是快樂，此始為人生，始見生命的本質。所以，「一切物質人生中，必有藝術人生之參加。」75

但藝術不是個人的心生命，它必得在與他人心生命的交流中才能創造，因此，藝術的最終意義與價值在於體現了人社會關係及其道德行為，「藝術創造則不僅個人，乃及群體。」76中國文化便體現了這一點。中國文化講求禮樂，而禮樂的本質是道義，講人與人關係和人的心性修養，「禮即兼賓主人我，融人生為一體，而樂亦自在其中。禮樂即藝術，即道義，亦即是人生。非於人生道義外，有爭有求，而成為一藝術。而藝術則更超道義而上之。故中國藝術不僅在心情娛樂上，更要則在德性修養上。藝術價值之判定，不在其向外之所獲得，而更要在其內心修養之深厚。要之，藝術屬於全人生，而為各個人品第高低之準則所在。」77他又說：「孔子教人曰：『志於道、據於德，依於仁，遊於藝。』中國人論道皆必據德依仁。德與仁乃人性，即人生藝術所本。未有違於人性而得成為藝術者。」78由於中國禮樂講求人心，實為一種藝術文化。他認為，西方科學、宗教和哲學雖然也都是從人性中來，也都是人生藝術，「惟未得其全，僅得其偏，未見其和，僅見其別。」「西方文化主要在對物，可謂是科學文化。」79中國文化所以能成為一種藝術文化，在於中國自古以農立國，常與天地大自然生命相接觸，人類生命寄存在自然大生命之中，「此所謂樂天知命，安天順命，是即中國人之一種藝術精神。」80再者，中國人注重以對人之理對物，這是中國藝術比西文遠為發達的又一重要原因，「換言之，中國人有一套人生理想，即是本於人之自然賦予，而釋回增美，以完成一文化理想人。中國古人在此路向上指導人者，已成為一套極精美之人生藝術，此亦可謂乃中國文化大傳統之精意所在。」[81]

關於文學。錢穆說，文學的本質是情感或性情，它比藝術更能反映生命的自然本質。因為，藝術人生是愛美的，雖不是一種物質生活，但終是人類心靈向物質方面的一種追求與闖進，必得以外物為對象，「文學人生則是求真的。……文學人生之對象則為人類之自身。」[82]藝術是把人生投向非我的物世界，忘我於物，是趣味的，文學才把人生投向與我相類的人世界，忘我於人，所以，「文學則是情感的。人生要求有趣味，更求要有情感。」[83]他認為，人的性情是人心在家庭、社會或自然接觸了不同關係的人或物而產生的，人的性情即是人的生命。中國古人稱文學性情為文心，「文心即人心，即人之性情，人之生命所在。故亦可謂文學即人生，倘能人生而即文學，此則為人生之最高理想，最高藝術。」[84]再者，藝術以物為主體，物非我，我之投入則為客體，文學以人為主體，我為人，我之投入仍為主體，「因此藝術人生，於投入自然中所發現之我乃一象徵我，文學人生於投入人中所發現之我則是一實體我。」[85]所以，藝術人生不如文學人生更真切和更能反映人生本質，人生要求文學更甚於藝術。

錢穆認為，中西文化的不同也導致了中西文學的不同。中西文化對人生內外偏重不同，使得文學的主體，即作者在文學中的地位不同，「中國文學偏重內向一型，文學中所表現，即以作者自己生活為主。西方文學偏近外向一型，其表現與完成乃成為一番事業，在作家之身外，而不在其自身。」[86]中西文化對心性認識不同，又使它們對文學中事與情的態度不同。西方文學重事不重情，中國文學重情不重事，所以，中國文學亦可稱為「心學」，「心統性情，性則通天人，情則合內外。不僅身家國天下，與吾心皆有合，即宇宙萬物，於吾心亦有合。合內外，是即通天人。言與辭，皆以達此心。」[87]文學的本質在於求得真性情，性情又是生命的本質，中國文學以人爲本，重性情，「中國人生既求文學化，文學亦求人生化。」[88]因此，中國文學比西方文學更能反映生命的本質。

在錢穆看來，從科學上說，物是一外在客體，與人對立，「但到藝術境界中則人物相融，不見對立。到文學境界中則人與人生命合一，亦不見有對立。」[89]目前的世界是科學的世界，而人生不能是唯物的、唯生產的、唯科學的和唯眞理的。因爲它們只是產生財富，不能產生人生趣味與人生情感。而人生之所求，主要的在趣味與情感，「文化第三階層之終極理想，應該是一個藝術與文學的世界，應該是一個藝術與文學之人生。……因此文化也待發展到第三階層，乃始到達人生之眞要求與眞理想。」[90]所以，現代人生距離藝術與文學的人生尙遠。現代人生要求有藝術家與藝術作品、文學家與文學作品。當整個自然全部藝術化，整個人生全部文學化，那將是一個十分有趣味和情感的人生。

錢穆對藝術和文學的本質及其在人生中的地位作了獨到分析，並根據科學、藝術和文學在中西文化中的不同地位對中西文化的各自特徵進行了比較。不過，他由此得出西方文化是科學文化和中國的藝術和文學成就必然遠高於西方的結論，又是不恰當的。因爲，在追求人生與自然美的共同目標下，中西藝術走著各自不同的發展道路，各有它們的鮮明特徵。而且，以西方科學的發達來論證西文藝術必然落後，以中國科學的落後來論證中國藝術的必然卓越，在理論上也說不通。科學和藝術是兩個不同領域，各有其用。此外，錢穆的藝術和文學觀對近代以來的唯科學和唯理智主義是一批判，然而又走向了貶低科學的地位和作用，輕視西方歷史文化和整個現代文化的極端。

但是，錢穆認爲藝術和文學還不是人生的全部，藝術和文學必須附著於宗教或道德。

關於宗教。錢穆從人文的角度詮釋了宗教的本質特徵和作用。他說，「宗教重信」。[91]宗教本質上是對天命的畏懼和人生在無奈時的一種信仰，亦是一種人生眞理，「宗教信仰乃是一種畏天命，非知天命。」[92]從科學立場說，宗教固然不是眞理，「但由藝術文學立場言，宗教顯然可說是一種人生眞理。……宗教人生是頗接近於藝術的文學的。但顯然地不科學。一切宗教儀式，都是藝術的，一切宗教傳說，都是文學的。但經不起理智的查問與考驗。」[93]他認為，無論哪種文化都該有一共同信仰，這一共同信仰不僅要超出個人，還要超出時代，這樣才能在歷史中形成社會文化，「而這樣的一個信仰，也可叫做一種宗教的信仰。」[94]

錢穆認爲，由於宗教信仰的方式和對象不同，使得中西宗教觀也不同。首先，信仰對象不同造成了中西宗教的本質不同。西方宗教信仰外在的神，即上帝，它將人與神、天與人分爲兩個世界，人世界是由神世界創造的。中國人自古對天存有一種敬畏心，但又不把天作爲人格化的神，只是對天持一種恭謹的態度，即「天道遠，人事邇。」此後，直到宋明理學依然是拿天理來作人生的共同信仰，中國宗教信仰的是人本身及其心。他說：「惟西方宗教信在外，信者與所信，分別爲二。中國則爲人與人相交之信，而所重又在內。重自信，信其己，信其心。信與所信和合爲一。……故中國人所最重要者，乃爲己之教，即心教，即人道教。」[95]中國宗教也講神，但此神不是指外在於人和物的上帝，而是滲入人與物之中的神。天地爲神，神世界與人世界的關係十分密切，只是一個世界，而非二個世界，「因此在中國社會中之神世界，其實皆由人來建立。」「人的一切即代表著天。整個人生即代表著天道。」[96]他說，中國人的最高信仰是天、地、人三者合一，用耶教術語來說，便是天、地、人三位一體，「中國人理想，則人在天地間，要能贊助天地來化育，這就是我們人參加了這個天地，與天地鼎足而三，故曰與天地參。而最後成爲天、地、人之三位一體。」[97]這就是中國人文教的本質特徵。天地又可合稱爲天，人與天地合一，即是「天人合一」。而能合天人爲一者便是「聖」，聖人即是一神。所以，中國人又常「神聖」連說，「聖言其德，神言其能。……但中國觀念神在外，聖在內，惟通天人一內外，乃以神聖連稱。」[98]天人合一，即神人合一。這不僅是中國文化的最高信仰，也是中國文化的終極理想。其次，中西宗教信仰的方式和目的不同。由於西方宗教所信的上帝在人世是不可證明的，所以，「西方宗教，信不求證。」「西方人僅重其所信，乃不重信者。」[99]中國則不然。中國所信的天既是抽象的，同時又是與人合一的，是俗世的，「必求和合，凡信必求證，所謂無證不信也。」[100]西方宗教信仰外在者，意在仗不可知的外力，因此，「惟求於己有功有利。如上帝，能使己之靈魂死後上天堂。則其宗教信仰，亦屬一種功利觀。」[101]中國宗教對天的信仰，「所重乃在己之道義，不計身外之功利。」[102]再者，西方宗教講求出世，儒家人文教講求入世。西方社會最尊重的是牧師，是耶穌。中國社會最尊重是先生，即師，是聖人。中國歷來「尊師重道」，道是寄託在師和君子身上的。而中國人看道又高於一切，從道來看世界，則一切無分高下，都屬平等。雖高貴如皇帝，也要尊師重道，「故說儒家教育，其精神和效用，實可比擬西方的宗教。」[103]但儒教和西方宗教精神不同，不主張教人出世，而是教人在此世做一聖賢，「所以說這是道德的，人格的，文化的。『人皆可以爲堯舜』，這是中國儒家傳統教育精神之最高理想，與最高信念。」[104]他說，儒家要人入世的人文教具有極大功效，它可以使人的生命達到眞正的不朽。人的自然生命只有幾十年，最多上百年，然而，「在這種人文宗教精神之下，人類可從幾十年的自然生命，轉進爲綿歷千萬年的歷史生命，和文化生命。」[105]

錢穆說，宗教雖然具有以上積極作用，但是，「在中國人觀念裏，人生終極境界，是道德，非宗教。」[106]那麼，什麼是道德？錢穆主要有三種解釋：㈠「道德就是我們的生命，就是我們的人格。」[107]㈡「道德是人生理想之終極實踐。」[108]㈢「道德只是人的眞性情，只有性情始是人之眞，始是眞我，始是眞人生。……這是最親切最眞實的人文科學，是最完美最堪欣賞的人生藝術。是最浪漫最感滿足的大文學。是最狂熱的最切摯的眞宗教。若說宗教是信仰的，道德則是意志的。信仰在外，意志在我。在道德意志中，可以有理智，有趣味，有感情，有信仰。所以能無入而不自得。科學可以反宗教，卻不能反道德，藝術文學可以是非道德的，而眞道德卻不該是非藝術非文學的。」[109]由此可見，道德在本質上是人性（格）與人生實踐的終極理想，它高於藝術、文學和宗教，又涵括了它們所應有的作用和價值，囊括了人文科學的全部。而人性或人格的本質即是愛，人性實踐的終極理想也是爲了愛，「道德境界之所求，則乾乾淨淨只是此愛。」[110]錢穆這裏所說的愛實際是一種寬泛意義上的仁愛。具體說，則表現爲中國文化所說的愛和敬、孝和慈、仁與善等道德倫理範疇。

錢穆說，道德的本質固然是愛敬善等，但它的最高精神還在於能將愛敬善和人生的不朽結合起來。中國文化正體現了道德的這種最高精神。一方面，人生應該講愛敬善，「人道則只是一善字，最高道德也便是至善。」[111]中國人信仰和主張人的天性都可以向善上跑，「人心最大要求是『愛』和『敬』，實際上二即是一，愛的中間包有敬，敬的中間包有愛。」[112]另一方面，人生都有一個最急待解決的問題——死。人一死，人生就完了，因此，人又要追求不朽。宗教便是人追求不朽的方式，不過宗教裏的上帝和天堂是不可恃的。道德精神也有宗教所祈望的不朽，只是它所追求的不是消極和出世的不朽，而是入世和積極的不朽，此即中國立功、立言和立德的三不朽觀，此即中國人的人生不朽觀，它是中國道德精神的高深和精卓之處。總之，只有將不朽論和性善論相互配合，「才能發揮出中國道德精神之最高的涵義，這實在是中國思想對整個人類社會的最大貢獻。我們必從此兩理論出發，乃能把握到中國道德精神最深沈的淵泉。」113

道德在歷史文化中具有決定性的地位和作用。他說：「無論是社會學、政治學、法律學、經濟學、軍事學、外交學，一切有關人道之學，則全該發源於道德，全該建基於道德。也仍該終極於道德。」114 中國歷史文化所以是世界各民族中最悠久和最偉大的，就在於它以道德精神爲基礎，它是道德的產物，中國歷史文化的精神就是一種道德精神，「中國歷史乃由道德精神所形成，中國文化亦然。……無論是政治的，經濟的，軍事的，教育的，各項事變乃及各種制度，以及主持此各項事變與創造此各種制度的各類人物，其所以到達此種境界者，完全必以這種道德精神爲其最後的解釋。」115 所以，他認爲，近代以來中國衰落和革新失敗的根本原因不在我們科學與物質生產的落後和政治制度的落後，而在我們喪失了固有的道德精神，中國的振興必須建立在重新喚起傳統道德精神的基礎上，「如果我們能再把爲自己歷史文化民族作基礎的這一種道德精神從新喚醒，我想當前的很多問題，也都可以迎刃而解的。」「只要我們一旦道德精神發揚，什麼問題都可以解決」。116

道德不僅是中國歷史文化的基礎和領導力量，也是解決整個人類目前問題和危機的根本途徑。他說，近兩百年來物質科學和生命科學取得了不可磨滅的成績，但心靈科學卻特別落後，它忽略了對人類本質眞實意義與價值的探討，導致現在的世界太看重物質方面的一切，認爲知識即是權力，知識權力勝過一切，又使人們又太重視經濟和政治而忽視道德的重要性。結果，引發和產生了現代社會的種種問題和弊病。因此，他認爲應該建立一種新的文化科學——新心理學，它應該注重研究全部人類的歷史行爲，「此所指述之人類歷史行爲，其注重點，並不僅在歷史上政治、法律、經濟等等之措施，而更該側重在人類道德與藝術之演進。政治、法律、經濟一切人事措施，最多仍是人生之手段與技巧，夠不上說是人生之實質與本身。眞實人生之最高表現，就其在目前之所到達，則不得不推道德與藝術。道德屬善，藝術屬美。」[117]中國文化的本質特徵和成就正在其道德與藝術，所以，他說：「最近將來之人類新文化，我一向認爲當由東西雙方之文化交流中產出。將來人類新文化之最高企向，決然爲道德的，藝術的，而非宗教與哲學的。」[118]

錢穆的道德決定論的合理之處是，指出並強調了人類史與自然史的本質差別在文化，而文化的作用和終極價值就在於它有一套規範人們各種社會關係的道德倫理。他對中國文化的道德本質與精神作了深入分析，歷史地肯定了中國傳統道德精神在現代的價值和意義。但是，他的道德決定論把道德抽象化和絕對化，沒有看到道德存在的歷史與社會現實基礎，這實際上是一種唯心主義。因爲，道德本身雖然是一普遍範疇，道德在形成後有超越具體歷史和社會環境的一面，但它的具體內容與形式又是隨著歷史時間和空間的不同而變化的，它最終依然受制於客觀存在的歷史和社會環境。在新的歷史和社會環境中，原有道德倫理的內容和形式都會發生新的變化，沒有超越特定歷史和社會環境的道德。

他對近現代中國社會變革忽視和全盤否定中國傳統道德的批評，對近代以來世界歷史發展中唯科學主義和唯物主義（按：這裏不是哲學意義上的唯物主義）的實質及危害的分析批判頗有見地。這對當代中國在現代化過程中，如何正確對待傳統道德文化精神，認清中國文化復興道路提供了參考。他也沒有完全否定西方科學的作用及其在中國歷史文化復興和世界人類新文化創造中的作用，[119]但是，他把道德的終極人文價值視爲道德在歷史文化發展進程中的決定力量與本體，實際是貶低了科學與物質經濟力量在人類歷史文化中的地位和作用，走向了唯道德主義。他的中國道德文化「至善論」是其中國文化中心論和至善論的典型表現。

註 釋

1 由於錢穆認爲歷史和文化是一而二，二而一的，他對歷史的結構及其內容的認識與其對文化的結構及其內容的認識是緊密聯繫的。所以，必須將其歷史構成論與文化構成論結合起來加以分析和闡述。

2 《中國歷史研究法》，第一〇八頁。

3 〈中國歷史精神〉，《中國史學發微》，第九九頁。

4 《國史大綱》（修訂本），引論，第九頁。

5 〈中國歷史人物〉，《中國文化叢談》㈠，第一三八頁。

6 〈史學導言〉，《中國史學發微》，第九一頁。

7 〈中國歷史精神〉，《中國史學發微》，第九九頁。

8 〈孔子與世界文化之新生〉，《文化學大義》，第一〇六頁。

9 此段文字是參酌〈文化三階層〉（《歷史與文化論叢》，第六～八頁。）、〈孔子與世界文化之新生〉（《文化學大義》，第一〇六～一〇七頁。）和〈人類文化之展望〉（《中國文化叢談》㈠，第二頁）三篇文章的有關論述綜合而成。

10 〈文化三階層〉，《歷史與文化論叢》，第八頁。

11 《中國學術通義》，序，第一頁。

12 《中國歷史研究法》，第六四頁。

13 錢穆此方面的具體闡述，詳見本章第四部分，此不詳述。

14 《文化學大義》，第三一頁。

15 關於科學，錢穆說，科學可分為科學發明和科學發明之應用兩部分。科學發明的應用屬於實際應用方面，屬於物質經濟生活的範圍。按照錢穆的歷史文化結構劃分法，此部分應屬於第一階層。而科學發明之本身，則顯然是一種精神，本該屬於歷史文化的第三階層，但他並未如此做。他說，一切物質生活全都有待於人類精神的參加與創造，惟科學發明，僅出於人類之理智，而理智只是人類心靈功能中的一種。科學家憑理智發明眞理，只能說他發明了科學眞理，或自然眞理，卻不能說發明了人生眞理。科學眞理比較客觀，它站在人生圈子之外，並未深入人生的內裏。我們應該明白科學眞理不是人生，人生也不就是科學眞理。（參見《文化學大義》，第三四頁。）他這樣說，實際上又把此部分的科學排斥在歷史文化第三階層之外了。所以，我們在分析他關於歷史文化結構的內容時，考慮到體例和行文關係，暫不專門分析他關於科學的思想。

16 《文化學大義》，第三二頁。

17 〈孔子與世界文化之新生〉，《文化學大義》，第一〇六頁。

18 《中國歷史精神》，第三三頁。

19 〈文化三階層〉，《歷史與文化論叢》，第一四頁。

20 《中國歷史精神》，第三三頁。
21 《文化學大義》，三三頁。
22 〈如何研究中國史〉，《歷史與文化論叢》，第二八二頁。
23 〈鬥爭與仁慈〉，《湖上閑思錄》，第五〇頁。
24 《中國歷史研究法》，第五二頁。
25 〈鬥爭與仁慈〉，《湖上閑思錄》，第五一頁。
26 《中國歷史精神》，第三五頁。
27 《中國歷史研究法》，第四七頁。
28 《文化學大義》，第三二頁。
29 《中國文化史導論》（修訂本），第一二三頁。
30 〈鬥爭與仁慈〉，《湖上閑思錄》，第五一頁。
31 《中國歷史精神》，第三三～三四頁。
32 《中國文化史導論》（修訂本），第一五頁。
33 《中國文化史導論》（修訂本），第一五頁。
34 《中國歷史研究法》，第六〇頁。
35 《中國歷史研究法》，第四八頁。
36 《中國歷史研究法》，第五三頁。
37 詳細內容參見《中國文化史導論》（修訂本）的「序」。
38 《中國歷史研究法》，第五七頁。

39 《中國文化史導論》（修訂本），第一二一頁。
40 〈現世界的三種社會〉，《歷史與文化論叢》，第一六〇頁。
41 〈現世界的三種社會〉，《歷史與文化論叢》，第一六一頁。
42 《文化學大義》，第三九頁。
43 〈中國文化之成長與發展〉，《中國文化叢談》㈠，第六七頁。
44 《中國歷代政治得失》，臺北東大圖書有限公司，一九八七年五月再版，第一頁。
45 〈中國歷史精神〉，《中國史學發微》，第一〇三頁。
46 《中國歷代政治得失》，序，第一頁。
47 《中國歷史研究法》，第六二頁。
48 《文化學大義》，第四一頁。
49 《國史大綱》（修訂本）上冊，引論，第一五頁。
50 《文化學大義》，第三九頁，第四二頁。
51 《文化學大義》，第三九頁。
52 《文化學大義》，第四〇～四一頁。
53 〈中國的哲學道德與政治思想〉，《歷史與文化論叢》，第一三〇頁。
54 《文化學大義》，第四〇頁。
55 《中國歷史精神》，第一九頁。
56 《中國歷史精神》，第一九頁。
57 《中國歷史精神》，第一九頁。

58 《中國歷史精神》，第一八頁。

59 《國史大綱》（修訂本）上冊，引論，第二三頁。

60 《中國歷代政治得失》，第一五六頁。

61 《中國歷史研究法》，第二三頁。

62 《中國歷史精神》，第二三頁。

63 《中國歷史精神》，第二一頁，第一六頁。

64 〈中國歷史精神〉，《中國史學發微》，第一〇一頁。

65 〈中國歷史精神〉，《中國史學發微》，第一〇七頁。

66 〈一所理想的中文大學〉，《歷史與文化論叢》，第三三九頁。

67 〈中國歷史精神〉，《中國史學發微》，第一三〇頁。

68 〈中國民族性與中國文化之特長處〉，《中國史學發微》，第一七四頁。

69 〈維新與守舊——民國七十年來學術思想之簡述〉，《幼獅學誌》十六卷二期，一九八〇年十二月，第一一頁。

70 《中國歷代政治得失》，第一六二頁。

71 《文化學大義》，第四二頁。

72 〈略論中國藝術〉，《現代中國學術論衡》，第二三五頁。

73 〈略論中國藝術〉，《現代中國學術論衡》，第二三六頁。

74 《文化學大義》，第四三頁。

75 《文化學大義》，第四三～四四頁。

76 〈略論中國藝術〉，《現代中國學術論衡》，第二三九頁。

77 〈略論中國藝術〉，《現代中國學術論衡》，第二三六頁。
78 〈略論中國藝術〉，《現代中國學術論衡》，第二三五頁。
79 〈略論中國藝術〉，《現代中國學術論衡》，第二三五頁，第二三四頁。
80 〈略論中國藝術〉，《現代中國學術論衡》，第二三七頁。
81 〈略論中國藝術〉，《現代中國學術論衡》，第二三九～二四〇頁。
82 〈人生與覺知〉，《湖上閑思錄》，第九七頁。
83 《文化學大義》，第四四頁。
84 〈略論中國文學〉，《中國現代學術論衡》，第二二二頁。
85 《文化學大義》，第四四頁。
86 〈史學導言〉，《中國史學發微》，第九六頁。
87 〈略論中國文學〉，《中國現代學術論衡》，第二二一頁。
88 〈略論中國文學〉，《現代中國學術論衡》，第二二四頁。
89 《文化學大義》，第四五頁。
90 《文化學大義》，第四六頁。
91 〈略論中國宗教〉，《現代中國學術論衡》，第一頁。
92 〈略論中國宗教〉，《現代中國學術論衡》，第一九頁。
93 《文化學大義》，第四七頁。
94 〈宗教在中國思想史裏的地位〉，《世界局勢與中國文化》，第三〇四頁。
95 〈略論中國宗教〉，《現代中國學術論衡》，第一頁。

96 〈中國文化中的最高信仰與終極理想〉，《中華文化十二講》，第八五～八六頁。
97 〈中國文化中的最高信仰與終極理想〉，《中華文化十二講》，第八四頁。
98 〈略論中國宗教〉，《現代中國學術論衡》，第九頁。
99 〈略論中國宗教〉，《現代中國學術論衡》，第三頁，第四頁。
100 〈略論中國宗教〉，《現代中國學術論衡》，第三頁。
101 〈略論中國宗教〉，《現代中國學術論衡》，第四頁。
102 〈略論中國宗教〉，《現代中國學術論衡》，第四頁。
103 《中國歷史精神》，第七三頁。
104 《中國歷史精神》，第七二頁。
105 《中國歷史精神》，第一〇二頁。
106 《文化學大義》，第四七頁。
107 《中國歷史精神》，第一〇三頁。
108 《文化學大義》，第四七頁。
109 《文化學大義》，第四八頁。
110 《文化學大義》，第四九頁。
111 〈中國的哲學道德與政治思想〉，《歷史與文化論叢》，第一三二頁。
112 《中國歷史精神》，第一〇〇頁。
113 《中國歷史精神》，第一〇一頁。
114 〈中國的哲學道德與政治思想〉，《歷史與文化論叢》，第一三二頁。

115 《中國歷史精神》，第九五頁。

116 《中國歷史精神》，第九六頁，第一〇六頁。

117 〈人類新文化之展望〉，《歷史與文化論叢》，第四三頁。

118 〈人類新文化之展望〉，《歷史與文化論叢》，第四六頁～四七頁。

119 他說，中國傳統文化中修身齊家治國平天下的一貫理想，因其在自然科學方面發展較遜，而使中國文化始終停滯在治國階段，未能再前進，「然徒仗西方近代科學，縱極進步，亦難望於平天下，將來人類眞望能達於平天下之理想，則必待近代科學與中國傳統文化相結合，此實中國傳統文化對將來人類莫大貢獻之所在。」（〈中國的哲學道德與政治思想〉，《歷史與文化論叢》，第一三四頁。）

第七章

歷史創造中的道德心性決定論

歷史文化是道德化的心性本體的產物。那麼，道德化的心性本體是如何演化出歷史文化的呢？錢穆認爲，這必須通過人的實踐活動，主要是通過人的道德實踐活動來實現。所以，他把人視爲歷史的中心，認爲對歷史起決定性作用、領導歷史前進的是那些具有高尚道德和品格的傑出歷史人物。歷史人物創造和主宰歷史的活動從根本上說是一種道德精神實踐活動，歷史的創造便是心性活動的結果。人既是自然地理環境和歷史文化環境的產物，又對自然地理環境與歷史文化環境有能動的反作用。歷史人物是通過個人心性修養造就的，是心性道德不斷完善的結果。簡言之，歷史創造活動便是心性本體在各種歷史文化實踐活動中的具體展開，歷史的創造與演進即是人類心性道德不斷演進和完善的過程。

一、人是歷史的中心，少數傑出人物創造歷史

關於人在歷史中的地位和作用，錢穆的看法主要有四種：㈠人是歷史的創造者、主宰者、表現者和支配者。他說：「人是歷史的創造者，又是歷史的表現者，同時亦是歷史的主宰者。因於人不同，而所創

造、所表現、所主宰的歷史也不同。」[1]又說：「人可以支配歷史，而歷史並不能支配人。」[2]㈡有人物便有歷史，人物可以改變和支配歷史。他說：「有了人物，下面自然會不斷有歷史。」[3]又說：「歷史最重要的是人物，……歷史要靠人物，人物可以將這個地區黑暗的歷史變爲光明，也可以將這地區光明的歷史變爲黑暗。」[4]㈢人物是歷史的主幹、中心和靈魂。他說：「而歷史之主幹在人物。……沒有人物，僅有社會，也不會有歷史，如非洲社會存在並不比中國社會遲得多，只因沒有人物就沒有歷史。」[5]又說：「只有人，始是歷史之主，始可穿過事態之流變，而有其不朽之存在。歷史不斷在變，故一切歷史事態必然一去而不復。後一事不能即是前一事，但人物則永遠是人物。只有人物模樣，人物典型，可以永存不朽。」[6]㈣歷史是人事，人爲主事爲副，人變事亦變。他說：「歷史講人事，人事該以人爲主，事爲副。」[7]又說：「事由人幹，人換了，所幹的事亦必變。」[8]

錢穆對人在歷史中的地位和作用的上述認識是由他對歷史本質的看法決定的。本編第一章已說，他認爲歷史是一大人生，是人生一大事業，是我們人生的經驗和人事記載。所以，歷史自然只能由人創造，以人爲中心和靈魂。歷史的事業和事件都只能是人的活動，在它們背後都有人的存在。人變事亦變，不瞭解人便不能瞭解歷史。

不過，僅說人創造和主宰歷史，人是歷史的中心，還是寬泛和抽象的，不能深入和具體說明人在歷史中的地位和作用。因爲，歷史中具體的人是人與社會歷史環境交互作用的產物，不同的人因其所處的社會地位和關係不同，在歷史活動和進程中所起的作用也不同。要深入和具體回答這個問題，首先必須弄清下面的問題，即，是少數處於社會特殊地位和關係的帝王將相和英雄豪傑創造了歷史，還是多數處於社會普通地位和關係的勞動群眾和平民百姓創造了歷史？還是由歷史中所有的人共同創造了歷史？由此形成了不同的人造史觀。自古至今，這一直是歷史學家關注的中心和爭論的焦點之一。錢穆的回答是：

㈠個人是歷史和時代的中心，可以扭轉時代；每一個人在歷史中各有其地位和價值，歷史是人的共業所造成的。他說，歷史只是一整體大事，只是一人事，所以，每一個人和每一活動都與此一大事有關，「亦可說每一人儘是歷史中的主人，每一活動都是歷史中的成分。」[9]個人是一切人事的樞紐，是扭轉世運和時代的中心，「就人事來說，個人乃是一切人事之樞紐。……每一個人，在人群中，在天地間，實各自成爲一中心。」[10]歷史是由人的共業造成的。歷史上除了少數最偉大傑出之人物外，人人也都會對歷史產生作用和影響，「大而至於國家興亡，乃是許多人共業所成。」[11]「……歷史由人主動，乃由人的共業所形成。縱使在此許多人物中間，也有少數傑出的英雄，又有多數無名無傳的群眾，但在這兩端之中層，卻還有不少人物，各有作用，各有影響。其作用影響，或大或小，或正或負，相反相成，而始得成此一共業。歷史乃由人類之共同業力而造成，既非盲無目的，亦非一二人所能操縱。這一看法，更近於歷史演進之眞相」。[12]

㈡領導、創造和維持歷史的是少數傑出人物。他說，有人才有歷史，但不一定有人必會有歷史，定要有少數人來創造歷史。而且創造了歷史，也不一定能綿延，定要有少數人來維持使其承續不絕，「因此歷史雖說是屬於人，但重要的只在比較少數人身上；歷史是關於全人群的，但在此人群中能參加創造歷史與持續歷史者則總只是少數。……人群所更需要者，乃在此人群中能不斷有歷史人物出現，才能持續舊傳統，開創新歷史」。[13]歷史時代的開創和形成只能由少數傑出人物進行，「只有少數人卓然傑出，能開創出一新時代，主持一新局面，斡旋一新事業，此在政治學術皆然。此乃有了人物而始有此時代者。」[14]如孫中山創建中華民國，便是有此人物而有此時代之例。他說：「此傑出少數人，有高度，有深度，乃經人類長時期無形的民主選擇而公認。由於此少數人而始產出人生大道與夫文化之大傳統。」[15]各時代的流俗人隨時代的沖洗和淘汰便會消失，只是假多數；各時代的少數傑出人物卻能超越和跳離時代長存於歷史，所以，他們才代表著人類的眞多數。

㈢普通的個人與少數傑出人物在歷史中是相互依賴和作用的。他說，少數傑出歷史人物並非天生的，而是從普通人群中來，「但特殊人物又必出在普通人群中，且亦不能專憑己力爲之，乃其同時乃至前世之普通人群同心共力湊合配當而有此人之出現，遂以歸之於天。但此人仍必於普通人群中做人。亦可謂仍是一普通人。又必待此下社會不斷有人信仰崇奉，然後才成爲一獨特人。」[16]少數傑出歷史人物主持和領導歷史，但一般民眾也可以制約和作用他們的活動，「通泰之世君子道長，固由當時群心群力皆在助長此君子之道。」[17]

錢穆既承認歷史中一般和普通的人，即民眾的歷史地位和作用，又強調了少數傑出歷史人物在歷史中的重要地位和作用。他認識到歷史是人的共業，看到了歷史中的普通民眾與少數傑出人物相互依賴與作用的關係。然而，他並沒有將普通民眾與少數傑出歷史人物在歷史中的地位和作用明確劃分清楚，他的觀點又有矛盾之處。因爲，說每一個人是歷史和時代的中心，可以扭轉時代，歷史是由人的共業形成，便是承認普通民眾在歷史發展中具有重要地位和作用，這類似於民眾史觀。[18]而說歷史由少數人物來主持、領導和創造，歷史時代和文化大道由少數傑出人物才能開創，這又否定了普通民眾的歷史地位，是典型的英雄史觀。而這兩種史觀是不可能並存的。錢穆思想這一內在矛盾除了自身認識的錯誤與表述邏輯不嚴密外，[19]還可從以下方面來解釋。

錢穆承認一般、普通的個人在歷史中的地位與作用實際上包涵著另二層涵義。他說每一個人都可以成爲歷史和時代的中心與主宰，主要是從儒家「人人皆可爲堯舜」的理論來說的。每一個人天生都具有善的心性，即成爲堯舜的資質，都可以通過心性的修養工夫成爲堯舜這樣的傑出歷史人物。當此人在心性修養上達到至善時，他便成爲堯舜一樣的傑出人物，他便可以領導歷史和創造歷史。可實際上，最終能成爲堯舜者在歷史上卻是極少的。他說：「中國傳統文化理想，既以個人爲核心，又以聖人爲核心之核心。孟子說聖人名世，這是說這一時代出了一個聖人，這聖人就代表了這時代。……中國之有堯舜，也如埃及之有金字塔，各可爲其文化之象徵與代表。」[20]所以，從這一角度說，他承認普通個人的歷史地位和作用，與他說少數傑出歷史人物是歷史的領導者和創造者並不完全矛盾。其次，所謂「人人皆可爲堯舜」，並不能說堯舜即是歷史中的每一個人。「人人皆可爲堯舜」只是一種可能性，它是建立在每個人經過自身努力都有可能成爲傑出人物基礎上的。也就是說，並不是每一個人都能成爲歷史的中心，都具有扭轉歷史和時代的力量，只有當他通過自身努力成爲少數歷史人物之後，他才能眞正成爲歷史的中心，才能具有扭轉時代的力量。因此，最終能成爲歷史主宰和領導者的只能是堯舜一類的少數歷史人物。

所以說，錢穆雖然承認普通民眾在歷史上的地位和作用，但從根本上說卻是主張由少數傑出人物來主宰、領導和創造歷史，這實質上仍是一種英雄史觀。

二、歷史人物之種種和聖賢史觀

不過，錢穆眼中的眞正英雄，並非帝王將相一類的政治領袖和軍事統帥等，而是歷史上的聖賢。準確地說，他的英雄史觀是一種道德意義的聖賢史觀，這從他對歷史人物的種種闡釋中可以明白地看出。

關於歷史人物，錢穆有廣義和狹義兩種解釋。在狹義上，錢穆僅把歷史中少數傑出和正面的、對歷史發展和進步起深遠和重大影響的人物稱爲歷史人物。他對這類歷史人物主要有四種解釋：㈠「在人事中有傑出的人，起領導作用，主持歷史命運的，便是歷史人物。」[21]㈡「所謂歷史人物，必然是一個能合理行事之人物。有如此人物，始能負起歷史上所賦予的使命。……不合理的人物，則只能來使歷史黑暗，甚至毀滅，使歷史失其存在」。[22]㈢「所謂歷史人物，則必該在歷史上表現出其事業來，才見其人歷史性之偉大，人若不在歷史上有表現，更何從見其在歷史上之地位與價值。」[23]㈣「所謂歷史人物，乃指其能對將來歷史發生作用和影響的」。[24]這四種解釋，第一種側重於對歷史人物的內涵進行定義，後面三種則是在外延上對歷史人物的不同特性進行分析。既然歷史人物是領導歷史事業和主持歷史命運的，因此，他們自然能夠在歷史中合理行事，也必然在歷史事業上有表現，他們的行爲事業自然能對以後的歷史發生作用和影響。

錢穆在解釋這類歷史人物時，雖然沒有明白說心性道德是決定他們歷史地位和影響的根本因素，實際上是包括這層涵義的。因爲，歷史中傑出的、起領導作用的、主持歷史命運的、能合理行事的、能對將來歷史發生影響和作用的人，以錢穆的道德決定論來看，必定首先是道德高尚的人。同時，只有道德精神才能超越具體和一時的歷史事業，具有恒久和深遠的生命力與影響力。因此，他說：「把名字記載上歷史，並非即具有歷史生命，即便當不得眞的歷史人物。反過來說，有很多人，他確具有歷史生命，只沒把他名字記載上歷史，但他依然還是一歷史人物。」25

在廣義上，錢穆把凡在歷史上進行活動、對歷史起過影響和作用的人，均視爲歷史人物，或稱歷史上的人物。他對歷史上形形色色的人物作了五種劃分，而品評其高下、優劣和得失的標準，一是心性道德，二是事功表現，其中，首要和根本的標準是心性道德。

第一種分法，將歷史人物分爲三類，即：治世盛世的人物與亂世衰世的人物、成功得志與不成功得志的人物、有表現的人物與無表現的人物。

第一類，治世和盛世的人物與亂世衰世的人物。錢穆說，按理說歷史人物必該在歷史上有事業以見其人之偉大，不然，從何見他的歷史地位與價値。據此說來，衰世和亂世人物自然比不上治世和盛世，人物似乎總該多出在治世盛世。但是，中國歷史卻不然，亂世和衰世的人物更勝過治世和盛世的人物，亂世和衰世反而會產生歷史的大人物。爲什麼會如此呢?他認爲生於治世盛世的人物易於在當時的事功上有所表現，因而容易被記載上歷史。而衰世亂世的人物難以有事業上的表現，衰世亂世的歷史自然多記載了些衰亂事，很少去記載當時的大人物，然而他們卻轉成爲最偉大的歷史人物。這是因爲，偉大人物不能完全靠事業來表現，「所謂大人物，他不僅在當世，還要在身後，對歷史有影響，有作用，這才是大人物。影響作用愈大，此一人物也就愈大。」26他們的人生雖無事業可表現，他們卻轉能超越於事業之外表現自己，即赤裸裸的人，這種赤裸裸的人的表現「則是更完全、更偉大、更可貴、更能在歷史上引起大作用與大影響」。[27]再者，倘若亂世衰世的人物不多和不偉大，又怎能使衰世亂世變成盛世治世，開出新歷史呢？如，中國歷史上最亂的時代莫過於春秋戰國時代，孔子、孟子、荀子、老子、莊子等都生在這一時代。漢代中國一統，可算是中國歷史上的黃金時代，但漢代人物顯然不如春秋戰國。正是由於有衰世亂世的大人物去持續上面的歷史傳統，才得以開創下面的新歷史，「他們的歷史性價值，雖不表現在其當身，而表現在其身後。此即中國歷史文化傳統精神眞價值所在，亦即是中國歷史上一項最有意義的特殊性。」[28]

第二類，成功得志的人物與不成功不得志的人物。所謂「得志者」是指在當時事業或歷史舞臺上有所表現者，「不得志者」是指跑不上歷史舞臺或跑上了而事業最終失敗者。錢穆說，誠然，歷史是成功者的歷史，失敗者只能在歷史中作陪襯。但就中國歷史來看，有時失敗不得志者反而比得志成功者更偉大，「此處所謂偉大，即指其對此下歷史將會發生大作用與大影響言，而得志與成功的在此上反而會比較差。」[29]因爲，人物的偉大並不能專以事業作代表，隨著時代成功而成功的人物不如在失敗時代中成功者，這才是大成功，「在失敗時代中有其成功，故能引起將來歷史之更成功。這一番道理，又是中國文化精義所在。」[30]他又說：「……中國史上的所謂失敗人物，其實並未失敗」，[31]這些歷史人物往往能在歷史上留下重要影響，如南宋的岳飛和文天祥。不過，這不是說歷史上成功的人物無價值，而是說遭遇失敗的人物在歷史上更顯突出。這種不以事業及其成敗來衡定歷史人物的思想正是中國文化精神所在，「中國文化重人，其人乃可無當時歷史事業可言，更不論其事業之大小與成敗。」如果不能明白這一點，「即不能讀通一部中國史，亦無以論中國文化之特質。」[32]

第三類，有表現的人物與無表現的人物。錢穆說，中國史家特別喜歡表彰無表現的人物，孔子稱頌顏淵，足見孔子最能看重人物無表現的一面。孔子目此爲德行，德行在孔門四科中高踞第一。太史公作《史記》可謂深得孔子之意，它在體例上最重要的貢獻就是以人物爲中心來寫歷史，特創了列傳體。太史公將無所表現的伯夷和叔齊立〈伯夷列傳〉置七十列傳之首，使此下中國史書收容了極多無表現的人物，這些人物卻備受後世稱道與欽佩。論事業，他們斷斷不夠載入歷史，但在無表現背後則卓然有一人在，這卻是一大表現。他說：「這些人只在隱處旋乾轉坤，天地給他們轉變了，但別人還是看不見，只當是無所表現。諸位想，這是何等偉大的表現呀！……他們之無所表現，正是我們日常人生中之最高表現。」[33]中國歷史歷經災難曲折卻能綿延五千年，正在於有這些人物。他們的作用和影響並不在當世，而在對將來歷史作貢獻，「中國歷史這偉大，正在其由在大批和歷史若不相干之人，來負荷此歷史。」[34]他認爲，今天人們只看重成功和有表現的人，忽略那些失敗和無表現的人，因此覺得自己對歷史民族並無責任可言，這實爲中國文化的極大不幸和危機所在。

由上可見，錢穆對這三類歷史人物評判的最主要標準都是道德而非事功。那些處於衰世亂世、不成功、不得志和無表現的歷史人物，均非在事功上有突出和偉大表現的。錢穆卻十分看重他們，稱他們在歷史上有大表現。在他看來，他們的表現與價值即在其道德精神與人格魅力具有歷史性的影響和作用。

第二種分法，將歷史上的人分爲上層人物與下層人物。

錢穆說，歷史上的人有在上層，有在下層；有浮面的人物，也有底層的人。浮面上的人寫在歷史上，是上層的人。下層的人處於歷史的底層，歷史根本沒有記載下他們，然而他們卻實實在在活在歷史裏，他們的生命將永遠藏在歷史裏。他又說，「歷史的上層是政治，下層是民眾」。[35]不過，這一說法不嚴密，因爲，「政治」與「民眾」並不是同一類範疇。他這裏說的「政治」實際是指政治層面的歷史人物。因此，他所說的上層人物是指在政治上有影響的人物，下層是指在政治上沒有事功的社會民眾。那麼，兩者是什麼關係？其歷史的作用又如何？他說：「上面政治人物都從下面社會起來，我們可以說，底層比浮面更重要。……跑到政治上層去的人物，是有表現的人物，如劉邦、項羽，都是有表現的人物。還有一批沈淪在下層，他們是無法表現的人物，但他們在那個時代，以及此下歷史上，一樣有影響、有作用。可能那些無表現的人物，他的影響作用卻更勝過了有表現的。」[36]

但是，這裏說的下層人物並非一般的民眾，而是指那些雖無政治事功表現，道德人格卻十分高尚的人。他們在史書中雖很少乃至沒有被記載，對後世卻有深遠影響。他說，《左傳》是春秋時期一部極詳盡的歷史，顏淵卻不見記載，但顏淵是中國歷史上有影響和作用的人物。可見，錢穆劃分歷史上層人物和下層人物，分別是以政治事功和道德人品爲標準的。下層人物比上層人物更重要，就是說道德重於事功，歸根結底，還是道德第一。

第三種分法，將歷史人物分爲正面人物與反面人物。

何爲歷史正面人物與反面人物？錢穆說，歷史自有一條大路，人人都該由此路向前，「能指點領導此路的，始是歷史上的正面人物。」反面人物則「不能領導歷史向前，卻使歷史倒轉向後，違背了歷史的大趨向。」[37]如，曹操兼能政治、軍事和文學，又能用人，是魏國創業者。然而，他卻是一大奸雄，故爲歷史反面人物，此下中國歷史六百年中衰，曹操不能辭其咎。孫中山領導國民革命四十年，求中國之自由與平等，此乃指導中國近代歷史的一條大路，故爲歷史正面人物。中國社會不斷有孝子，他們都在繼往開來，都是歷史的正面人物，「不斷有歷史正面人物，歷史自然不會斷，所以能五千年到今天。」[38]他說：「事業上要才，但生活上則更要品。我們不登上歷史舞臺，無才也不要緊，但不能不生活。生活主要在先有品，我先所說之德性與道義，乃是分別人品之主要標準。」[39]可見，錢穆對歷史正面人物和反面人物的分別也是以心性道德爲基本準則的。

第四種分法，將歷史人物分爲君子與小人。

錢穆說，歷史上有治世和亂世，依照中國人觀念，君子多爲治世，小人多爲亂世。如，三國君子不如小人多且得勢，故三國是一亂世。君子與小人的分別，「在其人之品格，以及其對人群乃至後世之影響。一群中有君子，一群人之品格，亦得隨而提高。一群中有小人，一群人之品格，亦得隨而降低。」[40]所以，《周易》以君子道長小人道消爲世之泰，以小人道長君子道消爲世之否，「小人道長。群自渙散，而歷史亦無何繼續。大群之共通心，亦將爲之澌滅以盡。」[41]君子有德慢慢可以影響後世千萬人，使次第盡爲君子，「因此一人之德可以變成一時代的氣運，氣運轉而時代就復興了。」[42]中國史書特別看重君子小人之分別，一面加以培植，另一面則加以誅伐。可見，錢穆視君子與小人之別在於人品的不同，而非事業成就的有無和大小，君子在歷史上的作用和影響即體現在他們高尚的道德品格上。

第五種分法，將歷史人物分爲聖賢與豪傑。

錢穆說，把中國歷史人物分爲治世盛世人物和衰世亂世人物，成功的人物和失敗的人物，有表現的人物和無表現的人物，都是從外面看的。如果從人物內裏看，中國歷史上的人物有兩種：一是聖賢，一是豪傑。兩者既有相同之處，又有分別之處。首先，聖賢和豪傑有相同之處。他說：「單說聖人，似較嚴格，兼說聖賢，則較爲寬泛。我想說，聖賢必然同時是一豪傑，豪傑同時亦即是一聖賢。……聖賢就是一個豪傑，只讓人不覺其爲一豪傑而已。」[43]其次，兩者又有分別，這一分別只在他們的表現上。何爲聖賢？他說：「聖賢一定要能『明道』『淑世』。這個世界在他手裏，他就能把這個世界弄好，這叫做淑世。要淑世，當然要能明道，使此道明揚於世。」[44]何爲豪傑？他說：「在某種環境下，外在條件配合不上，種種不如意，那麼你至少要有一本領，能『特立獨行』，不論外面條件，我還是我，這樣他便是一豪傑。……要能特立獨行，從外面看，便是『尚氣立節』。」[45]因此，豪傑必講氣節。而特立獨行到圓滿周到處即是聖賢，聖賢便能明道淑世。但道德也定要從氣節來，氣節也定要站在道德上。從錢穆對聖賢和豪傑的品評來看，亦是以心性道德麼首要標準。

總觀錢穆對歷史人物所作的狹義和廣義解釋，無不把心性道德視爲首要的和根本的，政治事功僅是第二位的。他認爲，這種重視歷史人物道德品格的精神，正是中國歷史的精神，「中國歷史是一部充滿道德性的歷史，中國的歷史精神，也可說是一種道德精神，中國的歷史人物，都是道德性的，也都是豪傑性的。」[46]而聖賢是中國歷史人物的最高目標，聖賢既能明道淑世，又道德高尚。所以，我們說錢穆根本的主張是一種聖賢史觀。

錢穆聖賢史觀的實質在於把人的歷史活動和作用最終歸結爲道德精神實踐及其作用，歷史人物的歷史地位和作用，最終和最主要體現在其心性道德實踐對社會和歷史所形成的重大和深遠影響上。這一觀點無疑有正確和積極意義。因爲，道德精神實踐是人類各種歷史實踐中最有人文價値和意義的，體現了人類歷史文化的本質。人類的一切社會行爲最終都應該是合乎道德和體現道德精神的。不過，錢穆把人的歷史活動完全歸結爲道德精神實踐，以道德精神作爲衡量和評價歷史人物及其作用的首要和最終標準，又是片面和不符合歷史事實的。人的歷史實踐內容是十分豐富的，並不限於道德實踐。說人類的一切實踐活動最終都應該體現道德精神，並不等於說只有道德實踐才有積極作用。說人的社會實踐活動的終極意義和價值是道德的，並不是說它是歷史發展中起決定作用的力量。在歷史發展中起最終決定作用的力量是人的物質生產實踐活動。在人的認識過程中，歷史的終極人文價值與歷史的客觀事實既有聯繫，又有區別，不能以價值判斷來取代事實判斷。

三、心性是歷史文化及其演進的決定力量

錢穆把歷史實踐及其作用最終歸結爲人的道德實踐及其作用。那麼，人的道德實踐在歷史中又是怎樣發揮作用的呢？錢穆視心性爲歷史的本體，而心性的本質與人文意義又是「仁」，仁即是道德及其實踐。因此，也可以說，道德實踐及其作用便是心性在歷史發展過程中的展開和演化。那麼，心性，即人的道德實踐在歷史文化及其演進中具體起什麼作用？錢穆對這一問題的認識主要包括以下四個方面：

㈠歷史文化由心性發源和展演。他說：「一切人文演進，皆由這個心發源。」[47]自然界開始是純物質和沒有生命的，後來慢慢產生了生命，在生命中又慢慢產生了心靈，「從有了心靈，才又產生了歷史。」[48]情感是生命中最眞實和有價值的，而情感的背後便是性，只是性由天賦，故稱天性。所以說，「情從性

來，性從天來，一切人文都從自然來。」[49]歷史文化不僅源於心性，也由心性展演和決定。他說：「人文界一切，皆從人性展演而來。」[50]孔孟立教，似乎說仁義禮智乃是人類的原始本心，「此等原始本心，乃得自天賦，由自然界來，卻可由此演出人文界種種事爲，而發榮滋長，迄於無窮。」[51]性是偏於自然的，心則偏於人文。所以，在人文界中起作用的心雖源於自然，有自然的成分，但人文性的心作用更大。在人文界中，一切由心決定物，不能由物決定心。但此心並非禽獸和嬰孩那種草昧渾沌心，「能決定物的心，乃歷史心，乃文化心，乃人心之經過長久時期所積累演進而成之心。」「人心境界愈高，人心能力愈大，其控制決定物的程度亦愈深，此之謂文化。文化史是一部人心演進史。抹殺人心，將無歷史，無文化。」[52]因此，他認爲主張物質和生產工具可以決定一切是錯誤的，石刀石斧由人心決定，電氣原子能亦由人心創出。唯物不能有歷史，唯物不能成文化。

(二)心性是歷史文化演進的領導精神。他說，在長時期歷史演進中一切事都像是偶然、突然和意外產生的，然而，它們實是有一種精神在指導，即，「……指導這部歷史不斷向前的一種精神，也就是所謂領導精神。」[53]這就是歷史精神。他認爲，馬克思講歷史的指導力量是唯物的，黑格爾先立一個歷史哲學觀念來講歷史，並以此觀念來領導歷史，又是唯心的。他們都不是從歷史本身來尋找歷史向前的精神，都是錯誤的。歷史文化的指導力量和精神實爲人心。他說：「歷史文化之演進，其背後常有一抉擇取捨之指標，此指標即人心。人心之長期指向，即是文化精神。」[54]中國歷史文化的領導精神就是走向善的心性，在這個向著善前進的心性領導下，「歷史也確實會向著善而前進，文化也確實向著善而前進，……這套理論與信仰放到政治上、社會上、經濟、教育一切上，來完成以後的歷史，這就是我們所謂中國文化傳統的一個領導精神了。」[55]

㈢歷史文化以心性為出發點和立足點，心性是歷史文化演進的推動力。他說，按照中國的人意見，「乃謂人類文化前程乃起腳於一己內在現有之一心」。[56]他認爲，講宗教、政治、軍事和經濟是社會的推動力，這是把社會的推動力看成外在的了，「中國傳統文化則認爲推動一切的力量在於我，在於我的心，各人是一我，各人可以推動他四圍而成爲一中心。」[57]就是說，各人的心是歷史文化的推動力。因此，今天提倡中國文化，莫如各自努力先學做人，學做一個理想的中國人，把各人當前做人作中心，「旋乾轉坤，也只在我內心當下這一念。」[58]歷史文化的興衰進退全在人心，「萬世太平之基，須在此一二人方寸之地之心上建築起。」[59]因此，只要發揚道德精神，即至善之性，便可創立太平之運。

㈣心性是歷史文化進退升沈的機括。何謂歷史文化的進退升沈？他說：「文化力量有結合，有分散。由各個人的擴展而結合成爲大群的，是爲文化之前進與上升。由大群的萎縮分散而成爲個人的，是爲文化之後退與下沈。」[60]歷史就是在進退升沈的交替中演進。由於各民族文化體系不同，其文化力量的發現與運使，有重外和重內、重上和重下、重大群和重個人之別。中國文化極注重人文精神，而人文精神的重心在人心，心爲萬物之靈，心轉時代亦轉，「因此歷代文化之進退升沈，雖其最顯著的跡必先歸宿到政治軍事之基層，但求其淵源，最主要的還是在學術思想，信仰風俗，深著於人心內部之一面。」[61]經濟軍事由政治來領導，政治由教育領導，教育則重在人心的道德敦化。因此，「文化之進退升沈，則只是道之升沈進退而已。今人所謂之文化，中國古人則只謂之道體。明白到此，則文化之進退升沈，其權其機括，乃在個人身上，個人心中，可以不言而喻。」「其機括則在人之心，更要乃在每一人之心。」[62]

錢穆的心性決定論旨在說明人在歷史發展中的中心地位和決定作用，體現了人文主義的史學精神，這與他的心性本體論是合一的。他繼承了中國「體用合一」的本體論思想。他說，按中國人舊觀念，「凡體必有用，用即是能。」63就是說，有心性之體，必有心性之用。沒有無用之體或脫離與獨立於用的體，歷史的本體便是歷史的創造與發展過程。「體用合一」的心性決定論強調了歷史發展中本體與動力的聯繫，強調應在歷史發展過程中尋求歷史演進的動力，力圖用「心性合一」來消除歷史唯物論與唯心論的對立。但是，錢穆離開社會歷史發展的具體環境來說心性是歷史的本源與動力，把歷史文化的演變發展完全歸結爲人心的活動過程，沒有分析人心爲什麼和怎樣去推動歷史發展，這是抽象的。況且，單純說歷史發展的動力是心性，也把複雜的歷史發展動力問題簡單化了。

四、人和歷史人物與自然地理環境和社會歷史環境的關係

以上從歷史主體方面分析了錢穆關於人在歷史中的地位與作用，這都是講「人是歷史的創造者」問題的。然而，人既是歷史的創造者，又是歷史的產物。歷史的人與自然的人不同，它不是純粹自然進化的結果。除了主張神創史觀的歷史學家認爲人是上帝等天神創造的之外，其他的歷史學家都不否認人是歷史的產物。問題的關鍵是，歷史如何造就了人？歷史學家對此有不同觀點。錢穆認爲，一方面，人的造就是自然地理環境與歷史環境的產物，另一方面，自然地理環境與社會歷史文化環境也受人的影響與作用；兩者相互作用，缺一不可。

關於人、歷史人物的形成和地理環境的關係。錢穆認爲，歷史人物的產生與自然地理環境有著必然關係，「講到人物之產生，就曾（按：查《錢賓四先生全集》第四十四冊所收〈歷史地理與文化〉一文，句中『曾』字改爲『會』。）講到地理。人物是歷史的主腦，地理是歷史的基礎。」[64]人和歷史人物是自然地理環境的產物。地理環境不同便會形成不同文化的人，產生不同的歷史人物，「這世界各處地理不同，於是人生長在地上，也就得不同。各地的氣候、物產、交通情況等各不同，於是人亦因地而異」。[65]如，孔子不能出生在印度，釋迦牟尼不能出生在耶路撒冷，耶穌不能出生在中國，都是由於有地理和歷史的雙重限制。歷史人物所以會因時因地而異，是因爲，「人生不能脫離時間、空間，故人之成人，亦必隨時、地而相異。」[66]他說，中國古人常把天、地、人合在一起講，是有一番眞理在內的，「若把天代表共通性，地則代表了個別性。人爲上帝所造，處於共通的天之下，但必經由個別的地，而後再能回復到共通的天，此爲人類歷史演變共同之大進程；人由個別性回歸到共通性，亦爲人類文化理想之一項大目標。」[67]

自然地理環境在人和歷史人物的造就中發生作用，同時，人對自己生活的自然地理環境又不斷有改造，使之融入人類文化的因素和成分。他說：「此刻環繞我們之所謂自然，早已是人文化了的自然，而非未經人文洗煉以前之原始自然。一切的物世界裏，早已有人類的心世界之融入。」[68]所以，一方面是地靈則人傑，「文化和人物興起是有它的外在條件的」。另一方面，「地理氣運是人事形成的，不是先天命定的。」[69]「人物傑出，才覺得這地之靈，而地靈不一定有人傑的。」[70]這就是所謂的「人傑則地靈」。因此，各歷史時期產生人物的地區常在轉動，並不是某地可以產生人物，某地不能產生人物；也不能說某地產生某種人物，另一地則產生另一種人物。至於歷史上爲何某一地有時不產生或很少產生人物，爲何不同歷史時期歷史人物在各地產生多少不一，背後原因應另作推尋。

關於人、歷史人物的造就與社會歷史環境的關係，錢穆的看法主要包括以下三方面內容：

首先，從個人與群體人，即社會及各社會階層和集團之間的關係看，是先有人群和社會，才有個人。他說：「人類可說並不是先有了個人乃始有人群與社會的，實在是先有了人群與社會乃始有個人的。個人必在人群中乃始有其生存之意義與價值。人將在人群中生活，將在別人身上發現他自己，又將在別人身上寄放他自己。」[71]這就是說先有歷史文化，才有眞正意義上的個人，即歷史和文化的人；同時，個人也不能脫離大群和社會而存在，人的現實存在與價值是在與社會中其他的人發生各種關係後才能產生的。他又說：「天地所生之人只是一『自然人』，入了社會以後做的人，才是社會的人，歷史的人，才是文化人」。[72]個人是與家庭、社會、國家和天下重重結合相配才成爲人的，「人必在群中始有道，必與人相配成倫始見理。離開對方與大群，亦就不會有個人。因此個人必配合進對方與大群，而一切道與理，則表顯在個人各自的身分上。」[73]

其次，歷史人物由歷史文化和時代風氣陶冶而成。他說：「歷史人物從什麼地方來？我說從文化陶冶而來。」[74]如，釋迦、耶穌和孔子只能由印度、猶太和中國的歷史涵育和陶冶而成。而講歷史人物必然要講到歷史和時代，「世運與人物相隨，時代不同，人物也跟著不同。」[75]所謂世運，是說歷史總是時時在變化。歷史變化不同，人物也就不同。歷史是由此前的歷史積累而成，歷史人物也是由此前的歷史爲之塑定，「不能脫離歷史突然出現一人物。尤其是歷史上最偉大最傑出之人物，更見如此。」「無此歷史，即無此人物。」[76]歷史上各時期所以會出現人才的蜂起或寥落，形成不同的規模和格局，「此皆風氣使然。

……風氣必由少數人提倡，得多數人回應，逮於眾之所趨，勢之所歸，蔚然成風；乃莫知其所以然，而靡然爭歸，而至於不可禦。一切人才皆由此出，學術人才自不例外。」[77]

三是，歷史時代制約著人物的產生和作用的發揮。他說，孔子之所以成其爲孔子，早由孔子以前的歷史事先爲之規定，亦由孔子以後的歷史重新爲之確定。孔子以前與以後的中國史，對孔子發生了大影響大作用，所以，「若孔子生在別一民族之貴族社會中，換言之，若使中國當時之貴族社會變換成另一樣，則孔子亦未必得成其爲一如中國歷史上之孔子。」[78]他認爲，近代中國的衰敗不振是由於沒有大量歷史人物出來和歷史人物的力量不夠，究其根源便是時代的制約使然，「『道假眾緣，復須時熟』。大概這一百年來，時代的力量始終凌壓在人物的上面。我們也可以說是緣不湊，時不熟」。[79]除孫中山外，其他歷史人物則多爲歷史時代所囿，如主張保皇的康有爲和復辟帝制的袁世凱等。所以說，「人物有時扭轉不過此時代，孔子亦歎道之不行而歸之於天，此處所謂天，實即指當時之歷史時代。故孔子教人知天命。」[80]

歷史人物雖是歷史時代的產物，但是，又不完全受歷史時代的制約。他說：「時代不可爲，而聖人仍必有爲，故曰知其不可爲而爲之。其不可爲乃屬於歷史時代，乃天命。其仍必有爲，乃屬人之使命，亦仍是天命。」[81]孔子是一大聖，他縱不能扭轉春秋時代的一切歷史以實現自己的理想，但孔子終究成爲歷史最大人物的標準與榜樣。所以，人物由文化陶冶出，反過來人物也可創造文化，「從文化中陶冶出人物，同時也由人物來指示、創造、改進這文化。文化的創造、發揚、精進，都要靠人物。」[82]人物由時代或氣運造就，人物反過來亦能扭轉氣運和開創新時代，「氣運可以陶鑄人才，新氣運來了，自然有新人物產生。而人物也可扭轉氣運，纔在大亂世，只要有人物，自可轉移氣運，開創出新時代。」[83]

錢穆是從天人合一的歷史文化觀闡發了人、歷史人物與自然地理環境和社會歷史環境的關係。他正確認識到人、歷史人物與自然地理環境和社會歷史環境的互動關係。他既看到了人類歷史發展中因自然地理環境的不同所造成的差異性（個別的地），又看到了人類歷史發展在空間和時間中的共性（共通的天）。然而，受他的心性本體論影響，他對人、歷史人物與社會歷史環境關係的分析主要是從精神文化層面著眼，很少從更爲廣闊和豐富的社會經濟和政治層面著眼，這是一個很大的缺陷。

五、歷史人物與人文修養

錢穆認爲，歷史人物的造就一方面是自然地理環境和社會歷史環境的產物，另一方面，又是歷史人物自身不斷努力的結果。因爲，人生在盛世和亂世，外在條件都不會充足的，人要改造環境，使自己的事業成功，關鍵是要有一個辦法讓外在條件不足以屈服自己。這就要求人發揮自己的內在條件，以使自己成爲一歷史人物，「若你沒有成一個人物，內在條件不夠，一切外在也沒有法改，縱使有了外在條件也不行。」[84]人要成爲歷史人物的內在條件便是指個人的主觀努力。他說，這種主觀努力首先是立志，因爲「志」在人的造就中起重要作用，「中國人常言志士仁人，人若無志，便亦不仁。」[85]個人的成敗全視其「志」與「業」，「但業是外在的，在我之身外，我們自難有把握要事業必成。志則是內在的，只在我心，用我自己的心力便可掌握住。故對每一人，且莫問其事業，當先看其意志。」[86]

不過，錢穆認爲志是偏就於人生行爲目標來說的，要完成此志，還需要一個更爲根本的基礎，這就是人的心性道德實踐。心性道德實踐即是宋明理學所說的修養「工夫」，沒有心性道德的修養工夫，心性道德是不能完善的。心性爲本體，工夫是一種修養方法，「工夫必與本體相關。有此本體，始得有此工夫。亦因有此工夫，始得完成此本體。此亦是一而二、二而一者。」[87]中國古人講立德、立功與立言，德指人格方面，功指事業方面，言指思想與學術方面，而立德居於首位。所謂人格上的「立」，便是指心性道德的磨練與完善。心性的修養工夫，就是中國傳統所說的人文修養。那麼，人文修養的具體是指什麼呢？他說：「人文修養即是講究做人的道理和方法，懂得如何做人才是最高的知識，學如何做人才是最大的學問。學做人是人最切身的問題，任何一個社會，一個民族，都有其教人做人的道理，生長在這社會的人，都得接受這社會教我們做人的道理。」「中國文化的中心思想即爲教人如何做人」。[88]可見，中國人所說的人生修養並不是現代人講的人生哲學。西方人講人生哲學，中國人講人生修養。修養中寓有哲學，但與西方人講的哲學不同，「其重要處在於中國哲學有一套修養方法，須由理論與實踐親修相配合。……這是中國哲學最重要最特殊所在。論其精神，卻與近代西方科學相近。科學必有實驗，中國哲學也必有實驗，此即所謂修養。」[89]他認爲，講人文修養，並非是個人主義，「所謂人文，則須兼知有家庭社會國家與天下。」[90]中國人所講人文修養的主要綱目便是《大學》所說的「爲人君，止於仁，爲人臣，止於敬，爲人子，止於孝，爲人父，止于慈，與國人交，止於信。」

人要進行心性道德的修練和培養，是因爲人的自然心在道德上是不完善的。他說：「仁之與誠，乃天之所賦於人而爲心，亦可謂是心之本體。然而心多有不仁不誠之時，甚至有不仁不誠之人，此則有害其仁與誠者。」[91]歷史人物的成功就在於他們在心性道德上不斷磨練和修養，最終達到高尚的道德境界。歷史上的傑出人物，「則必由其內心個性發出其人格動力而完成」。[92]歷史的大氣運所以能由一二人主持而轉移，在於其心，「此方寸之地之一心，何以有此力量？則因有某一種學養而致然。」[93]他說，所謂學養也是一種實踐行爲。人心同然，我心、你心和大家的心都一樣，三千年前人的心和三千年後人的心也一樣，所以，聖人也是從平常人中來，也是由天性發展而來。而聖人之所以超出凡人，成爲聖人，在於聖人先得人心之同然，「因爲在人心深處有一性。把此人心同然處表現到恰好之極的是聖人。……先知先覺發於至誠，此中庸所謂『誠則明』。誠是天給我們的，明是人自發的。後知後覺是覺得人家做得好，來效法，此所謂『明則誠』。」[94]

錢穆說，人文修養「乃中國文化一最要支據點，所謂人文中心與道德精神，都得由此做起。所由保持中國傳統文化，與夫發揚中國傳統文化者，主要胥在此。」[95]中國人講教育，常說身教勝於言教。身教便是以身作則，便是用自己的人格來培養他人的人格。教育家的一切思想言論，只是他人格之表現，他的主要價値不在其思想言論，而更要在其背後的人格。如孔子、孟子及宋明諸大儒，他們全是以自身人格來發揚他們的教育精神與目的的，「所以不瞭解中國的做人道理，就不能瞭解中國的史學、文學、教育、人生、和全部文化精神。」[96]

錢穆通過對人文修養與歷史人物造就之間決定關係的闡述，將他的道德心性本體論貫徹到更具體的「致用」層面，這是他道德決定論的有機部分。這一思想突出了道德精神教育在人的成長和培養過程中的重要地位和作用，對中國當代教育如何繼承和發揚傳統道德教育的精神和方法有借鑒作用。但是，把人的成長和對社會的貢獻僅僅歸結爲道德情操的培養與陶冶是不全面的，現代社會對人提出了更多和更高的要求，在以德爲本的基礎上，人必須掌握更多的知識和技能。而且，在從傳統社會向現代社會的轉變過程中，不考慮時代條件與社會環境的變化，提出符合時代需要的道德修養的新內容和新方法，僅僅強調繼承傳統的道德修養，則難免抽象而空洞。

註釋

1 〈史學導言〉，《中國史學發微》，第八三頁。
2 〈中國文化與人文修養〉，《歷史與文化論叢》，第三七四頁。
3 《中國歷史研究法》，第九〇頁。
4 〈歷史地理與文化〉，《中國文化叢談》㈠，第三六頁。
5 〈歷史地理與文化〉，《中國文化叢談》㈠，第三三頁。
6 《中國歷史研究法》，第八三頁。
7 〈中國歷史人物〉，《中國文化叢談》㈠，第一三三頁。
8 〈中國文化傳統中之史學〉，《中國學術通義》，第一三九頁。
9 〈四部概論〉，《中國學術通義》，第二八頁。
10 〈四部概論〉，《中國學術通義》，第三一頁。

11 〈史學導言〉，《中國史學發微》，第五七頁。
12 〈中國史學之特點〉，《歷史與文化論叢》，第一二四頁。
13 《中國歷史研究法》，第七七～七八頁。
14 〈歷史上之人與事與理〉，《中華文化十二講》，第一四六頁。
15 《雙溪獨語》，第一〇六頁。
16 〈中國文化傳統中之史學〉，《中國學術通義》，第一五一頁。
17 〈中國文化傳統中之史學〉，《中國學術通義》，第一五五頁。
18 這裏之所以說錢穆的觀點類似於民眾史觀，是因爲他對歷史中普通民眾地位與作用的分析並不完全正確。承認歷史是由歷史中所有的人參與創造的，每一個人在歷史中都有其各自的地位和作用，並不等於說每一個人都是歷史的中心，都具有扭轉歷史和時代的力量。歷史發展是歷史中所有人共同力量的一種合力結果，其中那些能夠認識歷史發展規律與把握歷史發展趨向的少數傑出歷史人物則起著主要的作用。
19 錢穆繼承了中國傳統思想的思維及其表達方式，不重視對基本範疇、概念或某一命題作邏輯分析，這往往導致他對概念和問題表述不夠嚴密，對同一概念和命題的表述有時前後不一致，甚至自相矛盾。這種情況在他的著作和思想中時而有之。這既是他思想的一個特徵，也是他思想的一個缺陷。
20 《中國歷史精神》，第一一五頁。
21 〈歷史地理與文化〉，《中國文化叢談》(一)，第三三頁。
22 〈歷史上之人與事與理〉，《中華文化十二講》，第一四四頁。
23 《中國歷史研究法》，第八一頁。
24 《中國歷史研究法》，第七九頁。

25 〈自然人生與歷史人生〉，《歷史與文化論叢》，第三一三頁。

26 《中國歷史人物》，《中國文化叢談》㈠，第一三六頁。

27 《中國歷史研究法》，第八一頁。

28 《中國歷史研究法》，第八一頁。

29 《中國歷史研究法》，第八二頁。

30 《中國歷史研究法》，第八三頁。

31 〈中國歷史人物〉，《中國文化叢談》㈠，第一四一頁。

32 〈中國歷史精神〉，《中國史學發微》，第一一四，一一五頁。

33 《中國歷史研究法》，第九二頁。

34 《中國歷史研究法》，第九三頁。

35 〈史學導言〉，《中國史學發微》，第九一頁。

36 〈中國歷史人物〉，《中國文化叢談》㈠，第一三八頁。

37 〈史學導言〉，《中國史學發微》，第八八頁。

38 〈史學導言〉，《中國史學發微》，第九六頁。

39 〈史學導言〉，《中國史學發微》，第九八頁。

40 〈中國文化傳統中之史學〉，《中國學術通義》，第一五二頁。

41 〈中國文化傳統中之史學〉，《中國學術通義》，第一五六頁。

42 《中國歷史精神》，第一三五頁。

43 〈中國歷史人物〉，《中國文化叢談》㈠，第一四六頁。錢穆說：「豪傑又與英雄不同。」如希特勒和拿破崙只是英雄，不是豪傑。（〈中國歷史人物〉，《中國文化叢談》㈠，第一四五頁）這也是從道德標準來說的。

44 〈中國歷史人物〉，《中國文化叢談》㈠，第一四六頁。

45 〈中國歷史人物〉，《中國文化叢談》㈠，第一四六～一四七頁。

46 〈中國歷史人物〉，《中國文化叢談》㈠，第一四七頁。

47 〈精神與物質〉，《湖上閑思錄》，第八頁。

48 《中國歷史精神》，第一頁。

49 《晚學盲言》（下），第六四一頁。

50 《雙溪獨語》，第二七頁。

51 《雙溪獨語》，第二〇〇頁。

52 〈物與心與歷史〉，《歷史與文化論叢》，第三〇五頁。

53 《民族與文化》，第七一頁。

54 〈從人類歷史文化討論中國之前途〉，《歷史與文化論叢》，第五八頁。

55 《民族與文化》，第八七頁。

56 《晚學盲言》（下），第一〇三四頁。

57 〈談中國文化復興運動〉，《中國文化叢談》㈠，第一〇六頁。

58 《中國歷史精神》，第一二一頁。

59 《中國思想通俗講話》，第九〇頁。

60 〈中國文化的進退升沈〉，《中華文化十二講》，第六五頁。

61 〈中國文化的進退升沈〉，《中華文化十二講》，第六四～六五頁。

62〈中國文化的進退升沈〉，《中華文化十二講》，第六五頁。
63〈有關學問之系統〉，《中國學術通義》，第二二二頁。
64〈歷史地理與文化〉，《中國文化叢談》㈠，第三五頁。
65《中國歷史研究法》，第九四頁。
66〈世界孔釋耶三大教〉，《中國史學發微》，第二八一頁。
67《中國歷史研究法》，第九四頁。
68《文化學大義》，第八頁。
69《中國歷史精神》，第九一頁。
70〈歷史地理與文化〉，《中國文化叢談》㈠，第三六頁。
71〈人生與知覺〉，《湖上閑思錄》，第九七頁。
72〈中國文化與人文修養〉，《歷史與文化論叢》，第三七七頁。
73《中國歷史精神》，第一一五頁。
74〈歷史地理與文化〉，《中國文化叢談》㈠，第三四頁。
75〈中國歷史人物〉，《中國文化叢談》㈠，第一三四頁。
76〈中國文化傳統中之史學〉，《中國學術通義》，第一四六頁，第一四九頁。
77〈學術與風氣〉，《中國學術通義》，第二四五～二四六頁。
78〈中國文化傳統中之史學〉，《中國學術通義》，第一四七～一四八頁。
79〈近百年來諸儒論讀書〉，《學籥》，第一二一頁。
80〈歷史上之人與事與理〉，《中華文化十二講》，第一四六頁。

81 〈歷史上之人與事與理〉，《中華文化十二講》，第一四六頁。
82 〈歷史地理與文化〉，《中國文化叢談》㈠，第三四頁。
83 《中國歷史精神》，第一三七～一三八頁。
84 〈中國歷史人物〉，《中國文化叢談》㈠，第一四四頁。
85 《中國歷史研究法》，第九一頁。
86 《中國歷史研究法》，第九三頁。
87 《朱子學提綱》，第九九頁。
88 〈中國文化與人文修養〉，《歷史與文化論叢》，第三七三頁。
89 〈漫談中國文化復興〉，《歷史與文化論叢》，第九三頁。
90 《中國的哲學道德與政治思想》，《歷史與文化論叢》，第一三六頁。
91 《朱子學提綱》，第八七頁。
92 《雙溪獨語》，第一〇六頁。
93 《中國思想通俗講話》，第九〇頁。
94 〈中國文化的中心思想──性道合一論〉，《中華文化十二講》，第一一頁。
95 〈中國的哲學道德與政治思想〉，《歷史與文化論叢》，第一三五頁。
96 〈中國文化與人文修養〉，《歷史與文化論叢》，第三七五頁。

第八章

變常合一和理欲合一的歷史漸進論

心性是歷史的本體，歷史是由心性創造和演化出來的。那麼，由道德心性創造和演化的歷史又是如何運動的呢？錢穆認爲，歷史是變化發展的，歷史演進是常與變、持續與變化的統一。歷史演進以物質經濟爲基礎，但歷史演進的最終意義和目標是精神文化，歷史演進是心性合一或天人合一的產物。在歷史的演變進程中，歷史的本質規律，即天理，是客觀的和起決定作用的，人的情感意志，即人欲，在不違反歷史本質規律的情況下，具有能動性和創造性，歷史是人不斷創造的。歷史演進是天理和人欲相互作用的一個進程。錢穆的歷史漸進論充分反映了其民族文化生命史觀的「體用合一」思想。

一、歷史是變與常、變化與持續的統一

錢穆說，歷史既是變和變化的，又是常和持續的，歷史是變與常、變化與持續的統一。

首先，歷史是變化的。他說：「其實歷史本身就是一個變。……簡言之，這一時期的歷史和前一時期不同，其前後之相異處即是變。」[1]「歷史常在變動中」。[2]正是歷史的變化體現出一個民族歷史的精神，

「變之所在即歷史精神之所在，亦即民族文化評價之所繫。」[3]「中國史之變動，即中國史之精神所在。」[4]同時，歷史也有不變的，此即「常」。從粗淺一面看，歷史是不會重演的，可是若從深細處看，「歷史是永存不滅的」。[5]歷史的常與變雖是相異的，又是合一的，歷史是常與變的統一。他說：「變完成這個常，常亦是來完成這個變。沒有變，就不得常。沒有常，也不得變。任何一個文化傳統裏都應該有常有變。變只是在常的中間變。常呢？拿這許多變合起來，就顯出一個常。」[6]

錢穆又以時代與歷史的關係來闡說歷史中變與常的關係。他說，由於有歷史的變，才有所謂歷史時代，「歷史時代之劃分，即劃分在變上，如果沒有變，便無時代可分。……如果彼一時代與此一時代並無不同，那仍是一個時代，時代不變，此下便再無歷史可寫。」[7]時代即是變，是剎那的，歷史即是常，是永恒的。歷史是由各個變化時代連續起來積成的，所以，歷史是積變而成的。他說：「歷史是永恒的，時代是剎那的。由剎那積成永恒，在永恒中包涵了剎那。」「歷史是一個常，時代是一個變，由積變中見有常，在歷史的常之中包涵了各時代之變。歷史由積變而成，若時代終有不變，則不見有歷史。然歷史也不僅有變，若僅有變而變中更無一不變之常，亦不見有歷史。」[8]需注意的是，錢穆這裏所說的歷史，具體涵義有差別。永恒和常的「歷史」，實是指超越具體歷史人物、事件和事實的精神層面歷史，即歷史的本體。積時代之變所成的「歷史」，應當是包括精神層面和物質層面的總體歷史。

可見，錢穆所說的歷史之常實爲歷史演進中形而上的本體、本質或精神。歷史的變，則爲此一本體、本質或精神在歷史進程中的外化，即歷史進程中不斷出現的形而下的歷史事件、歷史人物和歷史活動及其相互間的關係。前者決定後者變化的形式、內容和特徵，後者體現和反映前者的本質和精神特徵。兩者是歷史演變進程中不可分割的兩個方面，「故歷史有變亦有常，有常亦有變。常與變同時而俱存，一相而兩顯。」[9]人們專憑歷史中某一時代之變將無法認識歷史之常，惟有在積各時代之變而成的歷史之常中，才可以明瞭各時代之內在意義及其所以然。總之，人們必得同時把握常與變這兩種意義，才能明瞭歷史的眞相。

錢穆對歷史的變與不變的另一種表述是，歷史不僅有變化，還有持續。他說，自然界變化的便不持續，持續的便不變化；個人的自然生命也有自然的限度，不能持久。但是，歷史文化生命則可以在變化中無限持久，「凡屬歷史生命與文化生命，必然有它兩種的特徵：一是變化，一是持續。……但我們的文化生命，則在持續中有變化，在變化中有持續，與自然現象絕不同。」[10]此外，他還說歷史是「同」與「異」相互作用的一個動態演進過程。所謂異，即是說，凡某一時代狀態有與先後時代突然不同者，此即所由劃分一時代之特性。從兩狀態之相異，即兩個特性的銜接而劃分出兩個時代。從兩時代之劃分看出歷史之變，從變之傾向看出整個文化之動態。所謂同，即是說，不同時代狀態各有其基相，各基相相銜接和連貫成一整面，此爲全部歷史的動態，以各時代之變形成全過程之動。在歷史演進過程中，諸異中見一同，一同中現諸異，「全史之不斷變動，其中宛然有一進程。自其推動向前而言，是謂其民族之精神，爲其民族生命之泉源。自其到達前程而言，是謂其民族之『文化』，爲其民族文化發展所積累之成績。」[11]可見，錢穆所說的歷史的同與異和歷史的常與變也是同一意思。

歷史所以會有變與不變，是變與不變的統一，在錢穆看來，主要是由歷史的本質及其特性決定的。也就是說，變與常、變化與持續是歷史本質所必然具有的屬性。首先，歷史是一文化生命，生命的特徵之一便是既有變，又有不變，「生命沒有不變，時時在變，但生命本身則不變，變了，這生命也完了。生命之變，有其一定的限度，只是生命本身在那裏變，不能變出這個生命本身之外去。」[12]錢穆還用孟子的「所過者化，所存者神」來解釋生命的變與不變。他說，天地萬物人生都只是一化，「所過者化，只是此一現象過去了。所存者神，乃是此一現象之背後之本體仍存在。」[13]生老病死四態像在變，但背後的生命本體並不變。人身只落到現象界，生命始是本體。萬物有生無生都只是現象，一切現象不斷過去是一化；本體長此存在，從不停滯在一態上，由同一本體衍化出千異萬狀是其神。他又說：「只有天地大自然始是其本體。大方乃是本體，一曲只是現象。變只變此現象，變此一曲。若論本體，則只有化，並無變。中國人之宇宙觀與其人生觀，其精要乃在此。」[14]其次，歷史是人事或人生的事業，而事業和人事必有持久性。歷史所載人事雖若限於過去，而實又未過去。因爲，人事必有持續性，有持續數年之久者，亦有持續數十年數百年乃至數千年以上者，「既有持續、即有變動。當其尙在持續變動之中，即不得遽目之謂過去。且人事惟其有變動，故方其端緒初生，即有必然之將來隨以俱至，嚴格言之，亦不得盡目今日以下者爲未來。」[15]所以，人事乃是由過去穿透現在而直達將來，將過去與將來凝成一片而共成一有寬度的現在。就人事而論，大體上自有起迄，自始至終有其必然之持續與可能之演變。惟其有必然之持續，故未來者等於已來。惟其有可能之演變，故已往者實未往。換句話說，過去者尙未過去，未來者亦已到來。

歷史是人文界（包括人類文化所涵攝的自然界）在時間和空間的展演與統一。時間是歷史演變進程得以實現的決定因素，空間是歷史演變內容得以展開的決定因素。一個歷史學家對時間的認識，決定了他對歷史演變的認識。錢穆對歷史中常與變及其關係的認識就是建立在他的歷史時間觀上。

他說：「歷史乃一時間性的學問。而歷史上之時間性，則與心理物理上之時間不同。」[16]普通所說的時間觀，即心理或物理上的時間觀，認爲過去者已過去，未來者尚未來；世界只有過去與未來兩大片，上無端，下無底，現在則晃蕩移動無處著落。只有過去和未來，別無一空隙可駐現在。方認此今爲現在，此念早成過去，轉瞬同歸消滅；現在在剎那剎那之間刻刻轉換，刻刻消失。歷史的時間觀則不同。歷史上所謂的過去並未眞過去，歷史上所謂的未來，可說早已來到。因此，歷史上的時間前一段既未過去，後一段又早來到，「換言之，歷史時間有它一種綿延性，在瞬息變化中有凝然常在的一種特殊性。」[17]貫穿歷史時間的並不是一個轉瞬即逝的點，而是一綿綿不絕的時間之流，與心理或物理上的時間觀絕不相同。所以，從事理上說，歷史事業和生命的現在性必有其時間上的寬度，不得割裂劃分，「在此進行中，有持續，亦有變動，而自有其起迄，而成爲一事業，或爲一生命。歷史正爲一大事業，一大生命。故歷史上之過去非過去，而歷史上之未來非未來。」「其事愈大，持續性愈久，變動性愈多，其現在之寬度亦愈廣。」[18]因此，他說：「一部歷史，過去、現在、將來，錯綜複雜，其實會通而觀，則只是一大事。」[19]中國歷史從夏商周三代到秦漢唐宋元明清直至如今，「只有由分而合由小而大一件事。此一件事中便可包括一切變化一切事。」「中國則只是個中國，民族摶成與國家創建，這是中國歷史一條大趨向。也可說全部中國史，惟有這一件事，即國家與民族之創成與擴展。」[20]

錢穆說，將歷史視爲一大事，過去非過去而依然現在，未來非未來而儼然現在，那麼，過去尚未去，未來早已來，過去與未來豈不是像兩大厚鐵交壓在現在之上，將現在壓得絲毫動撬不得，歷史豈不成爲十分命定的怪局了嗎？此又不然。如果就普通時間而言，現在剎那即逝，確實有不可控搏之感。如果就歷史時間來說，「則現在有無限量之寬度，吾儕正可在此無限量寬度之現在中不斷努力，以把握將來而改變過去，以完成其理想與完美之現在。」[21]所以，歷史之事雖過猶未過，猶可改變。所謂改變者，其實就是改變將來；將來與過去實爲同一現在。歷史上的將來雖若不可知，實際上早已全身湧現，儼然現在。錢穆說，只有這樣，我們才能著手改變歷史。否則如後念未起，永遠不知後念是什麼，我們又如何著手努力來改變歷史呢？「故凡歷史上之事變，扼要言之，乃盡屬一種改變過去與改變將來之事業也。若不能改變過去，複不能改變將來，則人類歷史將永遠如水之流，如花之放，成一自然景象，復何歷史可言。故歷史實爲人類事業之不斷改進，而決非命定。」[22]

所以說，歷史實爲一融過去、現在與未來爲一的大生命。在此一大生命的演化中，常是歷史文化生命的本體、本質和精神，是持續和恒久的，貫穿於歷史的過去、現在和未來。變則是此本體、本質和精神的不斷外化與再現。沒有無常的變和變化，也沒有不變和變化的常。歷史文化生命之流正是此變與常、變化與持續相互作用的統一。

正是由於歷史是常與變的生命統一，變只是生命之常的一種屬性，所以，錢穆認爲，一個民族歷史文化的更新和變革只能在不變更自身生命本質的基礎上進行。民族文化歷史的「常」即是其「傳統」，亦即「舊」，「變」即是歷史之時代，亦可稱「新」，「變則成爲時代，不變則成爲傳統。」「唯舊乃時間之悠久，唯久乃有意義價值可言。亦可謂新只是一工夫，而舊乃是其本體。」[23]所以，中國的現代化只能是在傳統基礎上的現代化，而非拋棄傳統的現代化。他說：「我們只能拿我來求變，不能拿變來求我。一切變，只能由我來變，先有了我才能變，不是變了才有我，那麼今天的中國，也只能由我們中國人自己來變，要變成一個新中國，但只有從舊中國裏面變出。不能由一個不是中國來變我們這個中國，不能把我們中國，變成一個非中國不是中國，或無中國。」「我們固是要現代化，但不能把現代化轉成爲非中國化，把中國的一切都在現代中化掉了。」[24]近代以來以否定傳統現代化的做法是一種民族歷史文化虛無主義，不是民族歷史文化的求新，而是民族歷史文化的死亡。因爲，「若把舊的一切全拋了，那是死滅，死滅並不就是新。若把過去一切全抹殺了，那是虛無，虛無並不就是新。把歷史一筆勾銷，即無異把生命斬截了，那裏能勾銷了歷史而希望得一個新生命之理？」[25]

錢穆關於歷史是常與變、持續與變化統一的思想，指出了歷史演變進程中本質體的絕對性、持久性和具體歷史事實、事件、制度的相對性與暫時性，強調了歷史文化發展的持續性，這是符合歷史發展實際的。他提出歷史時間觀這一獨特概念，對歷史時間與物理時間的本質與區別作了深入的分析，將歷史的發展視爲過去、現在與將來融通爲一的一種生命進程，爲解釋歷史文化演變的連續性提供了新的理論視角。他指出歷史是常與變的統一，變只是常的屬性，歷史變化只是歷史本質體的展演與外化，而不是對歷史生命本質的自我否定。歷史之常即是民族歷史文化的傳統，一個民族歷史文化的更新與現代化必須走「據舊開新」的道路。這就從理論上駁斥了近代以來種種西化思潮對民族歷史文化極端否定的傾向。

但是，錢穆對歷史演變中的本質，即常的理解又過於絕對化和抽象化，沒有看到它的時間相對性與空間相對性。從時間性上說，在歷史演變中沒有絕對不變的常，常的不變是相對而言的。他對歷史不變的解釋雖然對中國傳統變易觀作了發展，但又未從根本上突破其解釋範圍。受自然經濟的歷史環境制約，「合久必分，分久必合」和「五百年必有王者興」一類的傳統歷史變易觀看不到歷史發展變化的複雜性和深刻性，它們與「天不變，道亦不變」的歷史不變觀並無質的差別，都過於強調歷史的不變性和連續性，即常的一面。近現代世界歷史和中國歷史重大變化已是中國傳統歷史變易觀無法解釋的了。從空間性上說，不同範圍歷史之常的本質意義和普遍性是不同的，不同國家和民族的歷史之常在本質意義與普遍性上比人類歷史之常要低一層次。而錢穆所說的常是指中國歷史文化的傳統和本質，而且它們又被泛化爲人類歷史文化的本質，這就否認了歷史之常在空間上的相對性。所以，他的「據舊開新」變革觀又有理論上的局限性與保守性。

二、歷史在進退和興衰交替中波浪般演進

錢穆對歷史演變持一種進步觀念。他認爲，歷史只是通體渾然而下，不斷向前和不斷進步，同時歷史的演進又是曲折的，是一個興衰交替的過程。

在歷史不斷向前演變中合理的轉變，即是進步，「合理的轉變，自可稱之謂進步也。」[26]如，中國歷史由西周的封建到秦漢的統一，由西漢初的軍人政府到漢武帝之後的士人政府，由東漢以下的士族門第到隋唐的科舉競選，即是中國歷史的三大轉變，亦即三大進步。因爲，這三大轉變均是一種合理的轉變，它使王室與政府逐步分離，平民與政府逐步接近。結果是士人在政治和社會中逐步占據了中心地位，中國歷史日趨由士人來領導，學統高於政統，學術領導政治，人文道德精神成爲中國傳統政治乃至整個歷史演進的理想與力量。

同時，歷史的演進又不是直線向前的，而是有進有退，有興有衰，歷史如波浪般曲折演進。他說：

「人類歷史之演進，常如曲線形之波浪，而不能成一直線以前向。」[27]又說：「一個國家和一個民族的歷史，並不依著直線上進或後退。他往往常走成波浪式，有時上進，有時後退。」[28]不僅如此，人類社會歷史的演變有時還會大大的倒退和墮落，人類的智慧有時也會今不如昔。如，自春秋戰國到漢唐盛世，是中國史上最光榮最燦爛的時期。唐代天寶以後，中國史便漸漸走上衰運，宋元明清四代的統一，任何方面不能比西漢盛唐，「目前中國（按：指二十世紀三十年代的中國），本已倒退墮落得不成樣子。」[29]他認爲，中國傳統的興衰觀對歷史演進的曲折性的闡釋很有道理，一切歷史時代大體不外兩種，即治世盛世與衰世亂世，「歷史千變萬化，不外這一個治亂盛衰。」[30]實際上，錢穆所說歷史演進中的「進退」和「興衰」在本質上是相同的。歷史向前進了，即是歷史的興；歷史向後退了，即是歷史的衰。不過，兩者也有區別，「興衰」是對歷史演進中「進退」特徵的概括性描述。

他認爲，造成各國家民族歷史曲折演進的原因，在於一個國家和民族在歷史演進中有生力，亦有病態，「生力者，即其民族與國家歷史所由推進之根本動力也。病態者，即其歷史演進途中所時時不免遭遇之頓挫與波折也。」[31]由於有生力，一個國家和民族的歷史才能不斷向前演進；由於有病態，一個國家和民族的歷史會有頓挫與波折。但是，生力是一個國家和民族歷史的根本，是生命「我」之所在，病態則是一個國家和民族歷史暫時和突然出現的，「必有生力，乃可去病。……生力自古長存，病態隨時而忽起。」[32]因此，只要有生力，一個國家和民族的歷史，雖有波折、頓挫和衰退，在根本上則是向前演進的。

然而，由於每一個國家和民族歷史的生力不同，其病態也不可能在同一時期出現，所以，不同國家和民族的歷史演進並不是平行的，「我們找不到兩個國家或民族的歷史恰恰能成一種平行線的。有時這一邊在上進，而另一邊或正在後退。但是有時這一邊後退，而另一邊卻正在上進。若橫切任何一點，而來推論兩邊的全線，自然靠不住。」[33]如，近代以來的中國史無疑走上了後退的路，而且後退得很大，近代以來的西洋史卻有了極急劇的前進，正是它整個歷史進程中最燦爛的時期。加上各民族和國家歷史也不是在同一時期平行演進，所以，要對兩個國家和民族的歷史進行比較是較困難的，在沒有眞正認識不同國家和民族歷史演進的生力和病態時，隨意截取其歷史進行比較更是錯誤的。錢穆對近代以來將西方歷史文化作爲衡量人類一切國家和民族歷史進步與否的標準，進而否定和蔑棄中國歷史文化做法尤加痛詆，他說：「今日治國史者，適見我之驟落，並值彼之突進，意迷神惑，以爲我有必落，彼有必進，並以一時之進落爲彼、我全部歷史之評價，故雖一切毀我就人而不惜，惟求盡廢故常，以希近似於他人之萬一。不知所變者我，能變者亦我，變而成者依然爲我。」[34]

我們再來看錢穆是如何看待歷史演變中的質變和量變的。歷史發展是量變與質變的統一？還是只有量變，沒有質變呢？這是歷史進程理論的重要問題之一。他的看法是，歷史是漸變的，沒有質變，「歷史上無驟興，也無驟衰，其興衰必以漸」。[35]

這種歷史漸變論與他的歷史生命說直接相關的。在錢穆看來，生命雖然是生長和變化的，但它的本質或體是不會變化的，否則，就不是原來的生命了。一個國家和民族的歷史既爲一生命，那麼它也只能有漸變，而不能有質變，否則，就變的不是它自己了。他在批判近代以來各種歷史虛無主義時說：「不知所變者我，能變者亦我，變而成者依然爲我。……一切可變，而『我』不可變。若已無我，誰爲變者？變而非我，亦何希於變？」[36]此一「我」，即是國家和民族的生命體。不過，錢穆並不否認民族歷史演進中有小變和大變，漸變和巨變。也可以說，在不改變民族歷史生命本質的意義上，他承認歷史演進是有量變和質變之分的。他說，中國古人關於世運興衰的氣數觀對歷史演進中質變與量變、漸變與巨變的闡發特別深微。所謂氣數之變，便是一種由量變積釀出來的質變，「氣數是一種變動，但同時又是一種必然。」[37]氣數到了，便會開新；氣數盡了，世運便會完結。當知氣由積而運，但積至某程度、某數量，則可以發生一種大運動。而此種運動之力量，其大無比，無可遏逆。故氣雖易動，卻必待於數之積。又說：「積微小的變動，醖釀出極大的興革來。積微成著，勢到形成，從量變到質變，從少數人一二創始，到多數大眾隨和，而定形，而質變，而開新。中國人則一句話說它是『氣數』。」「驚天動地，旋乾轉坤的大事業，在中國歷史上時時遇到，中國人則稱之曰氣數。」[38]世界各民族的歷史興衰治亂，實際都逃不出中國古人所說的世運「氣數」之變。

錢穆承認歷史是進步和發展的，指出歷史演進發展的曲折性，突出各民族的歷史演變發展存在不平衡性和獨特性，反對以西方的歷史發展進程作為衡量世界上一切民族歷史進步與否的標準，這是正確的。但是，他把一個民族歷史演進出現曲折興替的根本原因僅僅歸結為生力和病態，而所謂的生力就是歷史演進的根本推動力，所謂的病態就是歷史演進中的頓挫與波折，這種解釋缺乏理論深度，也無以解釋複雜多變的歷史發展進程。他的歷史漸變論與那種絕對歷史漸變論不同，承認在歷史本質體自身範圍之內，歷史發展會有巨變和質變，這說明他並非絕對反對歷史演變發展中的質變與階段性。然而，這種歷史漸變論在根本上又是反對歷史演變發展存在質變的，它片面強調民族歷史發展的質的同一性與連續性。中國現代歷史的發展道路固然不會與西方相同，但與中國古代歷史也有了質的變化。以人類歷史發展的普遍性和同一性來否定各民族歷史發展的特殊性與不平衡性是錯誤的，但是，以民族歷史發展的特殊性來否定其與人類歷史發展有相同的演變進程，也是錯誤的。

三、心性合一基礎上的歷史文化進化觀

在歷史演進中，各個因素和部門所占地位和所起作用及其相互的關係如何？與之相聯繫的是，在歷史的演變發展中，鬥爭、矛盾與融合一起什麼作用？對此，不同的歷史學家有不同的認識。這種不同認識往往導致了歷史學家對歷史發展，或者說對歷史進化的看法截然對立。錢穆對這一問題的看法大致如下：

關於歷史演進中各歷史因素和部門的作用和相互關係。他認爲，一方面，物質經濟層面的文化是人類歷史演進的基礎，同時，歷史文化的演進最終又是由精神觀念層面的文化完成的。他說，歷史文化是由三個階層凝合而成的一大人生綜合體。文化第一階層，亦可稱爲物質人生，或自然人生和經濟人生。它是最低的，即最先和最基本的，屬於物質經濟方面的，「沒有物質生活，沒有經濟條件，根本沒有所謂人生，亦沒有所謂文化。」[39]由此發展到文化第二階層，亦可稱爲社會人生，或政治人生和集團人生。它是政治法律、社會禮俗、群體集合和家庭生活等方面的種種規定與習慣。文化是集體的，不是個人的。沒有這一階層，同樣無文化可言。循此再發展到最高的和最後的，即文化第三階層，亦可稱爲精神人生或心理人生。此一階層包括宗教、哲學、文學和藝術等，屬於純精神的部門，全屬觀念、理性和趣味的，「此是一種歷史性的超時代性的人生，此是一種可以長期保留，長期存在的人生。」「文化演進，正在目的提高。

必待到達第三階層之目的完成，才始是文化之完成。」[40]正是因為精神觀念層面的文化形成後，具有超越物質和制度等層面文化的功用，才使一個民族的歷史文化具有了眞正的生命意義，從而成為一個融過去、現在和未來為一體的大生命。

另一方面，「人文演進中，被孕育者，轉成為能超越者，而被超越者轉成為被包涵者。融攝已有之舊，來創生未有之新。被融攝的不能決定能創生的。而能創生的也不能否定被融攝的。」[41]歷史文化演進中各層面文化有各自的任務、目的、價值和意義。低一層面文化孕育高一層面文化，高一層面文化超越低一層面文化，同時包涵有低一層面文化，「各階層各有獨自之目的與嚮往，低階層目的之完成，轉化為高級目的之手段，而高階級目的之嚮往，並不毀損低階級目的之存在。自然無目的，人文則有目的。文化演進，正在目的提高。……文化三階層之正常演進，應該是一個超越一個，同時又是一個包涵一個。」[42]所以，精神層面的文化形成後，物質層面的文化並不喪失它的存在和意義。文化生命的形成，不能否認其中自然生命的存在與價值，「人類文化精神即建立於物質存在之基礎上，可以超越物質存在而仍必涵有物質存在」。[43]

關於歷史文化演進中的鬥爭與融和問題。錢穆雖然不否認歷史文化演進中存在鬥爭，但是，他認為融和比鬥爭更重要和更根本。他說，鬥爭只存在於文化演進的第一階層，「當其在第一階層面對物世界的時候，免不得要提高鬥爭性。」[44]由於文化三階層的目的不同，決定了完成此目的之方法和特性也不同，「待到第二階層，轉眼對向人圈子本身內部的時候，則鬥爭性必然要沖淡，組織性代之而起。待到第三階層，人類文化面對心世界，那時則融和性又將代替組織性。」[45]若文化止於第一階層，將只見有鬥爭，不見有組織。若文化止於第二階層，將只見有組織，不見有融和。作爲文化最高和終極的第三階層，則只有融和。而此一階層的文化是最有價值和意義的，它是人類文化演進的最高階段和終極目標。所以，在人類文化由高階層來不斷融攝低階層的演進過程中，「不免帶有戰鬥性之成分，但戰鬥性決非主要的，更不是唯一的。」「融和攝合，比戰鬥更重要。」46

錢穆的歷史文化演進觀是其「心性合一」，即「天人合一」觀在歷史文化演進中的具體展現。因爲，他認爲性偏於自然，屬天，心偏於人文，屬人。心與性雖有別，卻又是相近、相通與合一的。「心性」是歷史文化的本體，心性合一而非對立，才能展演出人文歷史。在歷史文化的三階層中，第一階層，即物質人生，或稱爲自然、經濟人生是偏於「性」的，第三階層，即精神人生或心理人生是屬於「心」的。歷史文化從本質上說，是此三階層的合一，所以，融和比鬥爭更爲重要，更具有決定意義。歷史文化的進步即是道德精神的演進，亦可說，歷史文化的演進又體現了心性本體的本質和規律。這種歷史文化演進觀既承認物質經濟在歷史文化發展中的基礎地位和作用，又強調精神文化對人類歷史文化發展的終極意義與價值。它不僅體現了對歷史文化演進中人文精神的重視和追求，而且，看到了歷史文化演進是一個統一和不可分割的過程，突出了融和在歷史發展中的重要地位，這對片面強調歷史鬥爭決定論的是一糾正。

正是基於這一歷史文化進化觀，錢穆既反對由生物進化論所導致的歷史生存競爭論，也反對唯物史觀的歷史發展觀。他認爲，第一，兩者都忽視了道德精神在人類歷史文化演進中的終極意義與最高價值；第二，兩者都強調鬥爭在歷史文化進化的決定作用，昧失了歷史文化進化的眞義，以致造成世界不能安寧。他說，達爾文的生物進化和馬克思的資本論是西方一百多年前激動世界的兩大思想。達爾文的生物進化論提出物競天擇和優勝劣敗的規律，是在提倡鬥爭，勝的便是優，敗的便是劣，如此使人類沒有安定之日。更重要的是，它提出進化二字，以生物的進化來看待人類文化，「認爲人類也在不斷地進步，古不如今，甚至認爲百年前決不如百年後，十年前也不如十年後。此一見解，爲禍最烈。……誤解了進化論，它的最大病根，教我們認爲後一代必定勝過前一代，叫人類競求向前，永遠沒有一個站腳點。又太重了物質的，漫失了人類在其他精神方面之成就。」[47]馬克思受進化論影響，和達爾文的觀點大同小異，「他也抱有一套淺薄的進化論，認爲人類歷史由奴隸社會進化到封建社會，再進化到資本主義社會，再進化到共產主義社會，一路向前。他又以物質生產工具和生產方式作標準來批判人類的一切高下。不論文學、藝術、宗教、哲學、政治、法律，都是等而下之，爲生產工具與生產方式所決定。」[48]他把人類強分爲階級，提倡階級鬥爭理論，「仍還以組織爲手段，鬥爭爲目的，這一種強調對物鬥爭的文化論，違逆遏塞了人類文化向上遞升之正道。」[49]總之，達爾文漫失了人和生物的界線，馬克思又抹殺了人類的精神文化，「此兩人同是提倡鬥爭，同是主張進化。恰值近代西方物質科學創造發明日新月異，正足爲人類進化之大證據，同時亦是人類鬥爭之大武器。」[50]

由此可見，錢穆對歷史發展中物質經濟基礎地位的承認與馬克思主義的經濟基礎決定論是不同的，他沒有看到精神思想終究是物質經濟、政治制度和社會風俗等外在歷史在人們思想中的反映。他誇大了融和的絕對性和普遍意義，以融和來否定歷史發展中矛盾與鬥爭的作用，說矛盾與鬥爭只存在於歷史演進的物質經濟層面。實際上，在歷史發展的不同時期、層面和領域，矛盾性與融和性所起的作用是不斷變化的，對此要作具體分析，以鬥爭和矛盾來否認融和與統一，或以融和與統一來否認鬥爭與矛盾都是錯誤的。所以，他對將生物進化論簡單運用到歷史領域的批判頗爲深刻，看到了人類歷史文化與自然生物演進有質的區別。同時，他對馬克思歷史發展觀的批判又是錯誤，沒有認識到馬克思主義的歷史發展觀是對西方歷史進化思想的發展，與社會達爾文主義有本質區別。

四、宇宙人生是「道理合一」的世界

下面，我們來分析錢穆關於歷史演進規律及與歷史演變趨勢、歷史演進的必然與偶然、歷史演進的客觀規律性與人的主觀能動性關係的思想。在此，他主要是繼承中國傳統思想，特別是先秦道家、儒家和宋明理學的有關思想來闡述這些問題的。[51]

錢穆認爲，從自然萬物到人文歷史，其演進是有規律的，此即道與理。關於規律層面的道。他說，《易》云：「形而上者謂之道，形而下者謂之器。」「形則必可分別。限於其分別以爲形者，謂之形而下。每一形必各有其用，故以謂器。……體之形異於其他諸形，乃改名曰象。亦可謂象即形而上者，非超諸形之外而謂之形而上，乃會合諸形謂之形而上，諸形則皆爲此身之用，其用則謂之道。」[52]諸形之「用」謂之「道」，用是一行爲活動過程。這就是說道是用，由道演化出種種形而下的器。他又說，人的五官各有其用，五官相互爲用，亦共爲一身之用，此必有其道；推而上至天地萬物與家國天下亦是如此，它們「合成一大體，有其大用，是即天地之道。所以謂形而上者謂之道。」[53]可見，錢穆說此一形而上的天地之道有「大用」，不單是說它演化出自然和人文歷史這一過程和結果，亦是指決定此一演化進程的規律。否則，是不能說其有「大用」的。他又說：「中國人講的道，乃是一本然之道，本來這樣的。亦可說乃一同然之道，大家這樣的。又可說乃一自然之道，它自己這樣的。因此又是一當然之道，人人都該這樣的。所以中國人又稱此道曰天道，是天叫我們這樣的。」[54]所謂本然、同然、自然和當然之道，更是明白地指自然和人文歷史演進的規律。道有天道與人道之別，「中國人講道是人本位的，重在人道，人道之本源則爲天道。」[55]這是說，自然界和人文界各有其演進規律，不過，後者是源於前者的。這是一種近於道家、又有宋明儒學意義的說法。

有時，錢穆也把道視爲本體與運動規律和方式的統一。他說，「道即物即靈，即天即人，即現象即本體」。「此道莫之爲而爲，所以不論其開頭。此道又是無所爲而爲，所以不論其結束。沒有開頭，沒有結束，永古永今，上天下地，只是一動，此動不息不已不二，因此是至健的，同時是至誠的。」[56]又說：「這一個道，有時也稱之曰生。天地之大德曰生。就大自然言，有生命，無生命，全有性命，亦同是生。生生不已，便是道。這一個生，有時也稱之曰仁。仁是說他的德，生是說他的性。」[57]這裏說的道，既是指天地自然人文界的本體，又是指此一本體運動變化的規律及其具體方式。這裏說的現象，則是指道體運動變化規律和方式在運動過程中的呈現。不過，這是一種人爲的分析法。實際上，此「道」與此「動」是一，不能分開。故，道只是一動，此動不息不已不二。總的看，道體的運動變化只是一動。錢穆把道體此一「不息不二至健至誠」的運動變化稱爲道內在的性和外表的德，即「道之德性」。也就是說，「道之德性」實際就是指道所具有的運動變化功能與屬性。正是由於道的這一屬性才能演化出天地萬物和生命。所以說，道即是生，生生不已即是道。

錢穆在闡述自然和人文歷史演變的規律時，更多的是把理視爲本質規律，把道視爲此理所演生和支配的事物的運動過程和趨勢，是體現本質規律的東西。理決定道的運動和變化，道的運動和變化體現理的本質及其規律，兩者密不可分。無此理，則無此道。無此道，則無以見此理。因此，他在說「理」時，常連說「道」。

他引魏晉王弼注《易經》的「物無妄然，必有其理。」和「統之有宗，會之有元。故自統而尋之，物雖眾，則知可以執一御也。由本以觀之，義雖博，則知可以一名舉也。」[58]來闡述「理」。他說，王弼的意思是：事物之理好像很多很複雜，可是如果把它編排和會合起來，便成爲一個元（即同一的起始）和一個宗（即同一的歸宿），由是才見得宇宙萬事萬物；在宇宙萬事萬物的背後，有一個最原始和基本的「理」，爲宇宙一切萬象所由生。錢穆認爲，這一最原始和基本的理既是世界形成的本原，也是世界形成的本質規律。所以，一切創造皆得依於理，不能於無理處創造出理。道是待人來創闢完成的，主動在人，可變；理則先事物存在，不待於人之創造，主動不在人，不可變。他說：「理在先，一成不變，道創生，變動不居，這是道與理之間一很大的不同點。」「再言之，理是規定一切的，道是完成一切的。求完成，不限於一方法，一路線，所以道屬於多，可以變。而規定一切的理，則是唯一的，絕對的，不變的。」[59]因此，「唯其理是事物之所以然，所以理應該先事物而存在。因此理也可以說是本然的，而道則待人行之而始然，並不是本然。」「大道是常然的，又可說是當然的。……至於理，則是一個所以然。……既有所以然，便連帶有必然。……所以道是教人該怎樣，理是告訴人必這樣。」[60]「理」是所以然、本然和必然的，「道」是常然的、既然和當然的。就是說，在整個自然與人文演進中，理是本質規律，由它來創造和決定世界運動變化的過程和方式，所以，它是所以然、本然和必然的。道，則是理的產物，是理支配下的世界的運動變化過程和具體方式，所以，它是常然、既然和當然的。

錢穆在承認理這一世界運動變化規律的本質性和決定性的同時，也承認人在世界運動變化中的主觀性和能動性。世界是客觀性、規律性的理與主觀性和能動性的道合一相成的。

他說，道（按：指與理相對應的道，而非規律層面的道）是人的主觀意識，即理想與目的指導下的一種實踐活動過程，「道應有一個嚮往的理想與目標，並加上人類的行為與活動，來到達完成此項理想與目標者始謂之道。」[61]因此，道必由我們的理想來確定，又必由我們的行動來完成。人的行動必有目的，由於實踐了整個歷程到達此目的後，再回頭來看，這一歷程便是道。所以，道必然是前進和活動的，必然有它內在的目的和理想，單純強調理的決定作用的命定論是錯誤的。在唯理的世界中只有物，沒有人；單說理，不僅沒有意義，理也不能體現。他說：「唯理的世界，其實只是一唯物的世界。不僅沒有上帝，而且也沒有人。此宇宙則僅是一理在主宰而支配著，而此理又只有在物上去求，所以說『格物窮理』。所以此唯理的世界，其實仍是人類所不能忍受的世界。」[62]偏重道與偏重理，必然會形成兩種宇宙觀和人生觀。道的宇宙，是在創造過程中，有多種可能的變動，而且有些處盡可由人來作主；理的宇宙，則先已規定了，在此規定中無法有變動，誰也不能另有主張，另有活動餘地。那麼，哪一種看法對呢？他認為，照中國傳統思想的看法，宇宙本有兩種。從某一角度看，宇宙是動的，能創造，允許人插手作主。從另一角度看，宇宙是定的，被規定了，不許人插手作主的。宇宙如此，人生也如此。換言之，宇宙有些是可知的，有些則終極不可知。宇宙決不是全不可知，也決不是全可知。宇宙決不是全不可改造，也決不是全可改造。宇宙是被限定的，而在被限定範圍內，卻有無限的可能。宇宙如此，人生亦如此。所以，他說中國人所講的宇宙人生，既非理的世界，亦非道的世界，「這一世界乃是道理合一相成的世界」。63

錢穆承認世界在變化發展過程中本質規律（客觀的理）的客觀性與決定作用，它是不以人的主觀意志爲轉移的，是決定世界變化發展的，同時，又指出了人在其中的主觀能動性與創造性，這具有一種能動和辯證的宇宙人生發展觀的意味。

五、歷史演進是天理和人欲的合一

錢穆「道理合一」的辯證發展觀在歷史領域的具體運用和表現就是，一方面，承認歷史演進有內在和不可改變的規律，即理；歷史演進是不以人的意志爲轉移的，人的實踐活動，即人事，是受此規律決定和支配的；歷史中的理決定的歷史演進的「勢」。另一方面，歷史又不是命定的，人們可以認識歷史演變的規律，在此基礎上，人又能發揮自己的主觀能動性去從事積極的活動，進而創造新的歷史。他說：「歷史上的得失成敗，興衰治亂，皆由人類內心理與欲之分合之分數多少而判，此乃人類歷史一條不可易的鐵律。……理屬自然，如天所命，故曰天理。欲則起自人生，由人所出，故曰人欲。」64這裏所說的理與欲，便是指歷史演進中的客觀規律與人的情感和主觀意志的關係。歷史發展過程中的成敗得失與治亂興衰，都是由於人在處理兩者關係上的不同做法所致。

首先，來看錢穆對歷史演進規律的客觀性和決定性的看法，這可歸納爲二個方面：㈠理是客觀自然的，理決定了歷史上人事的成敗，主宰歷史。歷史有常然、必然、當然、偶然、或然的事與理。事不可知，而理必可知。天地間任何一事都離不開一理，「天地間無無理之事。合理則事成，失理則事敗。理屬公，欲屬私。存了私欲，即昧了公理。……若理不存在，或有不信，則一切歷史將無可說。」[65]如果專從理說，則歷史有必然性，是命定的，「故歷史演進則必然是合理的，亦可說是命定的。但理可以規定一切，範圍一切，故事有常然與必然。」「最要者，天地自然中有理，若欲而違背了此自然之理，即消失，即滅亡，無可倖免。……歷史究以理為主宰。」[66]㈡理決定歷史演進的「勢」。他說，歷史記載了以往之人事，然而，人事是變動的，人事無前定，故歷史不能預知。但是，歷史卻是可以推斷的。因為，理存在於歷史人事之中，理由人事演變的「勢」顯現出來，「從各項事理中可以籀繹出共同之理，由此共同之理來推斷一切事變，雖不中，亦不遠。事中有理，復有勢。」[67]那麼，什麼是「勢」呢？他說：「勢即是一種力，常稱勢力。勢又是一種形，又稱形勢。」「勢之來，不可逆。勢之去，不可挽。所謂其勢難當，或稱大勢已去。」[68]勢是力，故有作用；勢有形，故可以看見；勢有來去，故是運動的。可見，勢是歷史進程中一種運動和可見的客觀力量。它既可以是使歷史前進之勢，也可以是歷史倒退之勢。勢雖然也是不以人的意志為轉移的，是由理決定的，然而，勢又可以顯現理，「理是一主宰，勢是一傾向，亦可說是一端兆。」「理與勢合，則理顯。理與勢背，則理隱。但理常在勢後，支配此勢。」[69]這種理勢觀表明，歷史規律是不可違逆的，因此，應該明理順勢，不應昧理尚勢。否則，一個民族的歷史就不能有恒久廣大的發展。他說，中國文化精神偏尚理，西方文化精神偏尚勢。這導致中國有綿長和宏闊的歷史文化，中國歷史渾然成一體，前後連貫成一線。西方歷史則只能是一個一個民族和國家在小範圍的遞嬗相替，支離破碎，不成一體。所以，「知有此理，信有此理，守定此理，懸諸天地而無背，質諸鬼神而無疑，百世以俟聖人而不惑。」70

其次，來看錢穆對歷史演進中人的主觀情感和意志的能動和創造作用的看法。它大體包括三個方面：㈠將本體的理在自然界和人文界的地位與作用區分開來，指出在人文界「心」的積極主動的作用。他說：「就宇宙界論，則理在氣。就人生界論，則理在心。心是氣之靈，惟人類獨得此氣之靈，故能有此心，能覺此理。然既曰氣非即是理，則亦必曰心非即是理。心只是覺。須待此心所覺全是理，滿心皆理，始是到了心即理境界。此心所覺之理，不僅是宇宙自然方面者，亦復涉及人生文化方面。」71理與氣結合生成了宇宙自然，理與心結合生成了人文界，心與氣都蘊涵有理。但是，氣不能覺理，而心是氣之靈，故心能覺理。無此心，理雖在，卻不得覺見，所以，「就人生界論人生，則心之重要更過於理。因理是已存底，而心則是待發底，亦可謂理屬體，心則主要在用，在工夫論上」。72這表明了人的主體情感和意志具有重要的能動作用。㈡理雖是本然和必然的，人的情感和意志卻是偶然和或然的，就是說它並不完全受理的限制與約束。理是一個物，似乎不能推動一切，停止一切，至少從人事上講是如此；理雖必然，事則由人，人抱私欲，可以不必然。他說：「理之缺點，在其不能推動，不能開創。理只能在事的外面作決定。事的裏面，則由人來作決定。」「（事的）推動與停止皆由人，故事有偶然與或然。……若純從歷史事件看，只就其表現在外面的來看，則歷史事件一切是偶然，無必然。」73這就是說理的作用有一定範圍，人有自己的能動性。㈢理固然是決定歷史演變進程的規律，但人亦具有很強的能動性和創造力，人可以創造歷史。他說：「天理只能限制人事，規範人事。只有人事可以表顯天理，領導天理。歷史須求天人不相勝，而循至於天人合一。不能有天而無人，亦不能有人而無天。人之能事，在能先天而得天時，後天而奉天道。歷史由人來創造。」[74]大至國家民族的興衰存亡，散而爲政治、軍事、外交、經濟、教育、學術和文藝等，遠至千萬年之上，近及眼前事，林林總總，形形色色，「莫非事，即莫非史。而每一事之背後則必有人。人生不過百年，一代代新人替換，事變不停續發，歷史也就不斷開新。」[75]所以，要復興中華民族及其歷史文化，「則只能靠人力和人事，不能靠天理與天命」。[76]

錢穆認爲，歷史演進是客觀規律（理）及其決定性與主觀意志及其能動性相互作用的產物。歷史演進是常然、必然和偶然、或然的統一，是理與勢的統一，統一的理論基礎便是中國的「理欲合一觀」和「天人合一觀」。天理和人欲應該兼顧，「須是天人不相勝，而達於天人合一之境界，此則須在分數上斟酌，而求其恰到好處則甚難。」[77]他說，「天理人欲合一觀」是中國古人發明的一條歷史大原則，「此實是一條歷史眞理，人道眞理，顚撲不破。」[78]

錢穆的「理欲合一」觀承認歷史演變中理的決定作用，其理勢觀對歷史演變中勢的特徵、勢的表現形式、理與勢的關係作了較深入的分析。他從歷史演變的特徵方面將中西文化精神概括爲「尙理」與「尙勢」，一定程度上指出了中西文化的各自特徵。他將自然之理與人文之理作了劃分，看到了自然本質規律與歷史本質規律的不同，肯定人在歷史發展中的能動性和創造性，這不僅是對中國傳統思想的發展，也是對那種消極和悲觀的歷史命定論的批判。不過，他將「尙理」和「尙勢」視爲中國歷史恒久長遠與西方歷史支離破碎的決定性因素，未免將這一問題簡單化。而且，以「欲」來概括和說明歷史發展中人的主觀能動性和創造力，強調人的情感與主觀意志而忽視理智及實踐的作用，也是片面的。

註釋

1 《中國歷史研究法》，第三頁。

2 《中國歷史研究法》，第三六頁。

3 《國史大綱》（修訂本），引論，第一二頁。

4 《中國歷史研究法》，臺北東大圖書有限公司，第一三八頁。轉引自羅義俊《活潑潑的大生命，活潑潑的心》，《史林》一九九四年第四期。

5 〈歷史會重演嗎？〉，《歷史與文化論叢》，第三〇〇頁。

6 《中國文化精神》，第三三頁。

7 《中國歷史研究法》，第三～四頁。

8 〈歷史與時代〉，《歷史與文化論叢》，第二八九頁。

9 〈歷史與時代〉，《歷史與文化論叢》，第二八九頁。

10 《中國歷史精神》，第六頁。

11 《國史大綱》，引論，第一一頁。

12 《中國文化精神》，第三三頁。

13 《晚學盲言》（上），第七五頁。

14 《晚學盲言》（上），第七五頁。

15 〈中國今日所需要之新史學與新史學家〉，《世界局勢與中國文化》，第二三〇頁。

16 〈中國今日所需要之新史學與新史學家〉，《世界局勢與中國文化》，第二三四頁。

17 《中國歷史精神》，第三頁。

18 〈中國今日所需要之新史學與新史學家〉，《世界局勢與中國文化》，第二三四頁，第二三一頁。

19 〈歷史上之人與事與理〉，《中華文化十二講》，第一四三頁。

20 〈史學導言〉，《中國史學發微》，第七四頁。

21 〈中國今日所需要之新史學與新史學家〉，《世界局勢與中國文化》，第二三五頁。

22 〈中國今日所需要之新史學與新史學家〉，《世界局勢與中國文化》，第二三五頁。

23 《晚學盲言》（下），第六三二頁，第七三九頁。

24 《中國文化精神》，第一八七～一八八頁，第一九五頁。

25 〈歷史會重演嗎？〉，《歷史與文化論叢》，三〇一～三〇二頁。

26 〈如何研究中國史〉，《歷史與文化論叢》，第二八四頁。

27 《國史大綱》（修訂本），引論，第二五～二六頁

28 〈中國歷史上最近幾個病源〉，《歷史與文化論叢》，第一四七頁。

29 〈水利與水害（上篇：論北方黃河）〉，《古史地理論叢》，第二二二頁。

30 〈中國歷史人物〉，《中國文化叢談》㈠，第一三五頁。

31 《國史大綱》（修訂本），引論，第二五頁。

32 《國史大綱》（修訂本），引論，第二六頁。

33 〈中國史上最近的幾個病源〉，《歷史與文化論叢》，第一四七頁。

34 《國史大綱》（修訂本），引論，第二六頁。

35 〈史學導言〉，《中國史學發微》，第六〇頁。

36 《國史大綱》（修訂本），引論，第二六頁。

37 《中國思想通俗講話》，第七六頁。

38 《中國思想通俗講話》，第八八頁。

39 《文化學大義》，第一〇六頁。

40 〈文化三階層〉，《歷史與文化論叢》，第八頁，第一七頁。

41 〈文化三階層〉，《歷史與文化論叢》，第一五頁。

42 〈文化三階層〉，《歷史與文化論叢》，第一七頁。

43 〈文化三階層〉，《歷史與文化論叢》，第一四頁。

44 〈文化三階層〉，《歷史與文化論叢》，第一六頁。

45 〈文化三階層〉，《歷史與文化論叢》，第一六頁。

46 〈文化三階層〉，《歷史與文化論叢》，第一四頁。

47 〈中國文化與世界人類的前途〉，《中華文化十二講》，第七八頁。

48 〈中國文化與世界人類的前途〉，《中華文化十二講》，第七九頁。

49 〈文化三階層〉，《歷史與文化論叢》，第一六頁。

50 〈中國文化與世界人類的前途〉，《中華文化十二講》，第七九頁。

51 中國傳統思想論及這一思想的概念主要有道、理、勢和事等。但中國傳統思想各流派對這些概念的闡釋有很大不同，甚至同一派別、同一思想家在不同語境中對它們的闡釋也不同，有的並不涉及歷史演變的規律和法則問題。其中，道與理是中國傳統歷史哲學論述歷史演變規律的兩個基本範疇，一般指歷史演進的規律、方式及其運動過程。道與理也是中國哲學論宇宙和歷史本原、本質或本體的兩個基本範疇。有時既指宇宙和歷史的本體，又指此本體的運動規律、方式及其運動過程。錢穆認爲，道與理是中國歷史文化的基本問題，「我們可以說，中國思想之主要論題，即在探討道理。我們也可說，中國文化，乃是一個特別尊重道理的文化。中國歷史，乃是一部嚮往於道理而前進的歷史。中國社會，乃一極端重視道理的社會。中國民族，乃一極端重視道理的民族。」（《中國思想通俗講話》，第五頁。）他對道與理作過大量闡述。受中國傳統思想的影響，他對這些概念的闡釋在不同場合也是不同的。如他早年治學便對先秦道家之「道」與先秦儒家之「道」作過較明確的區分。（詳見〈論十翼非孔子作〉，顧頡剛編著《古史辨》第三冊，第九一～九二頁。）這裏我們只就其涉及歷史演變規律、法則及其運動方式層面的「道」與「理」作分析。需要指出的是，他在論述作爲規律和運動方式層面的「道」和「理」時，常將它們置於自然界和人類歷史演變的進程中一起說。這和他主張心性合一，即天人合一的文化生命史觀是分不開的。他在論述「勢」和「事」時，則是就人文歷史演進而言。

52 《晚學盲言》（上），第七八頁。

53 《晚學盲言》（上），第七八頁。

54 《晚學盲言》（下），第六三五頁。

55 《晚學盲言》（下），第六三九頁。

56 〈道與命〉，《湖上閑思錄》，第三八頁。

57 〈道與命〉，《湖上閑思錄》，第四〇頁。

58 參見《中國思想通俗講話》，第九頁。

59 《中國思想通俗講話》，第一三頁，一四頁。

60《中國思想通俗講話》，第一二頁。
61《中國思想通俗講話》，第六頁。
62《中國思想通俗講話》，第一九～二〇頁。
63《中國思想通俗講話》，第一九頁。
64〈歷史上之人與事與理〉，《中華文化十二講》，第一四五頁。
65〈歷史上之人與事與理〉，《中華文化十二講》，第一四四頁。
66〈歷史上之人與事與理〉，《中華文化十二講》，第一四五頁，第一四七頁。
67〈從人類歷史文化討論中國之前途〉，《歷史與文化論叢》，第五七頁。
68〈從人類歷史文化討論中國之前途〉，《歷史與文化論叢》，第五八頁。
69〈從人類歷史文化討論中國之前途〉，《歷史與文化論叢》，第五七頁，第五八頁。
70〈從人類歷史文化討論中國之前途〉，《歷史與文化論叢》，第五九頁。
71《朱子學提綱》，第五〇頁。
72《朱子學提綱》，第五五頁。
73〈歷史上之人與事與理〉，《中華文化十二講》，第一四七頁，第一四五～一四六頁。
74〈歷史上之人與事與理〉，《中華文化十二講》，第一五〇頁。
75〈歷史上之人與事與理〉，《中華文化十二講》，第一四三頁。
76〈歷史上之人與事與理〉，《中華文化十二講》，第一五〇頁。
77〈歷史上之人與事與理〉，《中華文化十二講》，第一四八頁。
78〈歷史上之人與事與理〉，《中華文化十二講》，第一四九頁。

下編

錢穆的人文主義生命史學觀

第九章

重直覺、經驗、情感和道德的人文歷史認識論

本文中編討論了錢穆的歷史理論思想，即民族文化生命史觀。這一編將討論錢穆的史學理論思想，即他的人文主義生命史學觀。歷史認識論是歷史學的基本理論問題之一，它探討的主要是在歷史認識過程中，主客體之間經過方法諸中介所形成的互動作用及其特徵。沒有對外在於史學主體意識的客觀歷史的認識，就沒有歷史學的產生和發展。歷史學便是人們對歷史認識結果所作的一種理性與價值的總結。從根本上說，人對歷史的認識是受其對整個世界的認識方式決定的。錢穆是一位人文主義史學家，他的民族文化生命史觀是建立在對自然界和人文界合一認識基礎上的，他把歷史學視爲人文學的基本，因此，他對一般認識論的闡述是與他的歷史認識思想相聯繫的，他對人文科學認識及其方式的闡述，實質上也包括歷史認識的內容。此外，他在闡述認識論問題時，往往也沒有將一般認識論與歷史認識論作明確的分別。基於上述原因，本文將結合他對認識論、特別是人文科學認識問題的闡述來分析他的歷史認識思想。

一、認識的由來及其特徵——心與精神

錢穆說：「知是所知能知相接而成」。[1]這正是認識論的一個最基本命題。「所知」是主體認識的對象，進入認識過程便是客體。「能知」是認識過程中主體的認識能力及其方法。人的認識是兩者的統一。「能知」雖是後起的，卻是首要的和根本的，沒有「能知」，「所知」雖存在，也無意義，也可以說是不存在的。所以，從狹義上說，認識問題即是「能知」問題。人的「能知」是如何形成的，是認識論首先要探討的問題。錢穆通過對心與精神的來源與發展的分析，說明了人的認識能力及方式的形成和特徵。

首先，錢穆指明了精神的非物質性和人心的認識與動物知覺的根本不同。他說，物質是可見、可聞和可觸摸的，精神與物質相對，它是不可見、不可聞和不可觸摸的，只有用人的內心覺知與經驗。「而只可用人的內心覺知來證驗的東西。這一東西，就其被知覺者而言，是非物質的，就其能覺知者而言，也是非物質的。」[2]這便說明了精神的非物質性。精神這一被認識的對象和覺知與經驗這一認識能力，只有人才有。生命與物質對列，物質是無知覺的，生命是有知覺的。但動物只能說有知覺，不能說有心，直到人類才有心。他說：「知覺是由接受外面印象而生，心則由自身之覺證而成。所以在動物的知覺裏面，只有物質界，沒有精神界。精神只存在於人類之心中，就其能的方面言，我們常常把人心與精神二語混說了，這是不妨的。」[3]可見，人的覺知證驗與動物知覺的根本不同不僅表現在認識能力和方式上，還表現在認識的對象上，即心的覺知是向內的，它的對象是精神。不過，他認爲，精神不僅是覺知的對象，它本身也有覺知的能力，即「能的方面」。所以說，把人心與精神混說是無妨的。

錢穆認爲，具有這種認識能力和方式的「人心」與動物所無法知覺的「精神」並非是先天的，而是從自然演化而來。人類最初和動物一樣只有知覺，沒有心，「人的知覺，是和外面物質界接觸而生。但知覺成爲印象，積存下來，而心的知覺，卻漸漸能脫離了物質界之所與而獨立了，能不待和他們接觸而自生知覺了。換言之，心可以知覺他自己，便是知覺他以往所保留的印象，即是能記憶。如是我們可以說記憶是人類精神現象之創始。」[4]

心之所以能把對外面物質界知覺所產生的印象加以保留，產生回憶與紀念，是由於有語言和文字這樣重要的工具。語言文字產生了精神和思想。他說：「語言的功用，可以把外面得來的印象加以識別而使之清楚化深刻化。而同時又能複多化。……文字又是語言之符號化。」[5]由於有了文字符號，心的功用越來越長進。人類用聲音（語言）來部勒印象，再用圖畫（文字）來代替聲音，有語言便有心外的識別，有文字便可有心外的記憶。換言之，即是把心的識別與記憶功能具體化和客觀化爲語言文字，「因此我們說，由知覺（心的功能之初步表見）慢慢產生語言（包括文字），再由語言（包括文字）慢慢產生心。這一個心即是精神，他的功能也即是精神。」[6]總之，正是因爲有了語言與文字，「人類的覺知始相互間溝通成一大庫藏。人類狹小的短促的心變成廣大悠久，人類的心能，已跳出了他們的頭腦，而寄放在超肉體的外面。……這一個心是廣大而悠久的，超個體而外在的，一切人文演進，皆由這個心發源。因此我們目此爲精神界。」[7]在這裏，錢穆把心與精神等同起來，精神不僅是認知的對象，也是認知的能力，兩者是一體的。語言和文字不僅產生了精神，也產生了思想。語言和文字使人能夠記憶，有了記憶便有了思想，「記憶是思想之與料，若你心中空無記憶，你又將運用何等材料來思想呢。人類的思想也只是一種心上之默語，若無語言，則思想成爲不可能。……從生理學上的腦，進化而成爲精神界的心，一大半是語言文字之功。」[8]這裏所說的思想，既是指人心或精神，又是指人心或精神具有的認知能力，所以，錢穆又把思想說成是「精神界的心」。

在人文界，心，即精神具有了超越性和非物質性。心是源於自然的，但是，當自然的心（也稱「生理學上的腦」）進化爲人的心，即精神界的心，此心便具有了超越自然的能力，「因其是超個體的，同時也是非物質的。」[9]心之所以具有超越性和非物質性，即精神性，在於它不屬於個體私有而屬於人類共有。他說：「人類的腦和手，屬於生理方面物質方面的，可以分你我，人類的心，則是非生理的，屬於精神方面的。在其本質上早就是共通公有的，不能強分你我了。明白言之，所謂心者，不過是種種記憶思想之積集，而種種記憶思想，則待運用語言文字而完成，語言文字不是我所私有，心如何能成爲我所私有呢？只要你通習了你的社會人群裏所公用的那種語言文字，你便能接受你的社會人群裏的種種記憶和思想。」[10]

在人文界，心與精神已合爲一體。人文界的心不僅是認識精神的工具，也成爲與精神同一的本體，可以演化出人文界的一切。精神也不僅是被心所認識的對象，其自身亦有認知能力。兩者在這個意義上合二而一了。心與精神合爲一體，兩者既爲本體、又有認識的功能。功能即「能」，從中國哲學來說屬於「用」的範疇。體與用的合一正是中國思想的特徵。他說，按中國人的舊觀念來講，「『體』字應涵有兩意義：一是其『結構』，亦稱爲『組織』；另一爲其『作用』，亦可稱爲『功能』。每一體必各有其作用，一切體之構造皆由此作用爲前提，亦皆以此作用爲中心。……其所以有如此之結構者，則爲顯現此作用，完成此作用；故作用亦可稱爲屬於此體內涵之意義。」「可說凡成一體，必有結構，也必有用、必有能。」[11]而本體論與認識論合一的思想，正是錢穆認識思想和歷史觀的基本特徵之一。

錢穆承認人類認識能力，即心和精神源於自然，是自然進化的結果，同時，又看到了人的認識能力和方式在形成後有超越自然屬性及其本能的一面，即非物質性與認識能力；精神和心不僅是人的認識對象，也是人的認識能力。錢穆將本體論與認識論合一，是想消除認識主體與認識客體的對立，這爲如何解決認識論的主體認識與客體的統一作了有益探討。再者，他認爲精神和心的意義在於它們超越了個體性，它必須是群體的，從而指出了精神（心）的社會性。然而，他錯誤地把精神和思想看成是語言文字的產物，而非客觀存在的反映。實際上，語言文字只是精神和思想外化、傳承的最重要工具（但並非唯一工具，如沒有文字的文物古蹟也內涵有思想，同時也是思想的外化和傳承），它是不能產生精神和思想的。他想用心和精神的「體用合一」解決認識的主客對立，但心和精神一類精神界的現象並不能包括人類所有的一切認識對象，將認識的對象僅僅歸結爲精神是片面的，所以，他並沒有眞正解決認識中的主客對立。他把是否屬於個體私有和人類共有作爲心是屬於精神方面、還是屬於物質方面的標準，是不確切的。個體性、普遍性、物質性和精神性是屬於兩個不同範疇的。

二、重經驗、直覺、綜括和寓價值觀與仁慈心的人文認識方式

錢穆認爲，人的具體認識方式隨著認識對象的不同而不同。人類知識的不同因於求知對象的不同，求知對象的不同又導致求知方式的不同，他說：「知識必附隨於對象而起。對象變，則求知的心習與方法亦當隨而變。」[12] 知識對象大體可分爲自然與人文，或物質與生命兩大類。由此，人類的一切學問也可分爲兩大類：一是對物之學，即自然科學，一是對人之學，即人文科學。人文科學在認識方式及其特徵上與自

然科學有根本的不同，它重經驗和直覺，寓價值觀與道德情感。這些都是非理性的，無法直接、嚴密和精確論證的。

首先，來看錢穆對經驗、情感與思維在人文科學認識中作用與地位的認識。

他說，西方思想中的經驗與思維是主客對立的，「西方人的觀點，經驗見稱是主觀的，[13]主觀常易引起對立。思維見稱是客觀的，他們想把客觀的思維來統一主觀的經驗。一切邏輯皆從思維中產生。但形式邏輯根本免不了對立」。[14]即使有些哲學家，如黑格爾和柏格森等想將經驗與思維統一起來，實質上仍未脫對立的窠臼。只有儒家思想實現了經驗與思維上的主客和體用統一，統一的基礎是人的情感，即人的愛敬之心，即仁。爲什麼愛敬之心能統一主客觀和體用呢？這是因爲，愛敬之心是一親身經驗，而非思維，凡所思維則在愛敬上思維，「能愛敬與所愛敬，能所主客內外合一，體用無間，那才是眞統一了。更何得視之爲外在之一如，一是，一然。故此種經驗不得只謂是一主體經驗，因客體已兼融爲一。即謂之是一客體經驗，亦復不是，因主體亦同在此經驗中也。如此則愛敬即人生本體，非僅屬現象。但亦不得謂是唯心論。因愛敬必兼事物言，離事物亦即無愛敬可言矣。」[15]再者，「若由純知識的探討，則彼我死生自成兩體對立。加進了情感，則死生彼我自然融會成爲一體。實則此一體，非有情感，則無可經驗。而兼有了情感，則自無主客之分了。」[16]所以說，主張思維屬知，有知無仁，爲西方哲學，由此造成主客對立；只有儒家攝知歸，講愛敬之心，無此病。儒家偏倚經驗勝於思辨，「儒家則從經驗前進，通過思辨而到達客觀經驗之境地，以求主客對立之統一。」[17]

錢穆將人的愛敬之心，即仁的思維稱之爲客觀經驗。他說，這種客觀經驗不是個人的主觀經驗，即主體經驗，也不是那種主體對外在事物作出反映的客體經驗，而是融合了主客體經驗爲一體的經驗，它實爲人類生命本體。也就是說，他將這種客觀經驗視爲具有普遍認知能力和具有這種認知屬性的大群生命體的合一。生命的存在根本上便在於有愛敬之心，即情感。他說，如果用柏格森的術語來比擬，這種客觀經驗類似於「純粹綿延」，「此一種純粹綿延，乃生命本體，或說意識大流，穿越過個體生命之意識流而存在者。惟這一觀念，無疑是思辨超越了經驗，所以成其爲西方的哲學。而中國儒家則在心之長期綿延中，必兼涵有此心之情感部分，即前述我心之愛敬。此乃把情感亦兼涵在意識之內，而與西方人只言純理性，純思辨，純知識之意識大流又不同。」[18]那麼，這種客觀經驗如何來統一許多個人主觀經驗的對立呢？這便是宋明理學所說的「理」。他說：「每一事是一經驗，集合萬事散殊之經驗，而成一客觀經驗，便可經驗到一理。所謂客觀經驗者，乃在此萬事中抽出一共通條理而統一此事。否則萬事平鋪散漫，勢將轉入這這如如之境，此則爲一種純經驗。又否則必然超出於萬事之上，或深入於萬事之裏，而另求統一，則爲宗教與哲學。……故理不在事之上，亦不在事之後，乃只在事之中，只就於事之本身中尋統一，故爲眞統一，而非對立上之統一。」[19]可見，所謂的純經驗便是個人的主觀經驗，而客觀經驗即是理。能夠融情感於經驗和思維，恰當處理好三者關係的，只有中國的儒家。他說：「經驗中必兼情感，而思維則只緊貼在情感上，此則惟中國儒家爲能暢發其深義。故西方哲學思維都屬無情的，即言其宗教信仰，生人之對於上帝似若有情，實亦無情，惟其思惟信仰無情，故經驗亦無情。道佛兩家，道家屬思維，佛家雖有信仰但亦多偏於無情。惟儒家則經驗思維皆有情，故遂爲中國文化之大宗。」[20]

綜上所述，錢穆所說的經驗與思維不僅是一認識論的問題，還包括了本體論和價值論在內。在他看來，中國儒家思想的長處在於將本體論和認識論融合爲一，兩者是不能分開的。那種只講本體的「唯物」與只講認識的「唯心」是與人文歷史不相符合的。這與他關於心和精神起源發展的思想是一致的。而連接和融合兩者爲一的決定因素是人的情感，即愛敬之心。離開情感的經驗與思維，不但是無意義的，亦是不存在的。這實際又是以價值論來限定和統攝認識論。因此，要認識歷史人生，必須重視涵有情感的經驗、而非理性的思維。

其次，我們來看錢穆對直覺與理智在人文科學中地位與作用的論述。

他說，思想可分爲兩種，一是用語言文字而思想的，一是不用語言文字來思想的。前一種是理智，後一種是直覺。直覺實爲動物的本能，「其實此種思想，用語言說來，便是不思想。」[21]理智和直覺的特點分別是：「理智是分析的，直覺則是渾成的。」「理智是較淺顯的，直覺是較深較隱的。」[22]從直覺和理智的起源看，「理智是人文的，後天的，而直覺則是自然的，先天的。……理智根源還是直覺。」[23]他認爲，人類心態所以由渾成展演爲分析，主要應歸功於人類能使用語言。人類語言經歷了很長時間才逐漸被創造出來，因此，人類理智的時空觀也必然經歷很長時間才逐漸鮮明，但到今天，我們則認爲那些觀念是一種先天範疇了。所以，「如實言之，我們盡不妨認爲人類心靈其先也只是直覺用事而已，必待語言發明逐漸使用，然後逐漸從直覺轉化出理智來。」「人類理智的長成，最先只是追隨在此一套直覺之後，而把人類自己發明的言語來別以分析」。[24]可見，理智雖是人文和後天的，直覺雖是自然和先天的，直覺卻比理智更深隱，同時也是渾成和不可分析的。

由於理智是分析的，所以，理智是科學和冷靜的。他說，科學家所要求的是頭腦冷靜和純理智，在外面又要有一特定場合，使事態單純而能反復無窮，這樣才好去求眞。但這在人文界是難以做到的，因爲，「整個世界，整個人生，根本就不單純，根本就變動不居，與日俱新，事態一去不復來，絕不能老在一個狀態上反覆無窮。因此說世界與人生整個就不科學，至少有一部分不科學，而且這一部分，正是重要的一部分。」[25]因此，理智和冷靜的科學求眞不能把握人生眞理，而且，「科學根本應該也是人生的，科學眞理不能逃出人生眞理之外。」[26]他認爲東西方思維的根本區別之一正在於東方人重直覺，西方人重理智，「東方人愛默識，愛深思，較不看重語言文字之分析。在西方崇尚理智的哲學傳統看來，像神秘，又像是籠統，不科學。但在東方人說來，這是自然，是天人合一，是至誠。這是東西方文化一異點」。[27]

實際上，這一問題是與錢穆對經驗與思維的認識聯繫在一起的。由於人類生命是融本體與認知能力和情感爲一體的，即是說，人類生命是一有認知能力和情感的本體，所以，單憑理智和科學的分析是無法認識的，更有效的方法就是靠人的直覺。只有直覺才能體悟到人生最本質和最有價值的道德和情感，即愛敬之心。

復次，來看錢穆關於價值觀與道德情感在人文科學認知中地位與作用的論述。

錢穆認爲，人文科學的認識和研究方式應該建立在價值觀和仁慈心的基礎上，「一是價值觀，一是仁慈心，此乃建立人文科學所必備的兩要件。」[28]所謂仁慈心就是道德與情感。他說，近代西方人文科學從自然科學的認識方式出發是錯誤的。在牛頓時代西方人想用數學物理學的原理來解釋人類社會和建立人文科學，到達爾文時代，西方人又想用生物進化的理論和法則來解釋人類社會，建立新的人文科學，「他們總想把研究人類社會以外的一番法則與理論轉移過來，運用在人類社會的身上。無論是物質的，或生命的，到底與人文的園地隔了一層或兩層的牆壁。如何能通呢？」[29]要建立新的人文科學，應該把其認識研究建立在價值觀與仁慈心這兩個基礎之上。因爲，人文科學的認識研究方式與物質科學不同，物質科學可以一視平等，無差別。人文科學又與生物科學不同，生物在類與類之間是有差別的，但同類間的差別卻很微小。人文科學則不然，人與人雖然同類，但其間差別太懸異了，不能不有一種價值觀，「抹殺了價值，抹殺了階級等第[30]而來研究人文科學，要想把自然科學上的一視平等的精神移植到人文科學的園地裏來，這又是現代人文科學不能理想發展的一個原因。」[31]再者，自然科學的認識研究對象不是人類自身，可以是、也必須是純理智和無情感的。人文科學則不然，人文科學的研究，「正在其不僅有知識上的冷靜與平淡，又應該有情感上的懇切與激動。這並不是說要喜怒用事，愛憎任私。只是要對研究的對象，有一番極廣博極誠摯的仁慈之心。」[32]

錢穆關於人文科學認知方式及其特徵的思想指出了人文科學與自然科學認識的不同，對近代以來史學研究中片面誇大科學認識的地位和作用作了批判。他提出以情感來消彌認識領域的主客對立，是對包括史學在內的人文科學認識論研究的深化。特別是他強調價值觀與道德情感在人文科學的認識和研究中的地位和作用，包涵有合理的因素。因爲，人文科學的終極意義和價值不僅在於弄清事實，更在於從中獲取對人生和社會有益東西，滿足人們的價值需要，陶冶人們的道德情操，使社會處於一種和諧美滿的狀態。但是，錢穆又將人文科學與自然科學的認識差別絕對化了，並將兩者對立起來，認爲經驗和思維、直覺和理智分屬人文科學與自然科學這兩個不同的領域，人文科學的認識不需要理智（性）的認識方式，完全否定科學認識方式在人文科學中的地位和作用。實際上，人文科學的認識雖然與自然科學有極大不同，但也有相同之處，兩者首先都需要對客觀存在的事實進行理性的認識，即錢穆所說的思維。他卻將思維與經驗完全對立起來，這便不可能達到對人文科學事實的認識。人文科學的認識研究方式應該是客觀、理智、價值與情感道德的統一。

三、歷史認識是主客觀的統一

以上我們從人文科學的認識方式及其特徵的角度分析了錢穆的歷史認識具有的一般特徵。下面，我們再來具體分析他對歷史認識的直接論述。歷史認識的前提必須是承認歷史是客觀存在的（當然這種存在既可以是外在客體，也可以是一種觀念或理念等），有它演變和發展的客觀過程和規律。對此，他都是承認的。

歷史既然是客觀的事實，有不以人的意志為轉移的演變進程及其規律，因此，歷史與自然一樣具有客觀實在性。錢穆說，思想的本質特徵就是要對客觀實在進行眞實的認識，而非憑空想像思索，「思想如一條線，隨時隨地指你向前，所以謂之思索。但主要須向實處索，切莫索之冥冥，憑空思索。」[33]人們要獲得對客觀存在事物的知識，就必須通過對它本身的認識研究來實現，「我們要求對於某項事類有眞知識，則必向該項事類之本身去找尋，此乃一切科學最普通基本的則律。」[34]所以，他說，認識歷史同樣必須從客觀歷史本身及其演進來進行，要不違歷史事實本身，「要得客觀之歷史，必須有客觀之分析。」[35]「無論何種看法與想法，須求不背歷史眞實，則是一大原則。」[36]

對歷史認識對象的本質和特性看法的不同又會決定歷史認識及其方式的不同。由於錢穆認爲人文歷史與自然歷史有根本差異，人文歷史本質上是融過去、現在和未來爲一體的生命，這樣便使歷史認識有強烈的主體意識和價值情感介入，因此，歷史認識便具有主觀性。歷史認識的主觀性主要表現爲：

㈠歷史認識應以現時代為出發點。錢穆認爲，歷史是融過去、現在和未來爲一體的大生命，歷史是將過去與未來融爲一片和有寬度的現在，所以，「研究歷史者，實即研究此一有寬度之現在事件也。」[37]這就是說一切歷史都是現代史或當代史。既然如此，歷史認識就必須從現實出發，「研究歷史，應該從現時代中找問題，應該在過去時代中找答案，這是歷史研究兩要點。……歷史的記載，好像是一成不變，而歷史知識，卻常常隨時代而變。」[38]歷史研究不能像自然史研究那樣，把研究對象作爲一個毫無現實意義的東西進行純粹客觀的考察研究。歷史認識既要像自然科學一樣有對歷史材料客觀和嚴密的考據，也要隨著歷史時代的變化而變化。由於今天所要求的歷史知識和前人不同，所以就應該根據歷史材料對歷史進行現代意義的闡釋，重寫新歷史。他說：「研究歷史也隨著時代而不同。……當知歷史誠然是一住不返了，但同時歷史也可以隨時翻新。」「歷史是可以隨時翻新改寫的，而且也需要隨時翻新改寫的。」[39]如，我們今天可再寫一部新的春秋史、戰國史、或秦漢史等。但是，他又反對那種拋棄歷史本身來隨意闡釋歷史的作法。他認爲，近代中國史學、特別是古史研究就犯了這個錯誤，「史者一成而不變，而治史者則每隨時變而異其求。故治史之難，莫難於時變之方新。當是時，前人之所得，若不足以應吾之需，而一時之所求於史者，遂亦喜言創獲，而其病在不經而失實。今日之時變亟矣，其所需於史者甚切，而喜創不經之病亦甚顯。尤甚者，莫過於近人之言古史。」[40]他又說，舊史新寫也不是說舊歷史可以推翻不要，「所謂舊史翻新，第一條件自該根據舊史，不違背舊史原來之眞實性。舊史翻新了，舊史依然存在。」[41]

㈡歷史認識研究的最高境界應當落到自信心上，而自信心是屬於主觀意志範疇的。錢穆認爲，人類歷史與自然歷史不同，它是客觀規律及其決定性與主觀意志及其能動性相互作用的產物，它的內容和結構十分繁複，演化發展也異常多變。因此，對人類歷史的認識研究固然先要求「是」，以獲取歷史的本來面目，可實際上卻難以做到，「此項生命（按：指歷史生命）大原理，固然可在歷史中尋求，但歷史上卻又往往不能把來明白寫下，此處便是學歷史者之大難題所在。」[42]人文歷史研究如果只在考據上求「是」，所考據者遠在身外，尚屬省力；可是要在當前社會群體生活之中去實事求是，便很難了，「因人事日變，今日之所謂是，明日亦可成爲不是；此地之所謂是，他處亦可成爲不是。」[43]歷史學者既不能象科學家去利用實驗來求取公認之是，加之愛好不同，因此，他們的最高境界遂落到自信心上，「此皆是人文學修養一種自心自信不求人知之至高境界；……惟須博學知服，又須下學上達，從虛心到自信，從好學到自負。」[44]

㈢歷史認識是建立在史家主體意識的基礎上的，歷史知識只是史家對歷史的理解和解釋。他說，史家要認識和記載以往的歷史，只能根據自己的原有認識作爲依據，「我們研究歷史，既是包括人生的一切經驗，我們該先懂得運用某一套的眼光來觀察，然後才能得到某一種瞭解。瞭解以後才能開始有記載。」[45]同時，歷史認識的主觀性還表現在人們對歷史記載的選擇上。這不僅是因爲歷史事實往往既遙遠，又複雜，要把所有的歷史人生經驗記載下來既不可能，也不需要，人們只是根據對現在有意義的歷史作記載，「我們只求在已往人生中，擇其特別重要的，保留記載」。[46]錢穆在這裏所說的有意義的和重要的，便含有一種主觀性。所以，他又說，人們寫歷史必先經過一番主觀的觀察，即對史實的看法，直到對史實的意義有所瞭解以後，才能寫成歷史，「故世界上絕無有純客觀的歷史。因我們決不能把過去史實全部記載下來，不能不經過主觀的觀察和瞭解而去寫歷史。」47

㈣歷史是民族文化的生命，而民族文化必然有價值觀和民族情感蘊涵其中，因此，對歷史的認識也必然會帶有價值觀與民族情感。價值觀和民族情感不屬客觀性的認識範疇，它是一主觀性的認識範疇。錢穆說，對歷史僅有觀察而無瞭解是不能寫歷史的，我們還必須對史實的背景意義有所瞭解，並有了某種價值觀，才能寫歷史，「故從來的歷史，必然得寓褒貶，別是非，絕不能做得所謂純客觀的記載。」48研究歷史要以民族國家當前的歷史為出發點，要有一番民族情感和愛心，「當知治史必以國家民族當前事變為出發點。……史學是大群人長時期事，不是各私人之眼前事。」49而這種主觀情感是不可避免的，他說：「我以一個中國人立場來談世界人類前途，脫不了有些中國人的主觀，不免有眼光狹小，情感自私之病。但任何一外國人來看中國看世界，又何嘗不是如此。」50

錢穆從「一切歷史都是現代史」角度闡述了歷史認識中主體意識介入的必然性與合理性。既然一切寫出來的歷史都是現代史，所以，離開史家主體意識和價值取捨的歷史認識研究是沒有意義的，也是無法認識和把握歷史的生命本質的。同時，他又指出史家的主觀性不能違背客觀的歷史，歷史認識必須是客觀歷史事實與主觀精神意識的統一，即是說，歷史認識是歷史和史家的合一過程。其次，他從歷史本身的複雜性和多變性說明歷史認識是難以做到純粹客觀的，因此，必須有歷史學家主觀因素的介入，這便指出了歷史認識中主觀性不可避免的原因。第三，他看到了歷史認識過程中史家對史料取捨主觀存在的必然性，這是因為，任何歷史認識都是通過史料來實現的，它實際上是對歷史的二度認識，這種二度認識必然是含有史家的主觀意識的。第四，他指出歷史認識中價值觀與情感這類主觀因素存在的合理性，這是符合絕大多數史家的研究實際的。史家站在一定的國家和民族立場上來研究歷史，便難免帶有其價值觀與民族情感。

然而，他的歷史認識思想與其對人文科學的認識論思想又不完全一致。上面已說，他完全否認人文科學認識的思維性和理智性，認爲這屬於自然科學的認識範疇。可是，他卻說歷史認識首先是要弄清歷史的客觀事實，這實際上又承認了思維與理智的作用。再者，他沒有認清歷史認識過程中歷史認識的主體性與主觀性是有區別的。歷史認識研究中的主觀性是指那種脫離客觀歷史事實的錯誤認識，雖然它在歷史認識中是難以避免的，但卻是必須儘量避免和克服的。而史家的主體性是指史家所具有的知識結構與道德修養，用中國傳統的術語說，即是史家的才、學、識、德。這種主體性的介入是不可避免的，否則就沒有歷史學的產生和發展了。

四、重性情和史德的史家素質論

史學家是歷史認識的主體，歷史認識的整個過程都離不開史學家的認知活動。歷史學家具有什麼樣的素質，決定了歷史學家的歷史認識方式與歷史認識的結果。錢穆認爲，作爲歷史學家應該要才、學、識、德等俱全，他說：「今日所需之新史學家，其人必具下開諸條件。一、其人於世事現實有極懇切之關懷者。二、其人又能明於察往，勇於迎來，不拘拘於世事現實者。三、其人必於天界物界人界諸凡世間諸事相各科學智識有相當曉了者。四、其人必具哲學頭腦，能融會貫通而籀得時空諸事態相互間之經緯條理者。乃可當於司馬氏所謂明天人之故，通古今之變，而後始可以成其一家之言。」[51]又說，中國人講史學，向來主張史家要有史才、史識和史德，「我們如能兼備上述三條件，自可研究歷史有高深卓越的造就。」[52]但是，他又認爲，史家性情和道德的主體投入在歷史認識和研究中更爲重要，而史德又是最根本的。

歷史研究須有史家的性情投入。這是因爲：一則，史家的歷史研究需要體現其性情，「史學亦不能脫離人之性情，縱說史學須能客觀，然眞成爲一史學家，則無不有其私人之個性與其眞情之流露。……正惟如此，故愈覺其學問之眞而可貴。」[53]他十分讚賞章學誠說學問應該從自己性情上做起的話，他說：「任何人做學問，都該要在自己性情上有自得，這就開了我們學問之門，不要在外面追摹時代風氣。」[54]錢穆說的史家性情既指建立在史家個人性情基礎上的學術思想個性，也指史家具有的獨到見識。二則，史家要「知人論世」。他說：「知人論世，爲治史之首要條件。」[55]所謂「知人論世」，便是將主體情感投入到歷史研究中，與古人爲一，與歷史爲一。因爲，歷史人生不能脫離時間和空間，人之爲人，必隨時和地而相異，況且各人的才性也是不同的。所以，史家研究歷史時，「我須能親切投進，『沈浸其中』，『與古爲一』，此才是眞學問，才是眞欣賞。學問到此，始是學問之最高境界。」[56]三則，史家的歷史研究要講民族情感。他說，研究歷史「要有一種史學家之心情，與史學家之抱負。若不關心國家民族，不關心大群人長時期演變，如此來學歷史，……最多只能談掌故，說舊事，更無史學精神可言。」[57]

而史家主體投入最根本的要素是史德。他說的史德是指治史者的心智修養，它既包括史家的道德修養，也包括史家的精深識見，「所謂德，也只是一種心智修養，要能不抱偏見，不作武斷，不憑主觀，不求速達。這些心理修養便成了史德。」[58]史德所以是史家素質中最重要的，這是因爲：

㈠史德在史家的各種品質修養中處於中心地位。錢穆認爲，寫史自要有史法和史義，以求取史識。如何觀察記載是史法，如何瞭解歷史之意義與價値爲史義。而要獲得史義，求取史識，就必須要有史心和史德，「惟其有史家之心智，才能洞觀史實，而史心與史德相配合，那樣才能得到史識。」[59]㈡史家只有具備史德，才能排除個人主觀偏見，眞正認清和把握歷史。他說，章學誠將史德作爲「著書之心術」，而要端正「著書之心術」，即是要做到其所說的「欲爲良史，當愼辨於天人之際，盡其天而不益以人。」用今天的話說就是，「寫史應一本原來事實，不要把作書者人的成份添進去。拿現在的話來講，只是要客觀地把事實眞相寫出，這即是『天』了。……其實『盡其天而不益以人』這也就是一種史德。退言之，亦是一種史識。若果無識，又如何來辨天人之際呢？」[60]錢穆認爲，現在的中國史學更多是加進了人，即史家的主觀因素，如說中國二千年是封建帝王專制，說中國文化全要不得，實際卻對歷史書籍從未過目，全不理會，不問其「天」，全是講自己的私人觀點。這便是不講史德。㈢治史者的德性和品格高，學問境界亦高。在中國傳統學術的義理、辭章和考據當中，義理教我們的德行，辭章培養我們的情感，考據增進我們的知識，須德行、情感、知識三方面都齊備，才能稱得上是一成功者。他說：「學問皆由人做，人品高，學問境界亦會隨而高。人品低，不能期望其學問境界之高。如一無德行無情感之人，一意來求歷史知識，究其所得，實也決不足稱爲是歷史知識。……一切知識，應以德行、情感爲基本。」[61]

從根本上說，這種重性情和史德的史家素質論是由錢穆對「學」與「人」與「德」關係，尤其是人文科學中「學」與「人」與「德」關係的認識決定的。

錢穆說，所謂學與人的關係，即，「究是爲了人而始有學，抑是學可以外於人而存在，爲了尋究此學而始須人之努力從事？換言之，究是由學來完成人，抑是由人來完成學。再換言之，一切學是否爲人之主觀而引起，抑有其客觀自存之地位。」[62]他認爲，一般說兩者好像各有道理。沒有人，不能完成學。沒有學，不能完成人。反之亦然。由人來完成學，由學來完成人。兩者循環相通，彼此如一，極難說誰是誰非，誰先誰後。然而，實際情況並非如此。在人與學中，人是本位的，學因人始有，因人才有意義；各種學問不是外在的，學問是人去探求、追尋而創造出來的，「故可謂人乃是一切學問之中心。一切學問皆自此中心展出，環拱此中心，而向四外發展。在開始時，一切學問都不遠離此中心。」[63]

而學與人的關係亦是學與德的關係。德即「德性」，錢穆說，「『德性』一語，亦可分兩種看：一指稟賦，屬於先天；一指修養，屬於後天。凡此兩義本相通貫」。[64]可見，德性不僅是指學者的道德，即修養，也包括學者的性情，即稟賦。學問既以人爲中心，由人來探求和創造，因此，學問的產生和發展也就是德性的創造與表現。再者，一切學問皆自人來，亦爲人用。所以說，一切學問即是「人學」，「既是人學，實皆淵源於人之『德性』。」[65]這樣，人與學與德實是融爲一體的。一方面，如果做人條件不夠，那麼此人所做的學問也不能到達一種最高境界。另一方面，做學問也就是學做人，即培養人的德性，如虛心、肯負責、有恒、能淡於功利、能服善、能忘我、能有孤往精神、能有極深之自信等，「具備此種德性，方能做一理想人，方能做出理想的學問。眞做學問，則必知同時須訓練此種種德性。」[66]德性不僅是首要的，實際也包括了智慧與功力，即學這一層面的東西，「總之『德性』仍是一首要；而智慧與功力尚屬其次，亦可謂智慧與功力亦包含在德性中。」[67]

錢穆認爲，自然科學與人文科學對學與人孰輕孰重、孰主孰從的要求是不同的。[68]自然科學以學爲主，人文科學則以人爲主。自然科學的問題都是預先存在的，自然科學研究者盡可隔絕人世，埋頭在實驗室中做學問。人文科學者研究卻不然，他們須時時面向萬變日新的人生和社會，把握當前人生的和社會現實問題，這樣才能使自己所研究的學科不斷有新生命和新創闢，「要言之，研究自然學，應能有志獻身於學問。而研究人文學，則應能有志獻身於社會。換言之，研究自然學，其可貴即在其所學。而研究人文學，則可貴更在從事此學之人。」69牛頓的不朽，是因發明了動學三定律。愛因斯坦的不朽，是因發明了相對論。而孔子和耶穌的不朽，主要是因他們人格的偉大。他說，如果用中國人的觀念來看，「研究自然學的條件，應是一智者。而研究人文學之條件，則必然應是一仁者。惟其是一智者，才能於別人想不到處提出新假說，於別人見不到處尋覓新證據。惟其是一仁者，他才會對社會人群有敏銳的直覺，有深厚的同情，能在大處深處，發掘出人類普遍的，潛伏的，眞問題之痛癢處，及其癥結處。」70也就是說，研究自然科學者應是理智的、冷靜的，可以不要個人性情的投入，也可以不重德性。71「人的『個性』則不能在自然科學中存在。」「人應全沒入學之中，人的地位似在學中消失了。」72人文科學則不同，它以人爲中心，所以，人文學者除了必須具備自然科學家的求「是」精神與方法外，又必須超越這一層面，他應是富於個性、重情感和重道德的。如果人文科學者只重自然科學的態度和方法，專在學科內部作與人生和社會不相干的研究，那麼，他所得的僅是一種死知識，經學流爲訓詁與章句，文學之流爲詞章，史學流爲考訂與纂輯，他最多僅成一學究，絕不能成爲一濟世導群的大學者。他說，人文科學家的可貴之處，「正在其不僅有知識上的冷靜與平淡，又應該有情感上的懇切與激動。這並不是說要喜怒用事，愛憎任私。只是要對研究的對象，有一番極廣博極誠摯的仁慈之心。」73

錢穆主張以人爲中心，學從屬於人，講求治學者的心性道德，突出強調史家的情感道德等，這是其民族文化生命史觀邏輯演化的必然結論。他把歷史視爲一文化生命體，道德化的心性是歷史文化生命的本體。所以，人文歷史學的認識與研究要重視研究主體的情感、道德、價値觀等主觀性因素。這是有合理成分的。他指出了研究人文學的歷史學者所應具備的素質與自然科學研究者有著很大的不同，同時，也不否認史學家的「求是」和科學精神。他強調歷史學家應該重視自身的人文修養，要關心民族、國家和社會，要有經國濟世的熱情與理想抱負。錢穆一生的史學生涯充分體現了這一思想。

錢穆雖然主張史家應該才、學、識、德俱全，不過，他對如何培養史才、史學和史識的論述不夠。作爲一個歷史學家，史德固然十分重要，但是，其他三個方面也十分重要。特別是作爲一名現代史學家，他所面對的近現代歷史在結構、內容和演變方式等方面要比古代歷史複雜和廣闊得多，現代史學對史家的專業技能提出了更專門和更全面的要求，錢穆的史家素質論在這方面沒有作出較好的回答，這是一個很大的不足。造成這種不足的根本原因就是他的道德決定論。

註　釋

1 〈自由與干涉〉，《湖上閑思錄》，第四六頁。

2 〈精神與物質〉，《湖上閑思錄》，第五頁。
3 〈精神與物質〉，《湖上閑思錄》，第六頁。
4 〈精神與物質〉，《湖上閑思錄》，第六頁。
5 〈精神與物質〉，《湖上閑思錄》，第六～七頁。
6 〈精神與物質〉，《湖上閑思錄》，第七頁。
7 〈精神與物質〉，《湖上閑思錄》，第八頁。
8 〈精神與物質〉，《湖上閑思錄》，第七～八頁。
9 〈精神與物質〉，《湖上閑思錄》，第八頁。
10 〈精神與物質〉，《湖上閑思錄》，第八～九頁。
11 〈有關學問之系統〉，《中國學術通義》，第二二二～二二三頁。
12 〈推概與綜括〉，《湖上閑思錄》，第一三一頁。
13 在西方哲學史上，經驗論有唯心與唯物之分。他僅是將西方哲學史上的唯心主義經驗論來概括其全部的經驗論，這種看法是片面的。
14 〈經驗和思維〉，《湖上閑思錄》，第七九頁。
15 〈經驗和思維〉，《湖上閑思錄》，第八〇頁。
16 〈經驗和思維〉，《湖上閑思錄》，第八一頁。
17 〈經驗和思維〉，《湖上閑思錄》，第八一頁。
18 〈經驗和思維〉，《湖上閑思錄》，第八一頁。
19 〈經驗和思維〉，《湖上閑思錄》，第八二頁。

20 〈經驗和思維〉，《湖上閑思錄》，第八二頁。

21 〈直覺與理智〉，《湖上閑思錄》，第一三七頁。

22 〈直覺與理智〉，《湖上閑思錄》，第一三九頁，第一四二頁。

23 〈直覺與理智〉，《湖上閑思錄》，第一四二頁。

24 〈直覺與理智〉，《湖上閑思錄》，第一三九～一四〇頁，第一四一頁。

25 〈科學與人生〉，《湖上閑思錄》，第六七頁。

26 〈科學與人生〉，《湖上閑思錄》，第六五頁。

27 〈直覺與理智〉，《湖上閑思錄》，第一四二頁。

28 〈價值觀與仁慈心〉，《湖上閑思錄》，第一五三頁。

29 〈價值觀與仁慈心〉，《湖上閑思錄》，第一五〇頁。

30 錢穆這裏說的階級不是一個社會經濟範疇的概念。它具有寬泛的文化和社會涵義，既指不同民族在文化發展中存在的差異，又指在同一文化的社會中不同的人在道德、文化修養、社會地位等方面的差異。

31 〈價值觀與仁慈心〉，《湖上閑思錄》，第一五二頁。

32 〈價值觀與仁慈心〉，《湖上閑思錄》，第一五二頁。

33 〈推尋與會通〉，《新亞遺鐸》，第七八六頁。

34 〈價值觀與仁慈心〉，《湖上閑思錄》，第一五一頁。

35 〈中國史學之精神〉，《中國史學發微》，第三〇頁。

36 《中國歷史研究法》，第三九頁。

37 〈中國今日所需要之新史學與新史學家〉，《世界局勢與中國文化》，二三二頁。

38 《中國歷史精神》，第一一～一二頁。

39 《中國歷史研究法》，第一一～一二頁，第一三頁。

40 錢穆、姚漢源編著：《黃帝》，弁言，重慶勝利出版社，一九四四年六月初版，第一頁。

41 《中國歷史研究法》，第一三頁。

42 〈史學導言〉，《中國史學發微》，第七八頁。

43 〈學問與德性〉，《中國學術通義》，第三〇〇頁。

44 〈學問與德性〉，《中國學術通義》，第三〇一頁。

45 《中國歷史精神》，第二頁。

46 《中國歷史精神》，第二頁。

47 〈中國史學之精神〉，《中國史學發微》，第二八頁。

48 〈中國史學之精神〉，《中國史學發微》，第二八頁。

49 〈史學導言〉，《中國史學發微》，第六〇頁。

50 〈中國文化與世界人類的前途〉，《中華文化十二講》，第七一頁。

51 〈中國今日所需要之新史學與新史學家〉，《世界局勢與中國文化》，第二三八頁。

52 《中國歷史研究法》，第一一頁。

53 〈學問與德性〉，《中國學術通義》，第二九三～二九四頁。

54 〈從黃全兩學案講到章實齋文史通義〉，《中國史學名著》(二)，第三一六～三一七頁。

55 《宋明理學概述》，例言，第二頁。

56 〈關於學問方面之智慧與功力〉，《新亞遺鐸》，第四六〇頁。

57 〈史學導言〉，《中國史學發微》，第六〇頁。
58 《中國歷史研究法》，第一一頁。
59 〈中國史學之精神〉，《中國史學發微》，第二八頁。
60 〈章實齋文史通義〉，《中國史學名著》㈡，第三二九～三三〇頁。
61 〈史學導言〉，《中國史學發微》，第五〇頁。
62 〈學與人〉，《歷史與文化論叢》，第一九四頁。
63 〈學問與德性〉，《中國學術通義》，第二九〇頁。
64 〈學問與德性〉，《中國學術通義》，第二八九頁。
65 〈學術與德性〉，《中國學術通義》，第三〇四頁。
66 〈學問與德性〉，《中國學術通義》，第三〇五頁。
67 〈學問與德性〉，《中國學術通義》，第三〇五頁。
68 與此相應，錢穆認爲，對「學與人」關係的不同認識也是中西歷史文化的根本區別之一。在他看來，西方自古就走上了科學文化的道路，中國自古則走上了人文文化的道路。因此，中西文化自古就對學與人的關係存在絕然相反的認識，由此導致雙方對「學與德」的關係也存在截然相反的認識。西方人很早便認爲學問是客觀外在的，重學過於重人，由人來完成學，「深一層言之，則是學爲主而人爲從。各種學問，各有其客觀之存在，即外於人而存在。而人之努力，則只爲發現此學蘊奧之一工具。」（〈學與人〉，《歷史與文化論叢》，第一九五頁。）到近代，這一趨勢愈演愈烈，學問分工愈來愈細，每一人只附屬於每一學乃至其中的細小分枝上，只見學不見人，「故使學愈大而人愈小。人之地位，乃爲其所學所淹浸而吞滅。」（〈學與人〉，《歷史與文化論叢》，第一九五頁。）這種重學問的分類，不重人品的分類，即是重學不重德，學與德可以分開。而中國人似乎很早便認爲學只爲人而有，一切學的出發點和歸宿點都是人，一切學的主要功用在完成人，「人的本身則別有其存在。此一存在，則有其理想與目的。即是說，人必該成為如何樣的一個人。而其從事於學，則只為追求此理想到達此目的之一種手段與工具。」（〈學與人〉，《歷史與文化論叢》，第一九五頁。）由於人是主體中心，由此主體中心的種種需求而形成種種學，學非外在於人而存在，每一學背後必有人，「治學者，貴能從學之後面來認識人。再來完成其自我。待其既完成了一人，自會由其人展演出一套學。」（〈學與人〉，《歷史與文化論叢》，第一九六頁。）因此，中國人重為人分類，而不重為學分類。這也就是說，中國是重德更重於學，學以德為本。中國人之學，主要在如何培養一理想完整之人格，這就是中國傳統文化中的人文主義，也是中國文化的特質所在。他說：「不深通於中國人之學，亦無以深通於中國傳統文化之大體系，及其意義價值之所在。」（〈學與人〉，《歷史與文化論叢》，第一九九頁。）

69 〈擇術與辨志〉，《新亞遺鐸》，第一九九頁。

70 〈擇術與辨志〉，《新亞遺鐸》，第二〇〇頁。

71 不過，錢穆說自然科學研究不需要德性，只是與人文科學研究相對比而言。他說，自然科學背後依然有「人」在，否則各項科學又自何處而來？「上面所講德性所能、德性所需兩語，自然科學亦仍不例外。抑且苟其成為一自然科學家，亦必有數項可敬佩之德性，而為其所必須具備者。」（〈學問與德性〉，《中國學術通義》，第二九五頁。）他例舉了科學家的幾項精神：一是，「無我」、「忘我」的精神。二是，科學實驗既須步步踏實，又須耐心等待。三是，須有「服善」精神。四是，須有「犧牲」精神。（參見〈學問與德性〉，《中國學術通義》，第二九五～二九八頁。）

72 〈學問與德性〉，《中國學術通義》，二九三頁，二九四頁。

73 〈價值觀與仁慈心〉，《湖上閑思錄》，第一五二頁。

第十章

通變和通專相結合、考據和義理相結合的歷史研究法

歷史研究方法實際包括兩個層面，一是具有普遍性和原則性的歷史研究方法，亦可稱爲歷史研究方法論，一是對不同層面、領域或門類歷史的研究方法，也可稱爲歷史研究的具體方法。錢穆對這些都作了不少論述。他認爲，歷史研究應該通與變和通與專相結合，歷史研究要注意各民族歷史發展的獨特性，歷史研究應該考據與義理相結合。他對各專門史的研究方法也作了大量闡發。需要指出的是，錢穆的歷史研究方法思想主要是根據他對中國歷史的研究總結出來的。所以，他在談歷史研究法時，往往是結合中國歷史研究來說的。

一、歷史研究要通與變、通與專相結合

歷史研究要求通，要通與變、通與專相結合，這是錢穆論歷史研究的兩種基本方法。他說，作爲當代新史學家的必備條件之一就是：「其人必具哲學頭腦，能融會貫通而籀得時空諸事態相互間之經緯條理者。乃可當於司馬氏所謂明天人之故，通古今之變，而後始可以成其一家之言。」1需要注意的是，錢穆

所說的「通」在通與變、通與專中的具體涵義是不同的。

首先，研究歷史既要求通，又要求變，要通與變相結合。歷史研究所以要通與變相結合，是由歷史本質及其演變規律所決定的。

㈠**研究歷史必須要有會通的眼光和方法**。錢穆說：「要學歷史，須能把全部歷史在大心胸大智慧下融通一體，見其大又能見其通。」[2]又說：「將欲於歷史研究得神悟妙契，則必先訓練其心智，習爲一種綜合貫通之看法。」[3]他這裏所說的通，意指在歷史研究中要有一種通觀全部歷史演進過程的眼光和方法，這主要是從歷史的縱向面說的。研究歷史必須求通，原因在於：第一，歷史是一持續、有無限寬度的縱貫古今的大現在，所以，研究歷史「其最要宗旨，厥爲研究此當前活躍現在一大事，直上直下，無過去無將來而一囊括盡，非此則不足以語夫歷史研究之終極意義而克勝任愉快。」[4]第二，歷史實爲一融過去、現在和未來爲一體的、綿延不絕的大生命，所以，「眞有得於史學者，則未有不能融貫時間相，通透空間相，而綜合一視之者。」[5]第三，歷史是天人合一的產物，天時與人生是二而一和一而二的，所以，「上自天時，下迄人生，凡屬歷史，皆通天人，仍必會合和通以求，乃始有當。」[6]

㈡**研究歷史又要明變**。他說，研究歷史「首當注意變，其實歷史本身就是一個變，治史所以『明變』。」「貴能從異求變，從變見性。從外到內，期有深入的瞭解。」[7]這裏所說的「異」即是歷史演變中的不同。通過求異認識歷史的變化，才能從歷史的表面進入歷史的內裏，從而發現歷史的本質，即「性」。研究歷史要明變，是因爲：第一，歷史本身就是一個變，有變才有歷史時代的形成，歷史時代的劃分標誌就是變，長時期綿延的歷史是由各個歷史時代組成的。史書的價值就表現在能反映歷史的時代性，「每一時代同另一時代不同，正因其各有特性不同。要能表現出這一個時代的歷史特性的，那麼這部書就是歷史上一部重要的書。」[8]第二，一切歷史都是有興有衰，歷史的規律只有在世運興衰中才能求得，「常在運轉中……，世事一興一衰，其間卻有個大道理。諸位治史，先須知有興衰，再在興衰中求它道理。」[9]第三，變是民族歷史精神所在，「變之所在，即歷史精神之所在，亦即民族文化評價之所繫。」[10]

㈢研究歷史又要通與變相結合。講通就要講變，歷史的通存在於歷史的變中，只有變才能顯現通，沒有變，就不存在通，此即「通變」。通與變的結合落到歷史研究中，即表現爲通史研究與斷代史研究。錢穆說，治史先當略知通史大體，再深入各時期研究一斷代史；對此斷代史有研究後，再回頭來重治通史，又繼而研究另一斷代史，「如此循環不息地研究下去，才是可遠可大，才能眞明白了歷史時代之變，才能貫通上下古今而獲得歷史之大全。」[11]他也把歷史研究的求通稱爲求久或求同，把求變稱爲求異。他說，治史應該注重兩點：「一在求其變，一在求其久。我們一定要同時把握這兩個精神，才能瞭解歷史的眞精神。」[12]又說：「凡治史有兩端：一曰求其『異』，二曰求其『同』。」[13]研究歷史要通變結合，原因在於：第一，歷史演進是常與變、持續與變化的統一，所以，「講歷史，便要在持續中瞭解其變化，在變化中把握其持續。」[14]第二，只有通變結合，才能眞正認清和把握民族歷史演進的本質，而不會將短時期和某一時代的病態衰退當成歷史的全部，導致民族歷史的自譴論和虛無論。他說，在一個民族和國家的歷史演進中，生力是根本的推動力，病態是其歷史演進時時不免遭遇的頓挫與波折，生原是見於全部歷史的潛在本力，病原是發於一時外感的事變。在這些因素的交互作用下，歷史是波浪般曲線演進。所以，研究歷史，「必明生力，明病態。生力自古以長存，病態隨時而忽起。」「故求一民族國家歷史之生原者，貴能探其本而攬其全；而論當前之病態者，則必辨於近而審其變。」15

錢穆說歷史研究既要求通，又要求變，要通變結合，從而闡明了歷史研究必須對歷史的演進有一總體認識，要認清和把握歷史演變發展的規律、必然性和大趨勢，不要爲歷史演變發展過程中不同時期的變化所迷惑，更不能以某一時期的曲折和衰退來偏概整個歷史演進的大勢。同時，又要注意歷史在每一時代的不同變化，要從各個歷史時期的變化中尋找出歷史演變發展的規律、常態和趨勢。

其次，歷史研究又必須做到通與專的結合。此處所說的通，一是指對歷史的通盤瞭解，二是指對與歷史學相關知識的全面掌握。與此相應的「專」，一是指與歷史整體相對應的各個部分和門類。這種通與專的結合，是指通史研究與專門史研究的結合。二是指要深入掌握歷史學本身的知識。這種通與專的結合，是說歷史研究應該具備的一種知識結構，即，要想對歷史有一深入研究，不但要有對各學科知識的全面瞭解，又要有對史學本身的深入理解和把握。

我們先看錢穆對歷史本身通與專研究的闡述。他說，研究歷史先要對歷史有通盤系統的瞭解，然後再分類以求，「從歷史的各方面分析來看，然後再加綜合，則仍見此一歷史之大全體。但較前所自見更深細，更透徹了。」16通過分類研究，以明白同一時代不同事件彼此相通與互相影響之處，熟悉某一時代橫剖面中一切政治制度、社會形態、經濟情狀、學術大端和人物性格等，「一一可以綜合起來互相會通，如此才算眞明白了此時代。切莫一一各自分開，只作爲是一些孤立和偶起的事項來看。」17研究歷史要求其通，原因在於歷史的內容是極其廣博的，它包容了天地自然人生文化的一切。他說，中國歷史之所謂通，不僅通於人與人之間，更有通之於自然萬物者，「故中國五千年來之歷史，並已融化在中國之大地上。全部中國疆土，可謂皆由中國歷史之人文化成，乃為中國之一部活歷史。……不僅如此，如家譜、如地方志，及其他如寺廟志等，亦各古今相通，可同目為通史。」[18]他的《中國歷史研究法》第一講是「如何研究通史」，後面七講分別對政治史、社會史、經濟史、學術史、歷史人物、歷史地理和文化史的研究法作了詳細闡發，充分體現了歷史研究必須做到通與專相結合的思想。

關於歷史研究在知識結構上的通與專問題，錢穆突出強調了研究歷史要博通其他學科。他說，治史當會通四部之學，「苟其人不通四部之學，不能通古今之變而成其一家之言，又何能成為一史家。」[19]治學要專精與兼通更迭互進，治史學當兼通制度、地理、經濟、法律、社會、學術思想、宗教信仰和四裔民族等，「學問入門，正該從各方面都有一番探究。」[20]學史不要把眼光心胸專限在史學上，應懂得從通學中來成專家，從來專家都從通學中來。他認為，今日所需新史學家的條件之一便是，「其人必於天界物界人界諸凡世間諸事相各科學智識有相當曉了者。」[21]

為什麼研究歷史要旁通和博通其他學科呢？他認為，第一，學問是一大系統，一切學問並非如我們所想可以明確分為文學、史學、哲學等，互不相犯或互有抵觸，「史學並不能獨立成為史學，其他學問都一樣，都不能獨立自成一套。學問與學問間，都有其相通互足處。」[22]他說，依照中國傳統，學問有三大系統：一是「人統」，以人為學問中心，講如何做有理想、有道德和有價值的人；二是「事統」，以事業為學問中心，講「學以致用」，把對社會有用作為學問的終極目標；三是「學統」，以學問本身為中心，即為學問而學問，注重對學問作分門別類的專門研究，不求學問的致用。中國傳統觀念講「內聖外王」，認為學問應當為人生修養和經國濟世服務，學問僅是工具。人是中心，是體；學為用，由體達用，以人生修養爲最高學問的綜括，不重學問本身的分類與專門研究。因此，像西方那樣重視學問分類的研究，固然爲人類社會開闢了許多的境界，提供了許多新意見，但也有兩項易見之弊：「一則各自分道揚鑣，把實際人生勉強地劃開了。如研究經濟的可不問政治，研究文學的可不問歷史等。第二、各別的研尋，儘量推衍引申，在各自的系統上好像言之成理、持之有故，但到底則每一項學問，其本身之系統愈完密，其脫離人生現實亦將愈顯著。」[23]第二，治學當先求通，才能專，反對所謂通才與專家之爭。他說：「其實不通則不能專，通了則仍須專。」「故從事學問，必當先歷通途，再入專門，由本達末，乃爲正趨。學問之道，歧之中復有歧，專之上猶有專。」[24]所以，即使根據當前問題來研究歷史，也得將此問題擱放一邊，先平心靜氣地對歷史作通體研究，這樣才能得出正確結論，「我們當知，從研究歷史用心，可以解決問題，若僅從解決問題上用心，卻不一定能瞭解歷史，這等於說，明體可以達用，而求用心切卻不一定能明體。」[25]

錢穆從歷史的本質及其演變發展規律、歷史學與其他學科的相互關係、學問的系統等方面深入和系統闡發了歷史研究應該做到通與變、通與專相結合，尤其是他對歷史研究中通與變和通與專辯證關係的認識頗爲深刻。

二、治史貴在求其特殊精神與個性

在歷史研究中如何看待不同民族和國家歷史發展的特殊性與普遍性，錢穆主要是強調歷史研究要注重不同民族和國家歷史的特殊性。這也是他關於歷史研究的基本方法。

治史貴求特殊性，亦稱歷史的個性或獨特性。他說，寫一個國家和民族的歷史，「必確切曉了其國家民族文化發展『個性』之所在，而後能把握其特殊之『環境』與『事業』，而寫出其特殊之『精神』與『面相』。然反言之，亦惟於其特殊之環境與事業中，乃可識其個性之特殊點。」「故曰：治國史之第一任務，在能於國家民族之內部自身，求得其獨特精神之所在。」[26]錢穆又說，自己進行中西歷史文化的比較研究，並非有意比長論短，揚己抑人，「其實則在說明一個民族一個國家之文化歷史，各自有其個性與特點。」[27]如，研究中國歷史，首先要看到它「大」的特點。所謂大，一是中國歷史上疆域廣大，一是中國歷史上人口眾多，簡言之就是廣土眾民，「此實使我國家民族能翹然特立於斯世。若不注意於此，則對我國史已往之精神與意義，將索解無從。」[28]又如，研究中國史要注意其渾融一體性，要把中國的政治史、社會史或經濟史作一整體研究，應當從政治史、社會史來研究經濟史，也當從政治思想和社會思想來研究經濟思想，又當從政治制度、社會制度來研究經濟制度，「在此三者之上，則同有一最高的人文理想在作領導，循此以往，中國歷史之傳統性與其特殊性，便不難找出答案來。」[29]

他堅決反對近代以來用西方歷史發展模式作爲衡量中國歷史進步與落後的標準、把西方人對歷史的看法移用到中國歷史研究上來的做法。他說：「固然歷史自有許多共通性，然而也不免有許多特異性。把別人家對歷史的看法和說法來看我們自己的歷史，來說我們自己的歷史，總不免有看不準說不通的所在。倘又抹殺了或不注意到我們自己的民族性，而把異民族異文化的眼光或批評來繩切自己以往的歷史，則雖不能改換我們的歷史事實，而卻已改換了我們歷史事實的意味。」[30]他認爲，這種做法並不是虛心好學，而是一種歷史自譴主義。

歷史研究應當注重不同民族和國家歷史的特殊性，從根本上說，是要使歷史研究從歷史本身出發，而不是先存一主觀的想法。他說：「研究中國史的第一立場，應在中國史的自身內裏去找求，不應站在別一個立場，來衡量中國史。」[31]也就是說，研究中國史應先注意到中國史在哪幾方面和哪些時代有變動，「從此等相異處可以看出歷史之變態與動向，再從此等變態動向裏論求其係進步抑退步。竊謂如此研究，乍看雖似空洞，結果必較合客觀之眞相。」[32]如中國史的進步，似乎不重在社會經濟方面而重在政治制度方面。若論經濟狀態，中國社會似乎大體上停滯在農業自給的情況之下。然中國史政治制度由封建到統一、由軍人政府到士人政府、由士族門第到科舉競選，實有層累的演進。他又說：「鄙意治國史不必先存一揄揚誇大之私，亦不必先抱一門戶立場之見。仍當於客觀中求實證，通覽全史而覓取其動態。」[33]如果一時代的變動在學術思想，如戰國先秦，即著眼於當時的學術思想來看它是如何變化的；如果一時代的變動在政治制度，如秦漢，即著眼於當時的政治制度看它是如何變化的；如果一時代的變動在社會經濟，如三國魏晉，即著眼於當時的社會經濟看它是如何變化的。研究歷史要注重其特殊性也是如此，「要之我們該根據歷史實事求是，作客觀之分析。西方人自據西方歷史來作研究對象，其所得結論，未必可以全部搬到東方社會來應用。」[34]他認爲，西方人研究歷史是用歷史時期劃分法，西方歷史分上古希臘和羅馬時期、中古封建時期和近代現代國家興起三個時期。而中國人講歷史常以朝代來劃分，這是因爲中國歷史上的朝代興衰和更替自然說明了此間歷史的大變動，從而形成斷代史，「所以把斷代史來劃分時期，就中國歷史言，可以說是一種自然劃分，並無很大的不妥當處。」[35]即使按西方歷史的劃分法，中國的中古史應是自秦以下郡縣政治開始的歷史大一統局面直到清末二千多年的歷史，但它與西方的中古史也是不同的。西方的中古時期是一段黑暗，而中國的漢唐時代則在各方面都有甚多的進步，且超過上古史。

錢穆的上述思想是他重視民族性在歷史文化中地位和作用的體現。他強調歷史研究要注重不同民族和國家的歷史特殊性，這對近代以來片面強調歷史研究的普遍性，其實是以西方歷史發展模式作爲標準來衡量與評價中國歷史做法的批判。然而，他因過於強調了歷史研究的特殊性，從而忽視了如何尋求世界各民族歷史發展的普遍性，也是片面的。

三、治史要考據與義理相結合

錢穆認爲，歷史研究既要重考據，[36]又要講義理和思想，[37]歷史研究應是考據與義理的結合，不能只講考據，尤其是將考據學視爲史學。

錢穆十分重視考據。他說：「講歷史該有考據，不能僅憑思想。」[38]他就是以考據學名著《劉向歆父子年譜》和《先秦諸子繫年》揚名史壇，初步確立自己在中國現代史學上的地位的。他此後的史學著述也不乏考據之作，如《古史地理論叢》和《史記地名考》等。在錢穆看來，歷史研究必須重視考據的主要原因有以下三個方面：第一，歷史研究是建立在弄清事實、評判是非基礎上的，這就需要對歷史材料進行嚴密和正確的分析研究，此即考據，他說：「史學主要在一個是非，有事實上之是非，有評判上之是非。……不辨是非，如何來講歷史。」[39]第二，通過考據能夠發現新的史實，使人對歷史有新的認識。他說：「考據之事，極其至則發前人所未發，開天地之奇秘。」[40]第三，思想和理論來自考據。他說，必先有學問才有知識，必先有知識才有思想和理論，不源於知識的思想和理論是不可靠的，「有眞學問，始有眞知識。有眞知識，始有眞思想與眞理論。而從事學問，必下眞工夫，沈潛之久，乃不期而上達於不自知。」「此乃學術虛實之辨。而今日學術界大病，則正在於虛而不實。」[41]所謂「眞工夫」和重「實」，即是要講考據。所謂「虛實之辨」即是指對考據和義理孰重孰輕的不同認識。當然，這是比較寬泛意義的考據。

同時，錢穆認爲治史更貴講義理和思想，不能只重考據。這是因爲：第一，歷史考據要有義理和思想的指導，不能離開思想來考據。史學需要考據來明辨是非，然而，「要是非不謬，那都有關於義理。」[42]如，校勘固然貴有客觀材料，可是尤貴有治史者的鑒別，校勘之業「雖曰小道，亦已包訓詁考據辭章義理，而兼通一貫之。」[43]第二，獲取思想與義理是歷史研究的最終目的，而考據只是達到這一目的的工具和手段，「我們該在材料上更深進研究其意義，工夫不專用在考據上，而更要在見解上。」[44]第三，著史貴以史識對史料進行取捨，「夫著史必貴於實事而求是，固有待於考訂，而著史尤貴於提要而鈎玄，此則有待於取捨。」[45]第四，對個人而言，是先有學問和思想才有考據。他說，治學必先通曉前人關於這門學問的大體，然後才可以從事窄而深的研究，發現前人所未知，「乃始有事於考據。乃始謂之爲學術而學術。」[46]這是學問在「虛實之辨」上要重「虛」的方面，所謂「虛」即是指義理和思想。再者，做學問要先求其大，「不先求其大者，而先把自己限在小的上，僅能一段段一項項找材料，支離破碎，不成學問。」[47]所謂求其大，也是說須先有義理和思想。

所以，治史應該將義理與考據緊密結合起來。錢穆對近代以來史學界只重義理和只重考據的兩種風氣都進行了抨擊，他說：「今日中國之史學，其病乃在於疏密之不相遇。論史則疏，務求於以一言概全史。

……而考史之密則又出人意外。……考史之密與夫論史之疏，兩趨極端。」48所謂論史之疏，即是指只重義理，所謂考史之密，即是指只重考據。

他指出，近代以來，尤其是「五四」以後只重考據、視史學爲考據學的學術風氣昧失了學問的根本，使學問成爲於己於世無益的死學問。他說，所謂以科學方法整理國故，其最先旨義是要對中國傳統歷史文化作徹底的解剖與檢查，以求重新估定一切價值，其所懸對象，較晚明清初更博大高深。然而學無本源，識不周至。結果是：「宏綱巨目，棄而不顧。尋其枝葉，較其銖兩，至今不逮五十年，流弊所極，孰爲關心於學問之大體？孰爲措意於民物之大倫？各據一隅，道術已裂。細碎相逐，乃至互不相通。僅曰上窮碧落下黃泉，動手動腳找材料。其考據所得，縱謂盡科學方法之能事，縱謂達客觀精神之極詣，然無奈其內無邃深之旨義，外乏旁通之途轍，則爲考據而考據，其貌則是，其情已非，亦實有可資非難之疵病也。」49他們以考據爲學問，崇尚所謂科學方法，書籍只當一堆材料，已非學問之對象。他們以爲用科學方法對付一堆材料，即可成爲學術上的專門絕業，「故其工夫著意之點，盡在找前人之罅縫與破綻與間隙。最好是書有不可信；否則覓人間未見書，此所謂未經發現之新材料。因謂必有新材料，始有新學問。此乃以考據代學問，以鑽隙覓間尋罅縫找漏洞代求知識。其所求爲自己之知識者，在求知別人之罅縫漏洞而止。」50他認爲，這種不講學與問，只埋頭找材料，只重自己成名成家，不關心國家民族前途的治學風氣和方法，不僅是治學方法和路向的錯誤，實際上是治學的心術道德不正，「存心不良，動機不正，這樣只是『喪德』，壞了自己心術。」51換言之，治學心術不正便是不實事求是，「此其從事學問本無甚深旨義，其所潛心考據之必無甚大關係，亦不問可知。是安所得謂實事求是？又安可得謂客觀之精神？」52而沒有實事求是精神的學術必然要墮落，最終結果便是對民族歷史文化的妄自菲薄與無端否定。

另一方面，史學界和學術界又出現只重義理、輕薄考據的另一極端趨向。錢穆說，近人治史實犯了高心空腹、遊談無根的弊病，「即如他們批評中國文化，中國思想，其實多是空洞，不憑考據，自發議論，其病遠超宋儒之上。」[53]今日學術界所以陷此大病，「亦由時代需要，群求有思想，有理論，俾一時得所領導而嚮往，思想無出路，成爲時代呼聲，而學術界無此大力，學術與時代脫節，於是一股新進，多鄙薄學問知識而高談思想理論。」[54]這些思想理論僅是一人一時之見，並非由考證博求得來。他又說，如果就學術方法而論，近世學術界是「重於明道，疏於辨術」，「所爭皆在宗旨與目標上，所提出的儘是些理論，亦可說所爭者乃『道』。但大家並不曾有一套方法來親切指導人，使人不注意到落實用力之一面，因此只是徒爭門面，絕少內容，竟可說儘是提出意見，卻無眞實的學問成績。即所謂『科學方法』，亦只是一句口號。換言之，科學方法四字亦成爲一『道』」[55]如，五四以來的「打倒孔家店」、「以科學方法整理國故」、「中國本位文化」以及「全盤西化」等均是如此。錢穆所說的疏於辨術，也包含有輕視考據方法的意思。

他認爲，這兩種史學風氣和思想實際上是有內在聯繫的。首先，這種只重材料和不重義理考據的方法，導致了歷史研究的妄自菲薄與無端疑古，最終會走入鄙視考據的歧途；考史成爲評史（即只言義理）的附庸，考史是爲否定中國傳統歷史文化的義理之學服務的。他說，治學自然要有疑，學有疑始有進，「然疑之所起，起於兩信而不能決。學者之始事，在信不在疑。所謂篤信好學是也。」[56]所以，凡是作爲自己研究對象的，必先對其存一份信心，學習前人治學的精義，以獲取自己的眞知灼見，這才是眞學問。

而現在的疑古先不求信，不肯承認學問自有成規。他們先未有廣博的知識作理論的基礎，批判各家一憑己意，高下在心，而實非各家眞實思想，結果是由所謂實事求是的考據走入了鄙薄考據的另一極端。他說：「彼之思想與理論，乃未經學問而即臻早熟，彼乃以自信代會疑，以批判代學問。彼以爲思想與理論，可以如脫轡之馬，不復受駕馭控勒，而可以逞一己馳騁之自由。以如此之學風，則鄙斥考據，事無足怪。」[57]他又說，中國近六十年來史學兩大弊端之一就是，「史學漸轉爲一種考證學。由蔑古而疑古，由疑古而倒古。以考古之面貌爲手段，以蔑古倒古之心意爲目的。故此六十年來之史學，乃可分兩大支。一曰評史，自打倒孔家店乃至全盤西化皆是。一曰考史，自地下發掘，龜甲考釋，古史辨等皆是。而考史實僅爲評史之附庸。」[58]其次，將義理與考據截然分開，奉西學爲圭臬至理，視中學爲斷爛朝報，將西學等同於義理，將中學等同於考據，考據成爲他們講求義理的方法和手段。他說：「此數十年來，國內學風，崇拜西方之心理，激漲彌已，循至凡及義理，必奉西方爲準則。一若中西學術，分疆割席……治中學者，謹願自守，若謂中國學術，已無義理可談，惟堪作考據之資料。……故鄙言義理者，其實則尊奉西方人義理爲莫可違異耳。盛言考據者，其實則蔑視本國傳統，僅謂是一堆材料，僅堪尋隙蹈瑕，作爲其所謂科學方法者之一種試驗與練習耳。」[59]他認爲，講西方義理也應當守考據家法，才能知其所尊義理的眞邊際和眞性質，講中學考據也應當先擴大心胸，必知考據以義理爲歸宿，才能知考據的眞意義和眞價值，「如此則義理考據，固可相濟，而中學西學，亦可相通。」[60]可見，這兩種風氣和思想都是由對中國傳統文化的蔑棄所導致的民族歷史文化虛無主義造成的。

錢穆認爲，近代以來史學研究的這種風氣實際上是既不講義理，又不講眞正的考據，離中國儒學傳統的義理和考據愈來愈遠。中國學術以儒學爲主幹和中心，從中國學術演變來看，「史學從經學中衍出，亦即是從儒學中衍出。儒學應有兩大主幹，一爲治平學，一爲心性學。心性是內聖之學，治平是外王之學。」[61]重治平之學，就是重史學，重心性之學，就是重經學，也就是後來的義理之學。他說，中國各個歷史時期對心性義理之學和治平實踐之學各有所重。清儒只重考據，已是走偏了路。晚清今文經學大盛，逐漸走到空言義理。到康有爲的《孔子改制考》和《新學僞經考》，已經是一派胡言，「既非經學，亦非史學。既非心性義理，又無當於治平實跡。即論考據，亦是僞襲考據之貌，無當考據之實。乾嘉以來之考據學，至此也復之掃地以盡。民初以來之學術界，則大抵沿習晚清，以今文學家末流氣焰，而借乾嘉時代之考據訓詁爲掩護，其距離儒學大統更遠。而倡狂妄言則較康氏更甚。」[62]因此，今天要研治中國史學，至少應跳出清代道咸以下至目前這番遞變而下的學風，當瞭解儒學大體，於心性治平都知用心，這樣才能使史學前途光明。

錢穆主張治史應該考據與義理相結合，反對將史學等同於考據學，反對那種只重義理而輕視考據的史學研究，對史學研究之所以要考據與義理相結合作了深入的闡發。他對近代以來史學界只重考據或只重義理，將考據與義理分離開來的方法及其實質與危害進行了深刻的分析和批判，指出治學方法與道德心術之間有內在的必然關係，認爲那種片面講求考據和義理的治史方法是治學者的道德心術不正。不過，他對近代以來在科學精神和方法指導下的史學研究進行全盤否定又是不客觀和公正的。以王國維、胡適、顧頡剛和傅斯年等爲代表的實證史學或稱新考據學派的史學取得了重要的成果，尤其是在對史料的發掘和整理方面，在更新史料觀念以及爲史學研究增加更爲豐富和全面的史料方面，在對傳統歷史考據方法的發展方面，在對史學觀念的革新等方面，貢獻是相當大的。而被他視爲只重義理的史學流派，特別是中國的馬克思主義史學，則在傳播新的史學理論方面做出了重要貢獻。馬克思主義史學家不僅在歷史觀和歷史科學方法論方面對中國現代史學的建設做出重大貢獻，而且，郭沫若等人在史料考據方面也同樣做出了重要貢獻。錢穆指出治史方法與道德心術的內在聯繫是深刻的。但是，他以此全盤否定近代以來史學研究中重考據和重義理的流派或史家又是偏頗的。近代以來中國史學發展的一個重要特徵就是飽含著愛國主義精神，絕大多數史學流派和史學家雖然在史學觀念和方法上存在程度不同的分歧，但是走史學救國的道路是相通的。

四、專門史的研究法

錢穆主張歷史研究要將通史與專門史相結合。他在《中國歷史研究法》中對政治史、社會史、經濟史、學術史、歷史人物、歷史地理和文化史進行了專門的闡述。但是，他對經濟史與社會史的研究法論述，都很簡單。[63]由於他的史學研究主要集中在文化史、政治制度史、學術思想史、歷史地理幾個領域，因此，這裏主要就上述諸領域的研究方法加以闡述。

㈠文化史研究法

錢穆對文化史和文化的區分不是十分嚴格，他往往將文化視爲文化史，所以，他在論述文化史研究方法時，是將文化史與文化研究法放在一起來闡述的。[64]而他在論述文化和文化史研究方法時又總是聯繫到歷史研究法。因爲，在他看來，文化和歷史雖有區別，但在某種程度上說又是一而二，二而一的，[65]所以，他關於文化史研究法的一些觀點和他關於歷史研究法的一些觀點相似。錢穆關於文化史的研究方法主要包括以下五個方面：

第一，研究文化和文化史要通與變相結合。他說：「討論文化應懂得從遠處看，不可專自近處尋；要知文化有其縱深面，有長時期的歷史演變在內，不可僅從一個平切面去認識。」[66]民族歷史文化演進總是波浪式的有起有落，文化亦非一成不變，所以，對一個民族文化傳統的評價，不能單就眼前所見作評判的定準，「必從其歷史演進中分別探究其隨時因革損益，以見其全體系之進向與其利弊得失長短輕重之所在。」[67]所謂從遠處看，從文化的演進中探求其因革損益，說的就是歷史的通變研究法。

第二，研究文化及文化史要通與專相結合。文化研究要求通，因爲，「文化是一個人生的綜合體，因此對某一文化要加以分析與批評，必先注意到那一個文化中所包括的人生之各方面。又必注意到此各方面人生之如何配合，如何協調，而始形成爲此一文化之整個體態。」[68]錢穆也把文化研究所求之通稱爲「宗」和「元」。他說，從思想、歷史、文學和藝術等多方面來講文化，「又應懂得統之有宗，會之有元。……講文化從多方面會合起，這裏面有一個宗，一個元。宗是一個心，元是一個頭，我們說文化精神，也如說文化根源，文化的會合點。」[69]同時，由於文化的各個方面從古到今都不斷有變，所以又應該對文化進行分門別類的研究，「我們該有思想史，社會史，政治史，文學史，藝術史，經濟史等等，從這些知識會合起來認識我們自己的文化就比較方便些。」[70]

第三，研究文化及文化史要重視運用比較的方法，「既要同中求異，亦要異中求同。」[71]不過，文化的比較主要在「要求其異，不重在指其同」。[72]他說，對文化進行比較研究的好處是可以見雙方文化的各自特性，但是，如果比較運用不當，也有缺點。如，那種通過比較來證明中國文化比西方文化落後，進而否定中國傳統文化的做法便是錯誤的，實爲一種「文化抹殺論者」。因爲，「世上各民族文化傳統儘自有其相同處，然而仍必有其相異處，因此乃有各種文化體系可說。當知每一文化體系，則必有其特殊點所在，有其特殊點，乃能自成爲一文化體系而存在。」[73]

第四，研究文化要先看它的長處和優點，後看它的短處和缺點。這是因爲，首先，任何一文化系統都不是十全十美的，必有優點與長處，也必有劣點與短處，「即使要批評某一文化之短處，亦應自其長處去批評。」[74]那種專尋自己文化瑕疵者是「文化自譴論」。因此，錢穆認爲不能因中國今天不像樣，就說中國歷史文化一無是處，那種文化自譴論「至少不客觀、不眞實，至少是沒有歷史根據的。」[75]其次，「討論文化須從大處著眼，不可單看其細小處。」[76]否則，只見文化枝節，不見文化根本，是一種「文化的枝節論者」。這裏所說的從大處著眼，包含有要看一個民族文化的長處與優點的意思。再者，文化只是人生。我們在實際的人生中，也沒有專尋它人短處的。「人與人間則總有種種關係，若一意專找人短處，此諸關係也都不可能存在。」[77]

第五，研究文化既要客觀，又要有價值觀和情感。他說：「我們在討論文化問題時，應具兩種心理上的條件：一是平等；一是客觀。我們對於一切文化皆應有平等觀與如實觀。我們應知世界上各種存在著之文化必各有其價值，不然如何得以存在？我們第一步應懂得承認它應有的價值，第二步是來認識它，其價值何在？究竟是一些什麼價值？此方爲我們應有之態度。」[78]同時，研究文化與研究自然科學不同，「文化學之本身，無論如何，總脫不了含有某種價値的觀念。因此從文化學立場來看人生之各方面，應該有一種高低與輕重之分別。」[79]

錢穆對文化和文化史研究方法作了較爲全面和深入的闡述，對近代以來文化及文化史研究中存在的問題和錯誤的進行了分析和批判。不過，他過於強調文化研究的求異，他作中西文化比較，是爲了說明中國文化的優越偉大和貶低西方文化，表現出強烈的民族主義情緒。他認識到文化及文化史的研究既要客觀，又須寓民族情感和價値觀，然而他對中西文化的研究並未眞正做到兩者的統一。

(二) 政治史研究法

錢穆十分重視政治史，主要是中國政治史的研究，代表作有《政學私言》和《中國歷代政治得失》等。他說歷史必有其特殊性，中國歷史的特殊性，「最顯見者卻在政治上，亦可說中國民族性擅長政治，故能以政治活動爲其勝場。能創建優良的政治制度來完成其大一統，且能維持此大一統之局面歷數千年而不敗。……因此研究中國史，該特別注意其政治制度之一面。」[80]不過，他對政治與政治史並未作明確的區分，在他看來，要研究歷史上的政治，即是研究政治史。那麼，如何研究政治史呢?他的觀點主要包括以下六個方面：

第一，政治包括制度與人事兩個層面，因此，研究政治史既要重視政治制度，又要重視人事。研究政治首先必須注重制度，因爲，「一個國家必該有它立國的規模與其傳世共守的制度」。[81]特別是政治制度在中國歷史上占有極重要的地位，「若不明白中國歷代政治制度，可說就不能懂得中國史。」[82]中國史著中的兩部最大結集，即專講政治制度的《九通》與《二十四史》爲治史者必備。同時，研究政治制度也不能離開人事，因爲，「某一項制度之逐漸創始而臻於成熟，在當時必有種種人事需要，逐漸在醞釀，又必有種種用意，來創設此制度。」「若離開人事單來看制度，則制度只是一條條的條文，似乎乾燥乏味，無可講。」[83]政治制度是隨人事時時變動的，只有通過研究人事來研究制度，才能把握某一制度的眞相及其變化過程，「否則仍只是一條條的具文，決不是能在歷史上有眞實影響的制度。」[84]

第二，政治史研究應該運用通變的方法。對此，錢穆是從中國政治史的特徵來說的。他說，政治史的研究應側重在制度方面，而中國歷史上的政治制度，「自古迄今，卻另有其一種內在的一貫性，在此一貫中，有因有革，其所變革處雖不少，但亦多因襲前代仍舊不改的。直到今天，亦仍還有歷史上的傳統制度保留著。這證明中國歷史上的政治制度有許多有其巨大的魄力，可以維持久遠而不弊，因此遂爲後世所傳襲，此即中國歷史傳統一種不可推翻的力量與價値之具體表現。因此中國人把此項專講政治制度的書，也稱爲通史了。」[85]

第三，政治制度的研究要通與專相結合。因爲，「任何一項制度，決不是孤立存在的。各項制度間，必然是互相配合，形成一整套。否則那些制度各各分裂，決不會存在，也不能推行。」[86]不過，由於這種會通的研究往往難以一下做到，所以又該先定一研究範圍。如中國政治制度史的研究範圍可作如此分類：一是政府的組織，二是考試和選舉，三是賦稅制度，四是國防與兵役制。等這些問題一一弄清楚了，「然後再彙在一起，須能看其是一整體。」[87]

第四，研究政治要置於全部歷史和文化中，特別是要聯繫當時的學術思想。他說：「政治只是全部文化中一專案，我們若不深切認識到某一國家某一民族全部歷史之文化意義，我們很難孤立抽出其政治一專案來討論其意義與效用。」[88]他批評夏曾佑的《中國古代史》對秦皇漢武於此後中國史的影響和光武中興的論述未得其要，「當知政治事蹟非所不當詳，然當詳於整個時代民族之盛衰起落，不得以一朝一姓之盛衰興亡為觀點也。」[89]研究政治制度還要聯繫當時的學術思想，須注意其背後的一番理想。他說：「我們要研究政治制度，不可不連帶注意到其背後的政治理想，我們要研究某一時代的政治理想，又不得不牽連注意到其時一般學術思想之大體。」[90]

第五，研究政治制度要客觀求實。因為，任何政治制度都是有利有弊，「任何一制度，決不會絕對有利而無弊，也不會絕對有弊而無利。所謂得失，即根據其實際利弊而判定。而所謂利弊，則指其在當時所發生的實際影響而覺出。」[91]因此，要研究某一時代制度的得失，必需知道此制度實施時期有關方面的意見，不應該以自己的意見來抹殺前人的意見。再者，任何政治制度都有它的特殊性，政治制度的實施因時因地而變，不能放之四海而皆準。所以，研究政治制度，「固然應該重視其時代性，同時又該重視其地域性。推廣而言，我們該重視其國別性。」[92]如，要研究中國歷代政治制度，就應該重視中國歷史的特殊性。錢穆強調注重對政治制度特殊性的研究，這實際上包含著客觀求實的研究態度和方法。

第六，研究政治史要聯繫現實，這是由中國人對政治的看法決定的。他說，「政治乃人生一大事，修身齊家與治國平天下一以貫之，徹頭徹尾，仍是一道德活動。」「政治不能脫離了人生大道而獨自成其為政治。」[93]中國古代政治家項背相望，但都注重政治實踐，絕少空談政治思想和理論，沒有專門著書立說的政治思想家。如董仲舒和司馬光等都是有抱負而又能見諸實施的，又如唐初名相房玄齡和杜如晦等，他們創立的一套制度，垂延幾百年，改朝換代亦不能超越他們。這是中國政治家的偉大之處。

錢穆從中國歷史特性出發，指出政治史研究既要重制度又要重人事，研究中國史要特別重視對政治史的研究，研究政治史要從歷史文化的大背景出發，要聯繫歷史文化背後的學術思想，這些見解不乏精深獨到之處。他說研究政治史要求通，要通與專相結合，要客觀求實，也是正確的。不過，由於他主要是從中國歷史的角度來討論政治史的研究方法，所以，其中一些看法不免帶有局限性。再者，由於他對經濟在社會發展中地位和作用存在片面和錯誤認識，所以，他輕視政治史與經濟關係的研究。

㈢學術思想史研究法

學術思想史是錢穆史學研究的重點，這是他重視學術思想在歷史文化中地位和作用的體現。他說：「治國史必通知本國文化精意，而此事必於研精學術思想入門。」[94]他的史學著作約有三分之一是學術思想史或與此緊密相關的。[95]他對學術思想史研究方法的論述頗多，歸納起來包括四個方面：

第一，研究學術思想應該實事求事，不應有門戶之見，這是他關於學術思想史研究方法的根本觀點。要做到這點，就必須運用史學的眼光和方法。如，他認爲理學家主張各別，派系紛歧，《宋明理學概述》則力求客觀敍述，各還其本來面目，各顯其特殊精彩，「門戶黨伐，入主出奴，是所力避。」[96]他又說，晚清今古文之爭本出於晚清今文、古文學家的門戶之見，均不可信，《兩漢經學今古文平議》的宗旨，「則端在撤藩籬而破壁壘，凡諸門戶，通爲一家。經學上的問題，同時即爲史學上之問題，自春秋以下，歷戰國，經秦迄漢，全據歷史記載，就於史學立場，而爲經學顯眞是。遂若有以超出於從來經學專家藩籬壁壘之外，而另闢途徑，別開戶牖，此則本書之所由異夫前人也。」[97]

第二，研究學術思想必須會通明變，溯源尋流。這表現在兩個方面：一是表現在對一代學術思想的研究上。他說：「求明一代之思想，必當溯源竟流，於全部思想史中跡其師承，踵其衍變，始可以明此一代思想之意義與價值。」[98]這種思想和方法在他的《中國近三百年學術史》中得到鮮明的反映，書中提出「不識宋學，即無以識近代也。」[99]的著名學術思想史觀點。二是表現在對一家學術思想的研究上。他說：「治一家之學，必當於其大傳統處求，又必當於其大背景中求。」[100]他還對重視學術流派及其師承的方法與門戶之見做了區別。他說，寫學術史至少要知一家之學，必有其來龍去脈，這即是他治學所走的一條路，故稱爲學術，也可稱學派，「言學術學派則必言師承，但言學派師承，卻並不是主張門戶。門戶之見要不得，而師承傳統則不可無。今人不明此意，如說專家，又言創造，則變成各自走一條路，更無源流師承可言。」[101]

第三，研究學術思想史主通不主專。他說：「中國的學術傳統則較喜歡講會通，不甚獎勵成專家。」[102]如果用西方的眼光來看中國學術，自然沒有西方那樣分門別類的情形。中國學術傳統所以如此，根本原因在於，「中國學術之主要出發點乃是一種人本位主義，亦可說是一種人文主義。其主要精神乃在面對人群社會中一切人事問題之各項實際措施」。[103]如政治、經濟和社會諸端都屬人事的一方面和一部分，都可用實際人事來包括。人事雖複雜多端，但是，「因人事只是一整全體，不能支離破散來各別對治。」[104]因此，中國以往學者很少對政治、社會和經濟諸項作分別研究。中國學術史上也有天文、曆法、算數、音樂、法律、醫藥、農業、水利、機械和營造之類的專家，但由於中國學術傳統一向重人文精神，關注的中心不在於此。這些是研究中國學術史必須知道的。

第四，研究中國學術史應當注重心性修養與人群實踐，即心性之學與治平之學，亦即經學與史學。因爲中國學術精神與西方學術精神不同，中國學術傳統是以人爲中心，學從屬於人。中國人講人事的三大目標，即立德、立功、立言三不朽，「最高的是心性修養爲立德，其次治平實踐爲立功，又次爲立言。只要是一有德人，便可對人群有貢獻。……要之則皆須自德性出發，此乃中國學術傳統最精微之特點，我們必須認取。」[105]因此，研究中國學術須從學者的實際人生來瞭解他的學術，要特別注意學者的人格，「如研究中國學術史而忽略於此學者之本身，只注重其思想，不注重其人格，即無法把握其學術之主要精神所在。」[106]重德性修養是心性之學，而一個人如果眞要在修齊治平上做出貢獻，總須對歷史有瞭解，然後才能針對現實有所作爲，這就要懂史學。因此，他說：「中國學術傳統主要在如何做人，如何做事，心學是做人大宗綱，史學則爲做事大原本，我們要研究中國學術，此二者一內一外，最當注意。欲明儒家學術，則必兼備此二者。」[107]

錢穆提出用史學的眼光和方法來研究中國學術思想史，以打破學術研究的門戶之見，體現了治學的歷史精神和客觀態度，而研究學術要會通明變和溯源尋流則是這一精神和方法的具體運用，這是他在史學研究方法上的重要貢獻之一。他從中國歷史文化和學術史的本質特徵出發，強調研究中國學術思想史應該主通不主專，要將經學和史學作爲研究的中心，重視對學者的心性道德的研究，也有可取之處。

㈣歷史地理研究法

錢穆相當重視地理環境在歷史演化進程中的作用。《中國文化史導論》和《國史大綱》都對地理環境與歷史文化的形成與發展關係作了論述。他還寫了不少文章專門論述地理與歷史的關係。不過，他關於歷史地理研究方法，主要是從自己對中國歷史、特別是古史地名研究的經驗總結出來的。他的觀點主要包括四個方面：

第一，應當注意對沿革地理的研究，把歷史研究與地理研究結合起來。他說：「地理是歷史的舞臺，歷史上一切活動都分佈在地面上。」[108]中國歷史悠久，疆土廣大，所以，沿革地理是一門特別重要的學問。通過學習地理來注意山川、疆域、都邑和交通等，固然是學歷史必備的常識。然而這樣獲得的地理知識依然是死知識，我們還須知道地理沿革，「我們一定要把地理知識活用到歷史上來，由此而加深我們對歷史之瞭解。」[109]

第二，古史地名研究要注意「古史地名遷徙之通例」。[110]他說，春秋以前年代渺茫，人事粗疏，惟有考其地理，差得推跡各民族活動盛衰的大概，故研究中國古史，考詳地理是一絕大要端。然而古史地名往往錯出，常有異地同名的現象。而造成古史地名演變不外兩條通例：「一是地名來歷，其先本是一個通名[111]，後來始漸次成爲專名。……一是古代民族遷徙甚劇，這一地的人遷到別一地，卻愛把故地的舊名來呼新地。」[112]他還提出，造成古史中不同地域出現相同地名的三個原因，即地名演變的三條附帶則例：一是，民族遷徙往往造成文化較先發展地域的地名起在前，文化發展較後地域的地名起在後。二是，文化較盛的地域往往因人事變動，常有後起的新名掩蓋了舊名，而文化較衰的地域因人事變動少，原有地名反而較易凝成專名。三是，本是一個地名，因語言文字的轉換而寫成兩個或三個以上的地名。他又說：「而考論古史地名尤關重要的一點，即萬勿輕易把秦以後的地望來推說秦以前的地名，而應該就秦以前的舊籍，從其內證上，來建立更自然的解釋，來重新審定更合當時實際的地理形勢。」[113]他的《古史地名考證》和《史記地名考》便是使用這些則例來進行研究的。

第三，研究歷史地理要注意文化地理、經濟地理和宗教地理等。因爲，中國歷史悠久，若用歷史眼光去研究，每一地方都有長遠的歷史和深厚的文化遺跡存留，所以，中國的每一省和縣都有方志。中國名山的歷史不僅與政治史和宗教史有關，與藝術史和文學史也有關。如滕王閣在唐初十分出名，並非是因王勃的〈滕王閣序〉。江西在唐時是南北交通要道，行旅往來不絕，而滕王閣適當其衝，這便牽涉到經濟地理與文化地理了。再如中國歷史上的大都市，如洛陽、杭州、蘇州、上海和今天的香港等在歷史上的地位變遷，同樣反映了文化地理的演變。所以，他說：「我們若不明白文化地理，也就不易眞明白文化歷史呀！」114

第四，研究歷史地理要注意到各地遊歷考察。他說：「我們要從地理來瞭解歷史，而求能獲得此兩者間一番深微內在、活潑生動的想像和意義，最好而且必然應從親身的遊歷去攝取。」115因爲，親自到各地遊歷考察，可以發現許多前人不注意的新問題，「地面上實有許多新鮮的歷史材料和歷史涵義，待我們去發掘和體會。」116如藝術及建築等，便有許多待人去遊歷考察。

錢穆關於古史地名研究通例和則例的思想對古史地理研究乃至整個古史研究是一重要貢獻。他強調歷史研究要注重沿革地理，要注意文化地理、經濟地理和宗教地理，反映了他廣闊的歷史地理觀，也說明他對地理與文化、經濟和宗教等諸多歷史因素之間內在必然關係有相當的認識。

註釋

1 〈中國今日所需要之新史學與新史學家〉，《世界局勢與中國文化》，第二三八頁。
2 〈史學導言〉，《中國史學發微》，第七八頁。
3 〈中國今日所需要之新史學與新史學家〉，《世界局勢與中國文化》，第二三七頁。
4 〈中國今日所需要之新史學與新史學家〉，《世界局勢與中國文化》，第二三三～二三四頁。
5 〈中國今日所需要之新史學與新史學家〉，《世界局勢與中國文化》，第二三八頁。
6 〈歷史與人生〉，《中國史學發微》，第一九四頁。
7 《中國歷史研究法》，第三頁，第七頁。
8 〈高僧傳、水經注、世說新語〉，《中國史學名著》(一)，第一四七頁。
9 〈史學導言〉，《中國史學發微》，第五九頁。
10 《國史大綱》（修訂本），引論，第一二頁。
11 《中國歷史研究法》，第九頁。
12 《中國歷史精神》，第六頁。
13 《國史大綱》（修訂本），引論，第一一頁。
14 《中國歷史精神》，第六頁。
15 《國史大綱》（修訂本），引論，第二六頁。
16 《中國歷史研究法》，第一五頁。

17 《中國歷史研究法》，第九頁。
18 〈中國歷史精神〉，《中國史學發微》，第一一一頁。
19 《中國史學發微》，序一，第五頁。
20 〈關於學問方面之智慧與功力〉，《新亞遺鐸》，第四五二頁。
21 〈中國今日所需要之新史學與新史學家〉，《世界局勢與中國文化》，第二三八頁。
22 〈章實齋文史通義〉，《中國史學名著》(二)，第三三六頁。
23 〈有關學問之系統〉，《中國學術通義》，第二四〇頁。
24 〈擇術與辨志〉，《新亞遺鐸》，第一九六頁。
25 《中國歷史研究法》，第九頁。
26 《國史大綱》（修訂本），引論，第九頁，第一一頁。
27 〈國史漫話〉，《中國史學發微》，第一六頁。
28 〈國史漫話〉，《中國史學發微》，第二頁。
29 《中國歷史研究法》，第五八～五九頁。
30 〈中國歷史與中國民族性〉，《歷史與文化論叢》，第一三九頁。
31 〈如何研究中國史〉，《歷史與文化論叢》，第二八一頁。
32 〈如何研究中國史〉，《歷史與文化論叢》，第二八二頁。
33 《國史大綱》（修訂本），引論，第一一～一二頁。
34 《中國歷史研究法》，第三九頁。
35 《中國歷史研究法》，第四頁。

36 這裏有必要先對錢穆關於考據的總體思想作一簡單說明。他認爲，考據實際分兩個層面：第一，考據是一學術門類。他說，如果按照清代戴震和姚鼐對中國學問的分類，一切學術可分成三個部門，即，義理之學、考據之學和辭章之學，「今天文學院裏文、史、哲三科，正與此三部門相應。」（〈史學導言〉，《中國史學發微》，第三八頁）這裏的考據是一門學術，相當於今天的史學。（按：不過，這與他反對將史學等同於考據學的觀點自相矛盾了，我們下面將要分析。這是他思想不嚴密的表現。）第二，考據是一切學術研究的基本方法。他說：「從學問之成分上講，任何一項學問中，定涵有義理、考據、辭章三個主要的成分。此三者，合則成美，偏則成病。」（〈史學導言〉，《中國史學發微》，第三九頁）一門學問的建立必須重視明據確證，不然就無法立於不敗之地，「惟考據乃證定知識之法門，爲評判是非之準的。」（〈學術與心術〉，《學籥》，第一三七頁。）不過，錢穆講考據，主要是從史學立場出發的。他說，義理、考據和辭章是相互融通的，然而，「一切考據之學，應以義理、辭章爲基本。……預備了這兩項條件，才能來讀歷史治史學。」（〈史學導言〉，《中國史學發微》，第五〇頁。）顯然，這裏是把考據等同於歷史考據。他在其他論著中談論考據，也常常將考據與治史聯繫起來說。錢穆關於考據的看法是比較全面和正確的。因爲，考據可以是作爲一門學問存在的，即考據學，也可以是作爲一切學術研究的方法來運用的，即考據方法。根據考據方法運用的對象不同，又可以分爲廣義和狹義兩種。廣義的考據是指對一切人文社會科學門類的考據。狹義的考據，則是指歷史學領域的考據。但是，一般情況下是把考據等同於歷史考據。因爲，一是，歷史研究包括對以往一切人文社會科學的研究；二是，考據方法在歷史學領域運用得最多最廣。因此，本文在分析錢穆的考據思想時，就不對其考據思想的層面和具體內涵作十分嚴格的說明了。

37 錢穆對義理和思想的關係有明確說明，他說，義理並非是我們今天所說的思想，「義理當然要思想，但思想並不即成爲義理。義理也不即如西方人所講的哲學，雙方也有此不同。」「今天卻只重思想，不重義理。固然義理必出於思想，但思想亦必歸宿到義理。義理有一目標，必歸宿到實際人生上。孔孟思想之可貴正在此。」（〈史學導言〉，

《中國史學發微》，第三九頁，第四五頁。）可見，在他看來，義理是思想，但必須是有人生理想和道德的思想；而思想的涵義則比義理寬泛。不過，他有時並不作這種嚴格的區分，而是將義理與思想混同來說。

38 〈史學導言〉，《中國史學發微》，第四五頁。

39 〈史學導言〉，《中國史學發微》，第四二頁。

40 羅根澤編著《古史辨》第四冊，錢序，第四頁。

41 〈學術與心術〉，《學籥》，第一四〇頁，第一三九頁。

42 〈史學導言〉，《中國史學發微》，第四二頁。

43 〈朱子與校勘學〉，《學籥》，第八〇頁。

44 〈綜論東漢到隋的史學演進〉，《中國史學名著》㈠，第一三九頁。

45 〈張曉峰中華五千年史序〉，《中國學術通義》，第一七七頁。

46 〈學術與心術〉，《學籥》，第一四二頁。

47 〈史記〉中，《中國史學名著》㈠，第八八頁。

48 〈張曉峰中華五千年史序〉，《中國學術通義》，第一七六頁。

49 〈學術與心術〉，《學籥》，一三九頁。

50 〈學術與心術〉，《學籥》，第一四一～一四二頁。

51 〈章實齋文史通義〉，《中國史學名著》㈡，第三三五頁。

52 〈學術與心術〉，《學籥》，第一四二頁。

53 〈朱子讀書法〉，《學籥》，第四八頁。

54 〈學術與心術〉，《學籥》，第一三九頁。

55 〈泛論學術與師道〉，《中國學術通義》，第二一八頁。

56 〈學術與心術〉，《學籥》，第一四〇頁。

57 〈學術與心術〉，《學籥》，第一四一頁。

58 〈中國六十年之史學序〉，載《華學月刊》第十四期，一九七三年二月。

59 〈學術與心術〉，《學籥》，第一四四頁。

60 〈學術與心術〉，《學籥》，第一四五頁。

61 〈章實齋文史通義〉，《中國史學名著》(二)，第三三六頁。

62 〈章實齋文史通義〉，《中國史學名著》(二)，第三三七頁。

63 (一)關於經濟史的研究，雖然錢穆認爲經濟是歷史文化的第一階層和最基本的內容之一，但他對經濟史研究方法的闡述卻很簡單。他在《中國歷史研究法》的「如何研究經濟史」中，主要是介紹了中國歷史上最主要的經濟觀點，即「經濟的低水準」，他說：「我們要研究中國經濟史，必須先著眼把握此點。」（《中國歷史研究法》，第四八頁。）然後，他主要是對歷史上的中西經濟進行比較，說明中國經濟的特殊性；同時，對中國歷代的主要經濟思想和經濟制度及政策進行了介紹。他的其他論著對經濟史研究方法也很少涉及。究其原因，主要是他認爲中國經濟在歷史上沒有什麼變動與進步，他說：「我覺中國史之進步，似乎不重在社會經濟方面而重在其政治制度方面。若論經濟狀態，中國社會似乎大體上是停滯在農業自給的情況之下，由秦漢直到最近，二千多年，只有一治一亂，治則家給人足，亂則民窮財盡，老走一循環的路子，看不出中國史在此方面有幾多絕可注意之變動與進步。」（〈如何研究中國史〉，《歷史與文化論叢》，第二八二頁。）(二)關於社會史研究法。他在《中國歷史研究法》的「如何研究社會史」中，一是，說明了他的社會觀，即，一個國家和民族能維持長時期的歷史發展和進步，必有其潛在和深厚的力量，「我們最要者當上察其政治，下究其社會，以尋求此潛力所在。」（《中國歷史研究法》，第三一頁。）而中國社會堅韌性和持續力最強，故能有四千年的悠久歷史。二是，通過將中國傳統社會的演變與西方封建社會進行比較，說明中國社會不是按照唯物史觀所說的人類社會歷史的演變形態和方式進行的，意在闡述中國傳統社會不是一個封建社會，而是一個以「士人」爲領導與中心，以農民爲基礎，由士農工商四民構成的「四民社會」或「士人社會」。三是，談到研究中國社會史，當注意使用的史料。四是，主張研究中國社會史應當從當前社會現實著手。㈢關於歷史人物研究法，錢穆主要提出三點主張：一是，要注重對歷史上無表現人物的研究。二是，要重視對人物的褒貶。以上兩點都是由其歷史人物的道德心性決定論所決定的，此方面內容在中編第七章已述。三是，研究歷史人物要「知人論世」，其原因在下編第九章也作了論述。因此，關於錢穆歷史人物研究法的思想，這裏也不詳述了。錢穆他在《中國歷史研究法》的「如何研究文化史」中說，對中國政治、社會、經濟、學術、人物、地理各方面的研究均屬研究中國文化的一部分，「可是我們如果專從文化史來講，則其範圍應仍比上述各方面爲大。可以說文化是全部歷史之整體，我們須在歷史之整全體內來尋求歷史之大進程，這才是文化的眞正意義。……（文化）乃指大群體之全人生，即由大群所集合而成的人生，此當包括人生之各部門、各方面，無論是物質的、精神的均在內，此始爲大群人生的總全體。又當是立體的，非平面的。即是此整全體之大群人生之兼涵歷史演變在內者。」從錢穆的這一論述來看，他說文化既是大群人生的各部門和各方面，又當兼涵其歷史演變在內，是大群人生平面和立體的結合，這實際便是文化史了。他又說，「文化即是歷史，惟範圍當更擴大。若我們有意研究文化，自須根據歷史，文化乃是歷史之眞實表現。亦是歷史之眞實成果，捨卻歷史，即無文化。但從另一方面看，研究文化須有哲學知慧，文化本身固是一部歷史，但研究文化，則是一種哲學，全部歷史只是平鋪放著，我們須能運用哲學的眼光來加以會通合一而闡述出其全部歷史中之內涵意義與其統一精神，此種研究，始成爲文化史。」不過，文化並非哲學，哲學亦只是文化的一部門，「我們當知討論文化，此討論之本身即是一種哲學了，但所討論者則並非哲學，而是歷史，哲學可以淩空討論，而歷史與文化之討論，則必有憑有據，步步踏實，此一分辨，先當注意。」（上述引文分別見

《中國歷史研究法》，第一〇八，第一〇九，第一一〇頁。）錢穆將文化史視爲一種有哲學智慧的文化研究，這即是說研究文化要有哲學的思維和方法。同時，文化又是歷史，對文化的研究又要有憑有據，要有會通的眼光，不能像哲學一樣作純理論的研究，這又是說文化研究應當是一種歷史的研究。由此可見，錢穆是反對抽象討論文化的，他說的文化研究就是指根據歷史事實對文化作一歷史的動態研究，這實際是在討論文化史。錢穆這種看法雖然有它一定的合理性，但是，並非全然可取。因爲，文化主要側重理論上的研究，文化史則側重歷史角度的研究。兩者雖然不可截然割裂，但又是有區別的。

65 詳見中編第五章第一、二部分。

66 《中國歷史研究法》，第一一二頁。

67 《中華文化十二講》，序，第一頁。

68 〈孔子與世界文化之新生〉，《文化學大義》，第一〇七頁。

69 〈漫談中國文化復興〉，《歷史與文化論叢》，第八九頁。

70 〈漫談中國文化復興〉，《歷史與文化論叢》，第八九頁。

71 〈中國文化的中心思想——性道合一論〉，《中華文化十二講》，第六頁。

72 《中國歷史研究法》，第一一五頁。

73 《中國歷史研究法》，第一一一頁。

74 〈對西方文化及其大學教育之觀感〉，《歷史與文化論叢》，第三二五頁。

75 《中國歷史研究法》，第一一五頁。

76 《中國歷史研究法》，第一一一頁。

77 《中國歷史研究法》，第一一五頁。

78 〈對西方文化及其大學教育之觀感〉，《歷史與文化論叢》，第三二五頁。

79 〈孔子與世界文化之新生〉，《文化學大義》，第一〇七頁。

80 《中國歷史研究法》，第一七頁。

81 《中國歷史研究法》，第一五頁。

82 《中國歷史研究法》，第一五頁。

83 《中國歷代政治得失》，第二頁，第一頁。

84 《中國歷代政治得失》，第二頁。

85 《中國歷史研究法》，第一六頁。

86 《中國歷代政治得失》，第一～二頁。

87 《中國歷史研究法》，第三〇頁。

88 《中國歷代政治得失》，第四頁。

89 公沙（錢穆）〈評夏曾佑中國古代史〉，載《圖書季刊》第一卷第二期，一九三四年六月。

90 〈如何研究中國史〉，《歷史與文化論叢》，第二八八頁。

91 《中國歷代政治得失》，第二頁。

92 《中國歷代政治得失》，第三頁。

93 〈中國的哲學道德與政治思想〉，《歷史與文化論叢》，第一三〇頁，第一三一頁。

94 〈致學生李埏（一九四一，四，一六）〉，《錢穆紀念文集》，第一八頁。

95 嚴耕望說，錢穆治學不論是考據或通論性著作，涉及範圍廣泛，如政治、地理，亦涉及社會與經濟，「惟重心觀點仍在學術思想，此仍植基於青年時代之子學愛好，是以常強調學術領導政治，學統超越政統。」（嚴耕望《錢穆傳》，載《國史館叢刊》復刊第十七期，一九九四年十二月，第二〇八頁。）

96 《宋明理學概述》，例言，第二頁。

97 《兩漢經學今古文平議》，自序，第四頁。

98 《宋明理學概述》，例言，第二頁。

99 錢穆說：「治近代學術者當何自始？曰：必始於宋。何以當始於宋？曰：近世揭櫫漢學之名以與宋學爲敵，不知宋學，則無以平漢宋之是非。且言漢學淵源者，必溯晚明諸遺老。然其時如夏峰、梨洲、二曲、船山、桴亭、亭林、蒿庵、習齋，一世魁儒耆碩，靡不寢饋於宋學。繼此而降，如恕穀、望溪、穆堂、謝山乃至慎修諸人，皆於宋學有甚深契詣。而於時已及乾隆，漢學之名，始稍稍起。而漢學諸家之高下淺深，亦往往視其所得於宋學之高下淺深以爲判。道咸以下，則漢學兼採之說漸盛，抑且多尊宋貶漢，對乾嘉爲平反者。故不識宋學，即無以識近代也。」又說：「然則治宋學當何自始？曰：必始於唐，而昌黎韓氏爲之率。何以治宋學必始於唐，而以昌黎韓氏爲之率耶？曰：尋水者必窮其源，則水之所自來者無遁隱。韓氏論學雖疏，然其排釋老而返之儒，昌言師道，確立道統，則皆宋儒之所濫觴也。」（《中國近三百年學術史》上冊，引論，第一頁，第二頁。）

100 《朱子學提綱》，第二三四頁。

101 〈從黃全兩學案講到章實齋文史通義〉，《中國史學名著》(二)，第三〇七頁。

102 《中國歷史研究法》，第六六頁。

103 《中國歷史研究法》，第六三頁。

104 《中國歷史研究法》，第六六頁。

105 《中國歷史研究法》，第七〇～七一頁。

106 《中國歷史研究法》，第七〇頁。

107《中國歷史研究法》，第七五頁。
108〈左傳〉，《中國史學名著》(一)，第四三頁。
109〈歷史與地理〉，《新亞遺鐸》，第六一〇頁。
110〈重答李峻之君對余周初地理考之駁難〉，《古史地理論叢》，第一八七頁。
111 錢穆也稱通名爲地名的普通名辭，稱專名爲地名的特殊名辭。他說：「我爲注意異地同名，才發現一項通例。原來地名初起，都只是此普通名辭，後來才演變成爲特殊名辭的。」（〈我是如何研究中國古史地名的〉，《新亞遺鐸》，第八〇〇頁。）
112〈提議編纂古史地名索引〉，《古史地理論叢》，第二七九～二八〇頁。
113〈提議編纂古史地名索引〉，《古史地理論叢》，第二八二頁。
114〈歷史與地理〉，《新亞遺鐸》，第六一四頁。
115〈歷史與地理〉，《新亞遺鐸》，第六一三頁。
116〈歷史與地理〉，《新亞遺鐸》，第六一六頁。

第十一章

中國史書體裁與中國歷史文化精神

史書體裁是將歷史研究所得的結果，即史學知識進行表達的一種形式，屬於史學的編纂方法和體例範圍。不同的史學體裁不僅具有不同的功能和作用，而且還內含著不同的思想文化觀念。錢穆十分重視史書的體裁，對中國史書體裁作了很多的論述，這在中國近現代史家中是比較少的。他認爲中國史書體裁豐富多樣，而編年體、紀傳體和紀事本末體爲三種主要體裁，因爲，「歷史分時間、事件、人物三要項。由時間才有編年體；由事件才有紀事本末體；由人物才有列傳體。中國史書即分成此記載年代、事情、人物三大類。」[1]中國史書又最重視紀傳體和編年體，這兩種體裁既很好地反映了歷史的本質特徵和規律，又體現了中國歷史文化的人文特質和精神。

一、編年體與中國史學的歷史意識

編年體是錢穆十分讚賞的一種史學編纂體裁。他認爲，編年體在中國史學中產生比較早，中國自春秋時期就有了編年體史書。這樣，此後兩千多年的中國歷史一天天被記載下來，沒有斷缺，成爲人類歷史記載的一大奇蹟。編年體史書具有很多的優點和長處，體現了中國文化的一種史學意識和精神。

關於編年體的起源和形成，錢穆的兩種說法是矛盾的。第一種說法，編年體形成於《春秋》。他說，《尚書》中《西周書》的記言已很了不起，而《春秋》的編年更值得重視，「事情的複雜性，變化性，定要從編年裏去看，才懂得這事之本末與常變。何況孔子春秋已經是列國紛爭的時代，所以這時的歷史有晉國的、有齊國的、有楚國的、有魯國的，更非編年不行。……在周公時代寫史還不需要編年，而孔子時代寫史，則正貴有編年。」[2]第二種說法，編年體形成於《左傳》。他說，中國史學萌生於《西周書》的記言，《春秋》記事，同時亦是編年。因爲史事必具時間綿延，有年月先後的順序，「故自記事之演進而有編年。」[3]《左傳》開始把《西周書》的記言與《春秋》的記事合爲一體，[4]「在中國史書中成爲編年體之起始。」[5]按史學界的一般看法，《左傳》在編年形式上固然比《春秋》要完善，但作爲中國史學編年體形成的標誌依然是《春秋》。

錢穆認爲編年體有很多長處和優點，歸納起來，他的看法包括五個方面：㈠編年體逐年逐月逐日記事，較之事後追述，「可以更客觀，更易把捉到歷史事件演進之眞相。」[6]㈡歷史按年按月按日記錄，「易於使人瞭解歷史是一個整體，其間更無間歇與中斷。」[7]正是由於中國人歷史觀念深厚明察，重視編年體，「使歷史脫離了一事一事分割之淺薄觀，轉入一時一時會合之深沈觀。使人深知，時代變斯歷史變，而其變之機括，則主持在人，不在事。」[8]㈢編年體可以更好地反映歷史事件演變的複雜性。他說，中國人特別看重人事的「本末常變」，「人事有本有末，又有常有變。能把一件事分著年記載下，一年中又分著時月日記載下，這才可以記載出這件事情演變的眞象。……事情的複雜性，變化性，定要從編年裏去看，才懂得這事之本末與常變。」[9]㈣編年體據事直書的史法十分可貴。他說：「（史官）退事則書，初不知避忌，亦無可為避忌，是其例也。」[10]這就是說，歷代史官逐日所記在當時似無所用心，在事變之先不能先知有此事變，更不知事變之所極，而事後追溯則已無可掩飾，這樣便使史官可以按時如實地記載歷史，為後人寫史提供眞實材料。他說，假如沒有春秋列國史官的記載，孔子亦無以成《春秋》，「故編年史體雖可貴，而為編年史所憑藉之記注實錄之良法美意為尤可貴也。」[11]㈤用編年體的方法來記載歷史，可以及時保存各方面的大量史實，為以後寫歷史提供了豐富的史料，所以，「中國人極看重歷史，極看重歷史記錄，並注重隨時記錄，隨時整理。政府與社會同樣注意此事，可說不斷有新的近代史出現。積累兩三千年，而從未間斷過。」[12]

錢穆正確指出了編年體可以較全面系統地記錄歷史演變發展的方方面面和能夠反映歷史演變的連續性和一貫性的長處和優點，並且，為以後大量地和客觀地保存了歷史資料。但是，他沒有看到編年體無法完整和多方位地記敘歷史事件，難以揭示歷史事件的本質及其發展演變整體面貌的重大缺陷。中國古代史家對此已有一定的認識，如唐代史家皇浦湜便說，編年體史書「舉其大綱而簡於敍事，是以多闕載、多逸文。」[13]錢穆對編年體的看法是建立在他的歷史本體論和歷史漸進論的基礎之上的。他強調和重視歷史及其發展演變的連續性和一貫性，卻忽視了歷史及其發展演變的階段性與可分性。

二、列傳體與中國文化的人文主義精神

錢穆所說的列傳體，與史學界的一般看法有差異，它有廣義和狹義之分。廣義上的列傳體即是指中國傳統史學中正史的本紀與列傳，狹義的列傳體即是指紀傳部分的列傳。他說：「往例列傳分三體，一本紀，二世家，三列傳。」[14]這裏的列傳體包括列傳，實際上表明了前者是紀傳體，後者是紀傳體中的列傳體，此即狹義的列傳體。所以，他又說：「中國二十五史稱正史，每一史中共通分爲三部分，紀傳、志和表。在中國正史中，紀傳體乃爲二十五史中之主體。」[15]他對列傳體與紀傳體的這種認識不盡合理。不過，從錢穆對列傳體的闡述來看，他一般是從狹義上來使用列傳體這一概念的。

錢穆最看重中國史書的列傳體，認爲它是各種史書體裁中最好的一種，具有編年體、紀事本末體和志書體等史書體裁所不具備的功能。具體說，錢穆對列傳體長處和優點的認識主要包括以下五個方面：㈠列傳體最能體現人是歷史的中心和歷史創造者的思想。他說：「紀傳之主要特徵，乃一種人物史。故中國史書傳統，可謂人物傳記乃其主要之中心。亦可謂中國史學，主要乃是一種人物史。」[16]列傳體對每一人物往往總是由生到死一線記載下，以人爲中心而附見以事，這使人容易明白，「事由人而決定，並非由事來決定人。」[17]同時，歷史是由人創造的，列傳體以人物爲主，「易使人瞭解歷史動力主要在人不在外。」[18]㈡使人容易看清歷史是人的共業造成的。列傳體分人立傳，把一切事件分散到有關的人物傳裏去，「所以易於使人瞭解歷史由人主動，乃由人的共業所形成。縱使在此許多人物中間，也有少數傑出的英雄，又有多數無名無傳的群眾，但在這兩端之中層，卻還有不少人物，各有作用，各有影響。」[19]倘若像編年體那樣用一條線來寫歷史，或是像紀事本末體專寫浮現在社會上層的歷史，則會使歷史上許多偉大人物，寫不上歷史。所以，中國歷史「必然要有列傳體，而又必然要奉列傳體爲正史，其理由即在此。」[20]㈢這種寫法易得歷史的客觀眞實。在歷史上，某些事件有某些人物參加，或某些人物在當時表現了某些事件，列傳體便替他們分別立傳，「驟看來，好像頭緒紛繁，一人一人地零碎記著，急切摸不到要領。但仔細看，便可對當時史跡瞭了如指掌，而且比較更客觀更近眞。」[21]同時，列傳體記載的人物不專限在政治方面，還包括文學、藝術、宗教、天文、算學、醫藥和工技等，「因此中國歷史記載能遍及於社會之各方面，易使人獲得當時整個社會之眞面目及其眞動力所在。」[22]㈣列傳體以人為主而附見於事，對歷史人物的生卒、家世、個性、才智、德行及其歷史的影響、意義和價值等均有記載，這是編年體不注意搜羅和不容易做到的。列傳體對歷史人物的這種全面記載還極富啓示和教育意義，「此人一生之意義與價值，都和他本人的天賦才智與其德性修養及教育過程有關係。」「此一眞理之顯示，乃中國史學一種最大的教育功能。」[23]㈤列傳體對歷史人物的記載體現了民主精神。西方傳記體多以一個特出人物作主體和中心，由此擴大到一時代並牽連到相關的人群，這使人容易注重幾個特殊人物而忽略了一般人物的重要性，不能反映歷史的本來面貌。因爲，「歷史由於人造，但歷史乃由人之群體所造，特在此群體中，某些傑出人物，所占分量尤重大，然亦非少數傑出人物，能違離群眾，而創出此一時代之歷史。」[24]列傳體則力求將歷史上的每一事變儘量分寫在與此相關的一切人身上，不論此人物是成是敗，人物在歷史上的重要性依舊耀然如見，所以，「此種史體，卻是最富民主精神。」[25]

由於列傳體有這些優點，因此，錢穆稱它「實當爲史書中之最進步最完備，而又最得歷史之眞情實義者。此後中國史書遂以列傳體爲正史，其地位價值遠在記事編年兩體之上，此非無故而然也。」[26]中國正史雖然分紀傳、志和表三部分，然而只有紀傳體是二十五史的主體，地位價值也特別地高。志與表僅爲附屬，份量不大，價值意義亦居次要地位。他說，由司馬遷所創立的列傳體是中國史學的一大進步，「中國人從《尙書》演進到《春秋》、《左傳》，又演進到《史記》，這是中國史學上的大進步。」[27]他認爲，讀中國史不論治世盛世與衰世亂世，實有其同一命脈和同一生機，貫通以求，便知人文歷史的背後所存的人道與天道，「史學家責任，正貴在此現實人生之治亂興亡榮枯否泰之不斷變動中，指點出此番人生大眞理，此即中國傳統文化之主要精神。儻於此不先有瞭解，則一部二十五史，將眞有從何說起之感。」[28]錢穆對列傳體的這種認識和評價是建立在其以人爲本的歷史心性本體論基礎上的。

錢穆強調列傳體，顯然是有爲而發，有它的意義。它對近代以來中國章節體史書重視對歷史的事件、結構、過程和規律的研究，忽視和淡化對歷史發展中人的主體地位和作用研究的做法是一糾正。這爲中國現代史學在新的歷史時代條件下如何在學習西方史學編纂方法基礎上，繼承和發揚中國傳統史書編纂的優點提供了有益的啓示。不過，錢穆對列傳體的地位和作用評價過高。因爲，中國正史所以奉紀傳體爲正史的體裁，固然與其中的列傳體有直接關係，但是紀傳體的內容遠比列傳豐富，本紀實爲每一部正史的總綱，書志比列傳更能反映廣闊的社會和歷史內容，有的還有史表。這些體裁相互結合，才使紀傳體得以包羅廣闊與繁複的歷史，才是紀傳體能成爲中國最主要史書體裁的全部原因。再者，說列傳體體現了民主精神，是不恰當的。列傳體中的人物絕大部分還是歷代統治階級和集團中的政治、軍事和有政治和社會特權的人物，沒有包容社會各階層中爲歷史發展做出重要貢獻的人物，並不具有普遍性，更談不上有民主精神。

三、紀事本末體及其弊病

在中國傳統史書的三種體裁中，錢穆最不看重紀事本末體，認爲它不能很好地反映歷史的本質及其演變眞相，是弊大於利。

錢穆對紀事本末體的理解比較寬泛，他說，中國史書體裁不外編年、列傳和記事三類，凡不入編年和列傳的，皆爲紀事體，「《尚書》爲紀事本末體，……《國語》亦即記事本末也。《史記》之八書，《漢書》之十志，下及唐杜佑《通典》諸書，凡屬記載典章制度所謂政書類者，莫非源於《尚書》，此皆當歸入記事本末類。推此言之，史籍中有詔令奏議一類，亦原於書體，亦記事本末類也。其他又有雜史類，或但具一事之始末，非一代之全編，或但述一時之見聞，只一家之私記，實亦記事本末類也。」[29]他認爲，記事體是中國史書體裁中最早出現的，而記事必具本末，所以亦可說記事體就是紀事本末體，「史書之主要緣起本爲記事，苟非有事，何來有史。故中國史書最先起者爲《尚書》，即記事之體，此體遞有推廣衍變，蔚爲史書之大宗。記事必具本末，不俟宋袁樞書出而後始有此一體也。惟記事本末四字，則由袁氏始爲標出耳。」[30]可是，他又說在中國史書的三大體裁中，「此體在中國史學上發展較晚，而反較不受重視。」[31]可見，錢穆關於紀事本末體形成的說法不確當。紀事本末體雖源於記事，但兩者有很大差別。記事並不必然具本末，如編年體的記事往往就不能反映一個歷史事件或事變總體和全部的面貌。由記事到自覺認識要全面和客觀反映某一歷史事件或事變，是人們對歷史認識深化的標誌。錢穆只強調兩者的繼承關係，否認兩者本質區別，是不對的。而且，紀事本末體正式形成後，在中國史學中並非不受重視，繼袁樞的《通鑑記事本末》出現直至近代，它很快成爲史家編纂史書的重要體裁，明清和近代史家先後編纂了宋史、元史、遼史、金史、西夏、明史和清史等諸多的紀事本末體史書。

錢穆認爲，紀事本末體在中國史學中發展較晚，且不受重視，原因在於它本身存在的弊病。他對此進行了詳細的分析，他的看法歸納起來主要有以下六個方面：㈠用此體寫史會掩蓋歷史的眞象。因爲，歷史只是一大事，歷史事件如水流難以割開，某一事件起止是不能明確劃分的。而且，兩事間互有關係，也很難嚴格分開，一件事盡可分作兩件，兩件事也盡可併作一件，「因此，把歷史過程分爲若干事件來看，有時反易無當於歷史全體之眞過程。」[32]在此一歷史大事中，每一人和每一活動又與此有關，也可以說每一人都是歷史的主人，每一人的活動都是歷史中的成份。可是，如果選出整體歷史中某一部分或段落的某些活動作爲歷史事件寫下，「歷史遂由一大整體變成爲幾條線，而歷史眞象便被遮掩了。」[33]㈡用這種體裁寫史多是出於史家的主觀。因爲，史家認定某些事來分別突出寫史，必爲此事立一題目，這往往是出於主觀，很難恰當，而且，它還會因史家的主觀制約將其他許多事忽略和遺漏。再者，史家既已認定某一事的起迄及前因後果，心中已存此事的圖案，於是敍述時一切取捨詳略便易於以此來定標準。這驟看起來是扼要明晰，「其實是寫史者之主觀成份反掩蓋了當時歷史的眞過程。」[34]㈢以此體寫史會造成一種「歷史命定觀」。歷史以人爲主，事爲副，人在歷史中起積極主動的作用。紀事本末體是以事件爲主，這無意中把人物附屬於事件，「好像歷史事件的本身，自具一種發展的內在規律，而忽略了人物在歷史進程中之主動力量。這就易近於一種歷史的命定觀。」[35]同時，它又使歷史事件之間未必能緊密連接，有時使歷史過程看起來好像脫節，有時又使歷史事件好像可以驟然突起，「這是另一種的歷史命定觀。」[36]㈣用此體寫史，往往使人挑選那些聳動耳目的特出事件，像大戰爭大革命等，「在此等事件中，又易使人引起兩種不正確的歷史觀。」[37]一是英雄觀，認爲歷史常由幾個傑出人物所激起；二是群眾觀，認爲歷史常由一群亂糟糟的群眾一時盲目衝動造成。㈤用此體寫史，易使歷史喪失人文精神。他說，用此體寫史易使人誤認爲事件可以外在於人而獨立存在，「歷史等於如自然界，人只生活在歷史中，而歷史失卻了人文精神，好像與人不親切。」[38]近代西方把歷史歸入於科學研究，即是這種趨勢引生的流弊。㈥用這種方法寫歷史，會丟失原有的史料。因爲，當時代變化，需要有新的歷史知識另寫新史時，「先時史料，因未能仔細保存錄下，遂苦追蹤無從。這一個大損失，終無可補償。」[39]

錢穆認爲，只有編年體和列傳體才能克服紀事本末體在寫史中存在的這些缺陷和弊病，「我所認爲中國史學最精邃之深義所存，乃在其分年分人逐年逐人之記載，初若不見有事。」[40]可是，近代以來受西化思潮的影響，史家競相模仿西方史書體裁來寫史。他說：「西方歷史記載，主要以事爲主，以人爲副，人物的活動，只附帶於事變之演進中，此種歷史體裁，略當於中國史書中之記事本末體。」[41]「若進一層講，也可說西洋史學還停留在我們周公西周書的階段，還沒有一個大的著作能像孔子春秋，乃至於如左傳般一年一月這樣分著的，當然更沒有像史記之列傳體。這是史學上一極大問題。」[42]所以，紀事本末體在近代以來的中國獨見推崇，實際上昧失了中國傳統史學的深義。

錢穆認爲，中國史學重編年和列傳、輕紀事本末的特點，「應在中國文化傳統之全體系中去認識和瞭解。」[43]也就是說，他對紀事本末體的認識與其對編年體和列傳體的認識是一有機聯繫的統一體。因此，他對紀事本末體的批評有正確合理之處，即，指出了它不能充分和正確反映人在歷史中的地位和作用；而且，將歷史分事件來寫，往往容易割裂歷史變化發展的內在關係及其聯繫。不過，他誇大了人們對歷史進程中歷史事件進行劃分時主觀因素介入的程度。事實上，歷史就是由一系列歷史事件構成的，歷史呈現出不同的發展階段和時期，正是通過不斷發生的歷史事件來構成和反映的。因此，只要對歷史事件有一個較全面的認識，這種劃分不僅可以基本符合客觀歷史事實，而且也是人們認識歷史的必要與基本途徑。他沒有正確認識到西方的章節體史書與中國傳統的紀事本末體的本質差異。章節體史書所容納的歷史內容比中國傳統紀事本末體要廣闊、豐富和深入得多，它包括了歷史社會的各個層面和各種因素；它重邏輯方法與歷史方法的統一，它在研究方法上的科學性更是以敍述爲基本方法的紀事本末體不能相比的。這正是近代以來章節體成爲中國史學和整個人文科學主要編纂體裁的根本原因。錢穆說西方章節體類似於中國的《西周書》，其記事只相當於《西周書》的階段，更是錯誤的。再者，章節體固然以敍述和分析歷史事件、歷史進程和歷史規律爲主，對人的地位和作用不夠突出，但並不能因此說它無法反映人在歷史中的地位和作用。它與列傳體是各有其用，不能絕對地揚此抑彼。以紀事本末體寫史並不會必然導致歷史命定論和錯誤的英雄史觀和群眾史觀。倒是中國的紀傳體往往反映出英雄史觀和帝王史觀。至於紀事本末體史書不能很好地保存歷史資料，也只是相對於實錄一類的史籍而言，列傳體在保存史料的功能方面也並不一定比紀事本末體史書更強。

實際上，錢穆也無法完全否定紀事本末體的作用，他的《國史大綱》便是分年分事，以事爲主的章節體。他說：「關於此一體史書之不朽巨著，固亦歷代有之。用此體寫史，亦復何可厚非。然若專用此體寫史，則亦終有其缺陷。」[44]他也認爲紀事本末體在一定程度上適應了時代的要求。由於時代的變化與需求，要有一種「宜疏不宜密」的新史體來重寫舊史。而編年體和列傳體都過密，不適用於當前，「惟記事一體，雖於史法中爲最疏，而求以應當前之急用則最宜。然惟其法之疏，乃更貴於作者之能別出心裁，或取或捨，或詳或略，皆有憑於作者之密運其心，獨抒己見，而後可以不爲舊史成規所束縛，而成爲一部人人易讀之史。」[45]

四、論中國史書的其他體裁

錢穆除對中國史書的三大體裁有豐富論述外，對中國史書的其他體裁也作了不同程度的論述。從他對這些史書體裁的論述來看，其史學視野是廣闊和深刻的，他並未因重視列傳體和編年體而輕視其他史學體裁的作用和意義。下面，就其主要內容作一概述。

(一)志書體

關於志書體的源起和演變。他說，志書體原是正史中的分類專史，由於歷史中有些是不能分年分人記述的，如天文、地理、物產、經濟、社會、禮俗、制度、法律、文藝、美術、學派思想和宗教信仰等，於是，中國史書又創出志書體，「好把此等各別事項窮源竟委地分項記載。此體亦由司馬遷《史記》創立，後代史家不斷加以變通改進。」[46]在這方面班固的貢獻很大。《漢書》長於《史記》以及對後世影響大的地方便是它的「志」。首先，《史記》雖是通史，其「八書」卻偏重於當代，《漢書》雖斷代爲史，其「十志」卻上下古今一氣貫通，不以朝代爲斷限，這更符合歷史實際。因爲，歷史上朝代的更迭會使制度發生變換，「但在制度裏有許多是從頭貫通下來的，如像郊祀之禮、像食貨經濟情形等，在歷史上一路沿襲，不因朝代之變而全變。班氏找出幾項最大的題目來作『志』，於是此一體在歷代正史中成爲一特出的。」[47]二是，《史記》沒有的內容，《漢書》也加入進去了，即加上了「地理志」和「藝文志」的內容。後來，傳統的正史之外開始專用志書體來寫史，於是產生了正史以外的分類專史。此種分類專史轉被中國史學稱爲通史，如《三通》。錢穆說，《三通》所以被稱爲通史，在於志書體主要記錄了歷史的靜態，編年體與列傳體則記錄了歷史的動態，「所謂靜態者，指其能綿歷較長時期而言。以其所記載貫通各代，故以斷代史言，此等體裁乃稱爲通史。」[48]

一方面，錢穆對志書體相當重視，認爲它記載的內容能反映廣闊和複雜的社會歷史內容。由於他十分重視歷史地理和學術思想在歷史文化演變發展中的重要作用，所以，他尤其重視「地理志」和「藝文志」（或「經籍志」）。另一方面，受人本史觀影響，他又認爲用志書體寫史會忽視人在歷史中的地位和作用，不能體現中國史學重人物褒貶的精神。

錢穆看到志書體能反映廣闊和豐富的社會歷史內容，肯定志書體在史學中的重要地位和作用。但他又以志書體不能像列傳體那樣具有褒貶的功能來比較兩者的輕重，這就不足取了。因爲史書的體裁不同，其功用是不同的，不能以此非彼。

(二)方志體

關於方志體的性質、起源和演變。錢穆說，方志實爲志書體的分支，它是古代記載方域、山川、風俗和物產的地志演變而來，淵源甚爲遙遠。但方志的正式形成卻較晚，「《元和郡縣志》頗涉古蹟，《太平寰宇記》增以人物，又偶及藝文，於是爲州縣志書之濫觴。」[49]這樣，方志由原先只注意地理和政治方面，逐漸轉移到記載社會和人物等方面，自宋以下開始成爲記載當地社會史的重要史籍。他認爲，只因方志源於志地，後人太注重其體例的來歷，卻沒有注重其內容的衍變。因此，方志究竟該重在地理方面還是歷史方面，直到清代的戴東原、章實齋等依然爭辯不決。

錢穆很重視方志體，認爲它有重要作用。首先，方志與編年體和紀傳體史書一起，從不同方面全面而深入地反映了中國歷史「通」的特質與精神，「自有此體，中國歷史平鋪在各個地面上，到處皆是。正和把歷史分繫在每年每月每日乃及每個人身上一般，人類歷史的大整體，從此更易顯現。」[50]中國歷史的所謂通，不僅通於人與人之間，更有通之於自然萬物者，而這正可通過方志等來表現，「如家譜、如地方志，及其他如寺廟志等，亦各古今相通，可同目爲通史。」[51]其次，方志是研究中國社會史應當注意的史料。方志的內容十分豐富，它廣泛涉及當地的天文氣候、山川形勢、土壤生產、城市關隘、道路交通、風土景物、鄉俗民情、歷史變通、政治沿革、經濟狀況、物質建造、人物面相、宗教信仰、學校教育和文化藝術等情狀及演變，「我們若要研究社會史，本該將其社會之大自然背景、歷史沿革、政治、經濟、物質建設、藝術愛好、人物德性、風俗、信仰等種種方面，綜合會通，融凝如一體地來加以研究始得。若依此理想，則中國近代的方志，正是研究中國各地社會史之絕好材科。」[52]同時，方志的門類也相當完備，宋以下，省有省志，州有州志，府有府志，縣有縣志。此外，書院學校有志，寺觀廟宇有志，鄉里社團有志，山林古蹟有志。總之，方志的卷帙是汗牛充棟。

㈢家譜（譜牒）與年譜

關於家譜的性質和起源。錢穆說，家譜是「專載各一家族的歷史，在歷史學中稱爲氏族譜牒之學。其起源亦甚古，亦成爲後代中國歷史一大支。」[53]因此，直到現代，只要在社會上稍有地位的幾乎都有家譜，以見家族的源流和變遷。中國家譜中最有代表性的是孔子一家，從兩千五百年前孔子起到現代，已傳了七十七代，每一代的人名都可稽查。有事業的，還記載其事業。若從孔子往上追溯，孔氏家族可以直溯商湯乃至商湯以前，又有一千幾百年。這樣，孔子一家便有將近四千年可稽考的家史，這在全世界是獨一無二的。關於家譜形成的原因和意義。錢穆說，中國古代社會很重血統，每一姓必有家譜詳記該族之由來，「每讀一家之譜，由其本族，兼及外族，即可旁通於數千年來國史之大概。今稱民族，亦由家族氏族之族字引伸而來。亦可謂一部中國史，即一部中華民族史，亦即可謂乃一部《百家姓》之共同家譜之最重要之綜合記載。中國歷史之寓有甚深血統觀念與精神，亦由此見矣。」[54]所以，家譜是研究中國古代社會及其特性，特別是唐代以前社會的重要史料，「如我們有意研究唐以前的中國社會史，則有兩種中國古學必須注意。一是氏姓之學；一是譜牒之學。此兩種學問，其實仍是相通，可合作一種看。」[55]

關於年譜的起源和功用。錢穆認爲，年譜是家譜的延伸，「由家庭再轉到個人，中國有年譜一體，只要其人在歷史上有貢獻，有地位，後人把他的一生，從生到死按年排列，這是個人的編年史。」[56]他說，中國也有過長篇大部的私人傳記體，但終因年譜盛行使長篇傳記後無嗣響。這有兩個原因，「一是中國傳統向不喜把個人渲染得太過分。二是分年記載，比較樸實可靠。以近代觀念言，比較更客觀，更近於科學精神。」[57]不僅如此，年譜還透顯出中國人重人事本末常變的人文精神。如年譜對前人怎樣開始做學問、怎樣想到著作、怎樣著述等一年一年都寫下來，這就可以記載出人事演變的眞象。所以，他主張用年譜來寫歷史人物的生平事業，而在寫一人物的事業時，又當先寫明其品格，「此乃中國史法精義之爲近人所忽，而尤不可以不爲之特加點出也。」[58]但他反對寫長篇年譜，如他對丁文江的《梁啓超年譜》便提出了批評。

㈣學案體及碑傳體（學人傳）

錢穆對學案體頗有心得。他認爲，傳統學案體有體例上的缺陷，「僅是散摘諸條，略加評案，易使讀者如看格言集，或讀相駁書，幾如理學家言，非屬教訓，即係辨詰。學術氣味不免沖淡，思想條理更難體究。」[59]在理學盛時，其病端還不十分明顯，現在理學已衰，此體便急需改進了。他說，自己的《朱子新學案》在體例上便有創新，「本書多分篇章，各成條貫，使人每讀一條，易於瞭解其在一家思想全體系中之地位與意義。分而讀之，固可各見其有然。合而思之，乃可盡見其所以然。自可知一家學術，必有其根底所在，與其精神所寄。固不輕爲教訓，亦非專務辨詰。」[60]《朱子新學案》按朱子的學術思想體系進行專題分類，然後進行疏解。[61]這既保持了傳統學案體能保存原始學術思想資料的長處，又便於人們系統和深入地瞭解朱子學術思想的全貌。而且，爲單個思想家寫學案也是一種體例的創新。

對清代興起的碑傳體，錢穆也有較高評價。關於碑傳體的形成和發展，他說，《明儒學案》和《宋元學案》除收集很多名家的語錄和文集外，還爲他們作了「小傳」，這是一種學人傳記，是跟著中國史學傳統來的。中國史書中很早就有此類學人傳記，如正史中的「儒林傳」和「文苑傳」，又如，《高僧傳》是佛學家的傳記，朱子的《伊洛淵源錄》則是理學家的傳記。到清代，全謝山和錢大昕因襲黃全兩學案，寫了很多學人傳記，眞正開創了碑傳體。此體在乾嘉時期走向繁盛，當時稱爲「碑」與「傳」。後人將它們合編起來，遂成一部《碑傳集》。此後又有碑傳續集、三集、四集等。錢穆認爲，各種《碑傳集》雖包括了各方面的人物，但最值得說的還是學術人物，「諸位要研究清代學術，經學、史學乃至文學等等各方面，一切有關史料，這幾部碑傳集裏，可說收羅得很詳備。」[62]它是史學體裁的創新和進步，「可說是開了史學一個新路向，爲從前所沒有。」「無論研究思想、研究文學，此是在中國自己近三百年來文學史學上一大進展」。[63]他對近代以來一味效仿西方寫人物傳記，無視中國原有學人碑傳體價值的現象進行了嚴厲批評，認爲至少應該將從《宋元學案》到《碑傳集》關於中國傳記體的演變發展與西方傳記文學作一比較研究才對，不應妄自菲薄。他對碑傳體的看法與其重視列傳體的思想是一致的。

錢穆從歷史文化的生命意義和特徵出發，結合中國歷史文化對史書體裁進行了論述，其突出特徵就是強調史書應該反映和體現人文主義的內容和精神。因此，他特別重視中國傳統史書的列傳體與編年體，輕視和貶低紀事本末體。他對中國其他史書體裁，特別是志書體、方志體、家譜和年譜、學案體與碑傳體的論述，與其論述中國史書三大體裁的精神和標準是一致的。

註　釋

1 〈史學導言〉，《中國史學發微》，第六五頁。
2 〈史記〉上，《中國史學名著》㈠，第六八頁。
3 〈張曉峰中華五千年史序〉，《中國學術通義》，第一六二頁。

4 錢穆這裏說《春秋》是記言與記事的，是從史學記載中記言與記事不能完全分離來說的。一方面，他認爲中國史學自始便有記言與記事之分，「中國古代人對歷史記載有一個很特別的地方，就是所謂『記言』『記事』之分。諸位都說歷史是記事的，但中國古人看重歷史，不僅看重其事，還更看重講話。」如《尚書》、《國語》和《戰國策》很多都是講話，是記言的，它們一段一段保留在那裏，就是歷史。另一方面，他又說記言與記事又不能完全分開，「固沒有在事情中沒有講話，也沒有講話而不牽涉到事情的，這裏我們不能太嚴格地分。……我們只能說中國古代言與事並重，說話同行事一樣看重，但並不能說中國古代人把講話同行事分別開，如說『左史記言，右史記事』，這話恐有些靠不住。」所以，他認爲《左傳》中主要的，「乃是兩百四十年的事情放在那裏，便顯然見得一是記言，一是記事了。」（以上引文見〈左傳〉，《中國史學名著》(一)，第五〇頁，第五一頁。）

5 〈史學導言〉，《中國史學發微》，第五三頁。

6 〈四部概論〉，《中國學術通義》，第一九頁。

7 〈中國史學之特點〉，《歷史與文化論叢》，第一二四頁。

8 〈中國文化傳統中之史學〉，《中國學術通義》，第一四五頁。

9 〈史記〉上，《中國史學名著》(一)，第六七～六八頁。

10 〈張曉峰中華五千年史序〉，《中國學術通義》，第一六二頁。

11 〈張曉峰中華五千年史序〉，《中國學術通義》，第一六二頁。

12 〈中國史學之特點〉，《歷史與文化論叢》，第一二七頁。

13 《文苑英華》，卷七四二。轉引自白壽彝《史學概論》，寧夏人民出版社，一九八三年七月第一版，第一二七頁。

14 〈國史館撰稿漫談〉，《中國史學發微》，第二七六頁。但錢穆認爲，「本紀」是「承襲編年體變通而來」。（〈四部概論〉，《中國史學發微》，第二二頁。）

15〈略論中國歷史人物之一例〉，《中國史學發微》，第二六四頁。
16〈略論中國歷史人物之一例〉，《中國史學發微》，第二六四頁。
17〈中國史學之特點〉，《歷史與文化論叢》，第一二四頁。
18〈四部概論〉，《中國學術通義》，第二七頁。
19〈中國史學之特點〉，《歷史與文化論叢》，第一二四頁。
20〈史學導言〉，《中國史學發微》，第五七頁。
21〈四部概論〉，《中國學術通義》，第二〇頁。
22〈四部概論〉，《中國學術通義》，第二〇頁。
23〈部概論〉，《中國學術通義》，第二一頁。
24〈當仁不讓〉，《歷史與文化論叢》，第三八三頁。
25〈當仁不讓〉，《歷史與文化論叢》，第三八三頁。
26〈張曉峰中華五千年史序〉，《中國學術通義》，第一六三頁。
27〈史記〉（中），《中國史學名著》㈠，第七三頁。
28〈中國文化傳統中之史學〉，《中國學術通義》，第一五九頁。
29〈張曉峰中華五千年史序〉，《中國學術通義》，第一六一頁。
30〈張曉峰中華五千年史序〉，《中國學術通義》，第一六二頁。
31〈中國史學之特點〉，《歷史與文化論叢》，第一二二頁。
32〈四部概論〉，《中國學術通義》，第二三頁。
33〈四部概論〉，《中國學術通義》，第二八頁。

34 〈四部概論〉，《中國學術通義》，第二四頁。

35 〈四部概論〉，《中國學術通義》，第二六頁。

36 〈四部概論〉，《中國學術通義》，第二六頁。

37 〈中國史學之特點〉，《歷史與文化論叢》，第一二四頁。

38 〈四部概論〉，《中國學術通義》，第二六頁。

39 〈四部概論〉，《中國學術通義》，第二四頁。

40 〈張曉峰中華五千年史序〉，《中國學術通義》，第一六九頁。

41 〈當仁不讓〉，《歷史與文化論叢》，第三八二～三八三頁。

42 〈史記〉（中），《中國史學名著》㈠，第七二～七三頁。

43 〈四部概論〉，《中國學術通義》，第二八頁。

44 〈張曉峰中華五千年史序〉，《中國學術通義》，第一六九頁。

45 〈張曉峰中華五千年史序〉，《中國學術通義》，第一七三頁。

46 〈四部概論〉，《中國學術通義》，第二一頁。

47 〈范曄後漢書和陳壽三國志〉，《中國史學名著》㈠，第一一〇頁。

48 〈四部概論〉，《中國學術通義》，第二三頁。

49 《中國歷史研究法》，第四一頁。

50 〈四部概論〉，《中國學術通義》，第二九頁。

51 〈中國歷史精神〉，《中國史學發微》，第一一一頁。

52 《中國歷史研究法》，第四二頁。

53 〈四部概論〉，《中國學術通義》，第二九頁。

54 〈中國歷史精神〉，《中國史學發微》，第一〇三頁。

55 《中國歷史研究法》，第四〇頁。

56 〈中國史學之特點〉，《歷史與文化論叢》，第一二七頁。

57 〈中國史學之特點〉，《歷史與文化論叢》，第一二七頁。

58 〈張曉峰中華五千年史序〉，《中國學術通義》，第一七三頁。

59 《朱子學提綱》，第二三三頁。

60 《朱子學提綱》，第二三四頁。

61 《朱子新學案》分思想與學術兩大方面。思想方面又分「理氣」和「心性」兩部分。學術方面則分「經學」、「史學」、「文學」三部分。而「經學」中又分《易》、《詩》、《書》、《春秋》、《禮》、《四書》諸題。在學術的三部分之處，又附校勘、考據、辨僞和游藝格物諸篇。介於思想和學術兩大部分之間，又分朱子評濂溪、橫渠、二程、朱陸異同、闢禪等篇。

62 〈從黃全兩學案講到章實齋文史通義〉，《中國史學名著》㈡，第三〇三頁。

63 〈從黃全兩學案講到章實齋文史通義〉，《中國史學名著》㈡，第三〇三頁，三一〇頁。

第十二章

生命意義的史學知識論和經世致用的史學價值論

歷史學知識是歷史學家通過對歷史的認識和研究，最後用語言文字等方式表達出來的一種知識體系。歷史學家對史學的認識，是受其歷史觀和歷史認識論決定的。錢穆說，歷史是大群人生和生命，歷史認識是要獲得對大群人生與生命的經驗，在歷史認識過程中要重視史家主體情感和道德價值觀念的投入，歷史研究要以整個民族和國家的大群人生與生命爲對象。因此，史學便成爲一種生命之學。史學可以鑒古知今和經國濟世，可以培養個人心智。史學在人文學中是最基本的，沒有史學就沒有人文學。中國史學最能體現史學的本質和精神，中國史學的精神是中國歷史文化精神的具體和充分體現。錢穆的史學觀既繼承了中國傳統史學思想的基本精神和內容，又對它作了重要發展。

一、史學是生命之學和史學的諸要素

我們先來看錢穆對史學的解釋。他的解釋主要有五種：

㈠「史學是一種生命之學」。1

(二)「史學只是一種人事之學」。[2]

(三)「史學則為一種由變見常，由常識變之學」。[3]

(四)「治亂興亡，鑒古知今，此為史學。」[4]

(五)「培養史心，來求取史識，這一種學問，乃謂之史學。」[5]

錢穆對史學的五種解釋從不同角度對史學的本質和特徵作了回答。說史學是生命之學、人事之學，是從概念的內涵上對史學的本質定義。說史學是由變識常和由常識變之學、史學爲鑒古知今之學、史學可以培養史心和求取史識，這都是從概念的外延上對史學功能屬性的解釋。因此，概括地說，錢穆的史學觀是一種人文主義的生命史學觀。

從錢穆對史學所作的上述解釋可以看出，他對史學的本質、功能及特性的認識是與對歷史本質及規律的認識相一致的。史學是生命之學，是因歷史是一文化生命，而生命必有持續與變化兩個特徵，變化中有持續，持續中有變化，所以，「研究文化生命，歷史生命，該注意其長時間持續中之不斷的變化，與不斷的翻新。要在永恒中有日新萬變，又要在日新萬變中認識其永恒持續的精神，這即是人生文化最高意義和最高價值之所在。」[6]史學是人事之學，是因歷史記載人事，人事記載就稱爲歷史，即史學。史學是由常識變和由變識常之學，是因歷史是一個常，時代是一個變，歷史由積變而成；歷史之常包括了時代之變，時代之變顯現出歷史之常，所以，「單看歷史中某一時代之變，不僅不見常，亦不見有變。所見只是一現實。現實固無不變，若專就其變處看，則時代短暫成刹那，而現實恍惚成幻滅。」[7]史學是鑒古知今之學，可以培養史心，求取史識，是因史學所闡發的治平大道和人生修養之道都本源和遺存於人類以往的歷史中。簡言之，是錢穆的民族文化生命史觀決定了他人文主義的生命史學觀。

在這種人文主義生命史學觀的基礎上，錢穆繼承了中國傳統史學思想，對史學諸要素，即史法、史才、史學、史識和史德的涵義作了發展，同時又提出了史心、史情和史意等新概念。它們是錢穆人文主義生命史學觀的有機組成部分，豐富了史學觀的內涵。

關於史法，是指對歷史知識的編纂方法和義例。他說：「如何才能寫得客觀之歷史，這便是關於史法的問題。」[8]他認爲，中國史學的可貴在於有史法，「其法可爲人人所共遵，以不斷持續其保存史料與整理史料之功業，而於史法之中乃蘊有甚深之史義，此所以爲尤可貴也。」[9]正是由於中國史學貴史法，才使中國歷代史學事業能不因朝代的更迭而喪墜，綿歷三千年至今，中國史書數量之多和門類之廣，舉世無雙，「故謂中國乃一史學國家，中國民族乃一史學民族，中國文化乃一種以人文爲中心之文化，而史學尤爲其主要表現，主要業績。」[10]他又說，高明的史法應該寓有深義，「倘使對這一段歷史自己並沒有一番很深切的見識的話，那這些史筆、史法也就根本談不上。」[11]如孔子《春秋》的史法，便是源於孔子對春秋時代的歷史實情及背後的發展趨向有一番極深的看法。

關於史才，是指史家研究中的分析綜合能力。他說，治史貴能分析，須能將一件事解剖開來從各方面去看，又貴能綜合，將看起來絕不相同的事合起來看，視其爲一事之多面，窺見其大源，「這種才智即便是史才」。[12]

關於史識，錢穆有兩種解釋：㈠指通過歷史研究獲取的歷史知識。他說，史家通過對自己國家民族長時期歷史的一切興衰得失進行研究所獲得的知識，「可謂之是史識」。[13]㈡指治史者具有對歷史寬闊而精深的識見。他對此闡述頗多。他說，歷史是一渾然整體，不斷地向前發展，歷史事件並非一件件獨立存在的，所以，治史要能見其全、見其大、見其遠、見其深、見人所不見處，「這樣的見識即便是史識」。[14]如，司馬遷提出《史記》的宗旨是「究天人之際，通古今之變，成一家之言。」其中，「明天人之際，通古今之變」十字，「可以說乃是史學家所要追尋的一個最高境界，亦可說是一種歷史哲學。……此後太史公《史記》被稱爲中國第一部正史，可是第二部以下寫正史的人，都不能有太史公這般『究天人之際』、『通古今之變』的偉大理想和偉大見解了。」[15]而要勝任這兩大目標，史家就必須具備一種深識獨見，「成一家之言」就是司馬遷精深孤絕的史識。

關於中國傳統史學才、學、識三要素之一的史學，錢穆沒有作專門的闡說。從他的有關文章來看，他說的史學有時指史學本身，有時又指史家的學識。如，他說劉知幾提出史學的才、學、識，此三項實是一項難過一項，「若使沒有史才，就不該去研究史學。才是天生的，有了才，再加以學，在學問中始長出見識來。故『才』、『學』、『識』三者，應是依次遞進的。」[16]錢穆又說，劉知幾沒有寫一部歷史，因此不易見他的史才與史學。從他對隋書經籍中許多歷史書的批評看，似乎不能說他無史學。然而他只重在文字和方法上，說不上有史識。劉知幾僅是讀了那時許多的歷史書，並沒有進一步通到史學。

關於史德，參見本編第九章的第四部分「重性情和史德的史家素質論」。

關於史心，是指一種關注和投身民族國家歷史長時期演變與發展的心境情懷。這是錢穆根據民族文化生命史觀提出的一個新概念，與傳統史學所說的史家心術不同。他說：「歷史上有過不少爲民族爲國家爲大群體長時期前程而立志操心的大人物，他們此種心情，可謂之是史心。」[17]又說，中國人重視歷史，因此重視時間觀，雖一文一物必求歷久相傳，如一生命存在，沒有古今新舊的隔閡，「故凡中國人心，苟受相當教育，具相當修養，則我心即史心，五千年中華民族之大生命，即融入吾此短暫狹窄之小生命中，而有何古今新舊之足辨。中國五千年歷史文化一氣相承，亦即此之故。」[18]

錢穆還提出了史情與史意二個概念。所謂史情，是指當時的歷史實情。如漢武帝「表彰六經、罷黜百家」，這是一件事，「這件事的實際情況我說它是史情」。[19]所謂史意，是指歷史事件及歷史演變和發展裏面所蘊涵的意向。他說，在歷史實情背後有一個「史意」，「這是在當時歷史實際具有的一種意向。當時歷史究在那裏要往那一條路跑，跑得到跑不到是另外一件事，但它有一個意向，想要往那條路跑。我們學歷史的人，就應該認識這個史之意。」[20]所以，明白了史意，自然就能看清史情。如，研究《春秋》就該認識這段歷史背後的一番意向，這樣便能明白那時歷史事件的眞實情況。可見，錢穆說的史意主要不是指歷史發展的趨勢，而是指人的一種主觀歷史意願。因此，他說，「史書的最大作用，要能發掘出他所寫這一時代的史情與史意。……史書最重要的要能看出當時這許多史事背後的實情和意向」。[21]

在史學形式上，錢穆提出著史、考史和論史（或稱評史）的史學三形態。他說：「我們講史學有三種：一是『考史』，遇到不清楚的便要考。一是『論史』，史事利害得失，該有一個評判。一是『著史』，歷史要能有人寫出來。」[22]這便是說，以考據爲主的歷史研究是考史，以歷史事實和人物爲對象來探求歷史本質、規律及其意義與價值的歷史研究是論史，融考史與論史爲一體的歷史研究是著史。同時，著史、考史和論史也是史學研究的三種方法。考史便是歷史考據法，論史便是講求歷史研究的義理和思想，著史則是在歷史研究中將歷史考據法與講求義理和思想融合起來。關於錢穆此一方面的思想，在本編

第十章「通變和通專相結合，考據和義理相結合的歷史研究法」的「治史要考據與義理相結合」部分中已經詳細論述，此不具論。關於中國現代史學如何處理好考史、論史（評史）和著史的關係，錢穆在〈中國六十年之史學序〉中作了較明確闡述，此不詳引。[23]

錢穆對史學作一種生命意義的解釋，充分體現了其史學思想的人文主義精神。它要求史家在從事歷史研究時，不能把歷史僅僅作為一種外在的、可以摒棄史家主體情感與道德的純科學研究。這是一種有益和獨到的見解。他對中國傳統史學一些基本概念的內涵作了新的闡釋，提出了一些新的概念，豐富和發展了中國傳統的史學思想。由於錢穆對史學作一種人文主義的生命理解和闡釋，這就使他對史學的價值和地位等範疇的認識也具有鮮明的人文主義色彩。

二、鑒古知今、經國濟世和培養心智的史學價值論

錢穆十分重視史學的致用，他說：「科學本重在求眞理，但人文學則卻主要求在社會上有『用』。」[24]所以，史學自然要求「用」。史學的功用和價值所作用的對象包括國家民族和個人兩方面。概括他對史學具體功用和價值的認識，主要包括以下三方面的內容：

㈠鑒古知今，究往窮來

錢穆認爲，史學的資鑒功用首先在於能夠鑒古知今和究往窮來。他說，「故史學在中國，乃成爲一種鑒往知來經世致用之大學問。」[25]「『鑒古知今』、『究往窮來』，這才是史學眞的精神。」[26]他指出，

中西文化對史學資鑒功用和價值的認識是不同的。西方文化輕視歷史，視過去成臭腐；而中國很早就有「前車之覆，後車之鑒」之說，漢代又有「自古無不亡之國」之說，「此亦見國與天下之別，亡國決非亡天下。朝代之更迭，異於民族之興衰。」[27]這種歷史意識正體現出中國古人重歷史得失和以史取鑒的精神。

在錢穆看來，史學的資鑒功用和價值具體表現爲：

一是，能讓人們吸取歷史經驗教訓，求取歷史新知，使自己民族的歷史文化不斷進步和發展。他說：「歷史教人向前，即因其能知過善改，亦因其能善所承襲。……人類知識貴在此不斷過程中，求獲將來之新得。」「學史工夫即在知過。……故歷史多過，學史在求少過，直待天下太平，始爲至善可止。」[28]中國歷史能通貫上下五千年，正貴在中國文化重視鑒古知今。西方人由於只重開新不重歷史，所以，不能形成綿長和一統的歷史。

二是，史學不僅能幫助人們認識歷史，還能幫助人們明察未來，爲歷史發展提供方向和目標。他說：「治史雖在知往，然眞能知往，自能察來。」[29]今人都講革新，然革新必當知舊，「惟借過去乃可認識現在，亦惟對現在有眞實之認識，乃能對現在有眞實之改進。故所貴於歷史智識者，又不僅於鑒古而知今，乃將爲未來精神盡其一部分孕育與嚮導之責也。」[30]

三是，歷史資鑒的目的是爲了讓人更好地改變和創造歷史。他說，歷史屬一種改變過去和改變將來的事業，「故歷史實爲人類事業之不斷改進，而決非命定。研究歷史，即謂其乃研究如何改進現在人事之一種學問，亦無不可。」[31]

史學所以具有資鑒的功用和價值，首先是由於史學爲生命之學。錢穆說，「學」必有系統，按中國傳統觀念來說，系統即體系或體統，「故此『系統』二字，實可用中國人常講的一個『體』字來加以說明。」「凡體必有用，用即是能。」[32]因此，史學是體用合一之學，史學的功用和價值是史學之體本身具有的，同時，史學的本體性又由其功用和價值來體現。其次，歷史是一大人事，歷史之道由人顯，道存於人事中，因此，明道便可以幫助人們鑒古知今和究往窮來，「夫歷史固以記事變，而記事必兼明道。……苟徒知有事，而不知道之即寓乎事，則亦何所謂事矣。」[33]他又說：「歷史在過去中，乃指其事，非言其道。……而將來之可知，則即在過去中。雖可知而不可知，雖不可知而仍可知。此則讀史而明其道乃可知。」[34]再者，歷史是活的，不是死的，這也是它能鑒古知今和究往窮來的又一原因。他說：「人類整部歷史，是一部活歷史，非是一部死歷史。知古可以知今，知今也可以知古。知我可以知彼，知彼也可以知我。必得如此，乃始成爲一種有體有用之史學。」[35]

(二)經國濟世，復興民族歷史文化

史學的資鑒功用和價值從大處講，必須而且能夠經國濟世和復興民族歷史文化。他說：「……學史學，要知得學了不能經國濟世，此則終非所學之最高境界，不免仍成空論，非實學。這樣的學問，只是死學問，空學問。」[36]中國之史學精神，「在能經世明道，固非僅托空言。」[37]

錢穆對史學可以經國濟世的論述主要包括三個方面：

一是，史學可以振衰起弊，復興民族。他說，近代中國在積衰積病中，「我們今天發揮史學，正該發揮出一套當前輔衰起病之方。識時務者爲俊傑，史學復興可以教人識時務。史學復興，則中國必然有一個由衰轉興之機運。」[38]

二是，史學能告訴國民民族和國家的歷史眞相，而只有知道民族和國家歷史的人，才是合格的國民。他說：「我們知道中國史，才算是知道了中國人；知道了中國人之眞實性與可能性，中國人之特異性與優良性。我們也可說，知道了中國史才算知道了我們各自的自己。」[39]然而，要知道民族和國家歷史的眞相，只能靠研究歷史去獲得，「欲治一民族一國家之文化，主要即在其歷史，昧忽其歷史實跡，則一切皆落於虛談。」[40]

三是，史學可以培養國民的愛國心和民族情感。他說，通過治史，「能懂得注意世運興衰人物賢奸，積久感染，也自能培養出一番對民族國家之愛心，自能於民族國家當前處境知關切。」[41]又說：「欲其國民對國家有深厚之愛情，必先使其國民對國家已往歷史有深厚的認識。欲其國民對國家當前有眞實之改進，必先使其國民對國家已往歷史有眞實之瞭解。我人今日所需之歷史知識，其要在此。」[42]

史學能夠經國濟世和復興民族文化，在錢穆看來，是由歷史的本質和史學的本質決定的。歷史是人事，是一人道，而史學可以明道，明道則可以致用濟世。他說，在學問的三系統中，中國文化特別重視「人統」和「事統」，輕視「學統」。所謂重人統與事統，就是說治學以人爲中心，以事業爲中心，重人生與事業的合一，講「學以致用」。中國史學自古便講明道濟世，「故講中國人之史學，其最先之創造意志，乃在道，更在人。如司馬氏之作《史記》，乃在學孔子之明道救世，其主要目標仍在求用。」[43]再者，歷史是一民族文化生命，史學則是此生命的載體，所以，史學也是民族國家的生命。他說：「沒有歷史的知識，就等於沒有民族的生命。」「要滅亡一個國家，定要先滅亡他們的歷史。要改造一個民族，也定要先改造他們的歷史。」[44]因此，中國歷史文化的復興首先便要復興中國史學，「中國歷史知識的復活，才是中國民族精神的復活，才是中國傳統文化精神的復活，到那時，中國才能眞正地獨立自存了。」[45]他認爲，近代以來對中國歷史文化和史學的否定使史學走向了衰敗。中國今天的當務之急是必須建立新的史學，應當立即撰寫一部人人可讀的新通史，「使能於三千年來積存舊史中，取精用宏，提要鈎玄，以會通之於當前之世局國運，求能一洗流傳之謬說，闡歷古之積存，以寫成一新通史，撥積霾而開新光，使舊史仍傳，人心復振，國運有昌，而後新史可繼也。」[46]錢穆說，自己寫《國史大綱》的目的就在於此！

㈢培養心智，做歷史正面人物

錢穆認爲，史學對人生也有極大的功用。這種功用主要包括以下四個方面：

一是，史學可以培養人的心性道德，做一個理想的歷史正面人物。他說：「史學必以國家民族大群體長時期上下古今直及將來，爲其學問之對象。由此培養出一番見識與心智，其自身始得成爲一歷史正面人物，便是能參加此民族國家歷史大趨之人物。」[47]歷史雖是屬於全體人群的，但歷史卻由少數歷史人物創造，所以研究歷史，首先要懂得人，尤其是少數歷史人物，他說：「我們甚至也可說，我們研究歷史的主要目的，或主要功能，是在希望人能成爲一歷史人物。」[48]

二是，史學不僅是一種鑒往知來經世致用的大學問，而且，它也富有人文精神的教育意義。他說：「稍治歷史，即知人物在人類歷史演進中之大關係與大責任。故中國學者之傳統精神，則莫不知由修己處世而循至於治國平天下之一終極理想之全過程，爲其嚮往之目標。」[49]

三是，史學可以爲人生提供一個指導。他說：「史學正是保留人生經驗，發揮全部人生中的重大意義和價值，以傳諸後世，使後世人能根據這一番經驗，來作爲他們人生的一種參考和指導的。」[50]

四是，史學可以培養人的心智，增長人的智慧和功力。他說，中國人講史學主張要有才、識和德，如此研究歷史才能有高深卓越的造就；反過來說，「我們從事研究歷史正可訓練我們分析和綜合的頭腦，正可增長我們心智修養，正可提高和加深我們的見識和智慧。」[51]一個人要增長自己的智慧與功力也必須學習歷史和古人，因爲學問都是從古代傳續下來的，必有一傳統，所以治學要注意兩個層面，即，「由從前人之智慧來指導自己之功力」和「由前人之功力來培養我自己之智慧」。[52]

史學於人生有這樣的功用和價值，在錢穆看來，是因爲中國學問以做人爲中心，由人來體現歷史之道，若無人，道將無所依存，進而言之，只有人才能創立道，「故學貴重道，尤貴重人。」[53]史學又是人文學的基本，「故史學乃爲中國人學問中之最高一項，以其能學於古人，學於百千年以上之古人。亦可謂乃可學於自有人類以來之古人，乃可即就於人以爲學。其學之廣大而悠久乃如此。」[54]他說，中國文化要求於人的最高目標是做聖人，要達到這一目標，就必須從歷史和歷史人物中去取鑒。古人所以能取鑒，是因千萬年前與千萬年後的人，「自人文大化言，大體相同，無大差異。」[55]況且，人心是同然的，古人心與今人心可以爲一，同存於歷史中。人們通過閱讀古人的著述，便可想見和體會古人的心境和情感，此不啻是與一知己相晤，自己的所思所想和喜怒哀樂之情亦會油然而生，「而己之爲人，亦自得自在爲千古相傳之一不朽人，常在我民族之傳統心情中，而不復遺忘矣。」[56]再者，做人的根本在道德心性。中國史學重人物的褒貶，目的就在於要對後人起到一種道德上的教化作用，所以，重歷史褒貶與教育是相通的。他說：「孔子《春秋》重視人事褒貶，此即歷史學與教育之相通處。」[57]

錢穆的史學致用觀與價值觀充分體現了其史學思想的人文主義精神。他從歷史的生命性、民族性和歷史與人生的關係較爲系統地闡述了史學的價值與功能，對近代以來片面和完全否定中國傳統史學的價值和意義進行了有力批評。不過，由於他的史學致用觀和價值觀完全是從中國歷史文化的角度來立論的，便難免存在局限性。因爲西方和其他國家民族的歷史文化與中國是有差異的，錢穆並沒有談到如何從人類歷史的高度來認識史學的價值與功用，僅是以他對中國史學功用與價值的認識來偏概整個史學的價值觀與致用觀，乃至否認西方史學也有其價值觀與致用觀。

三、史學是人文學的基本

錢穆關於史學地位的根本觀點是：史學是人文學的基本。他說：「自然科學基本在數學，人文學基本則在史學。」58

從理論邏輯上說，錢穆將史學視爲人文學的基本，是其文化生命史觀和史學生命觀的必然結論。首先，他的文化生命史觀將自然、人生和社會融爲一體，歷史便是一綿延不絕的大生命體，歷史是一大人事之持續，歷史是生命和人生存在價值和意義的體現。史學是生命之學和人事之學，是由變識常和由常識變之學，史學可以鑒古知今和培養史心。所以，史學自然成爲人文學的基本。其次，從歷史與人生的關係上說，歷史即人生，人生即歷史。而中國史學是以人爲中心和本位的，「故中國史學，實乃一種超出尋常的人生哲學，亦是一種超出尋常的人生科學。一切學問盡包在史學之內，而史學乃超乎一切學問之上。」59再者，史學研究所包含的內容涵括了人類社會生活的各個方面及其發展過程，這是其他人文學科無法做到的。所以，「對人文界之研究，須從人類的生活過程著手，故人文科學以歷史爲基礎。」[60]他又說：「要瞭解社會，便要研究社會科學。社會科學之最重要性，當爲歷史，不瞭解歷史，便不能瞭解社會。所以，我今天特地提出這個從歷史看中國社會問題來供諸位參考。」[61]雖然「社會科學之最重要性當爲歷史」的說法不恰當，這裏的歷史容易使人認爲是歷史本身，而非史學。但他的意思是明確的，即史學研究包括社會的基本內容，只有通過史學研究才能認識社會。這同樣說明了史學的重要地位。

不過，錢穆主要是從中國學術本身及其演化過程出發，運用理論與歷史相結合的方法來闡發「史學是人文學之基本」的思想。它包括兩個方面的內容：第一，史學與經學（或心學）爲中國學術兩大主幹或主流；同時，史學即是經學，經學即是史學，「經史同源」。第二，史學產生最早，不僅經學，中國的一切學術都源於史學。這兩種觀點本質上又是有機聯繫的，甚至可以說是基本一致的。

首先，我們來看第一方面的內容，即史學是中國學術的主流，史學與經學爲中國學術兩大主幹；史學即是經學，經學即是史學，「經史同源」[62]。

錢穆說，「研究中國學術主要不越心學與史學兩途。」「也可說後來中國儒學傳統，大體不出經學與史學兩大部門，而就經學即史學言，便見儒學也即是史學了。」[63]史學和經學所以成爲中國學術的兩大主幹，是由中國文化以人文爲中心、重視歷史的精神決定的。中國文化以人文精神爲中心，重視做人的學問，經學或心學主要就是從義理和思想上闡發人文大道與如何做人的方法與眞理，「因此，經學在中國，一向看爲是一種做人之學，一種成聖之學。」[64]中國文化又注重歷史精神，史學是人事之學，它主要從歷史事實來探求人文大道與眞理，具有鑒古知今的作用，因此，「若要眞在修齊治平上作眞貢獻，總須對過去歷史有一瞭解，更貴能窮源竟委，窺其變道，然後才能針對現實有所作為。我們甚至可說中國學術，主要均不出史學範圍。」65可見，史學與經學（或心學）是不同的，「史事其變，經道其常。」66

不過，錢穆認為史學與經學又是不可分的。因為，以人文精神為中心，就必然會看重人文社會的一切實際措施，也必然會看重歷史經驗，「因社會人文是在歷史演變中完成，又須歷史經驗來作指導。」67這就是說，經學是體，史學為用，講經學，必須落到史學上才能實現。所以，從「體用合一」的角度來說，從一切學問以人為中心的根本要求來說，在現實社會和人生中，史學和經學是無法分開來講的。他說：「中國傳統文化，注重對人文社會與歷史演進之實際貢獻。中國人愛說通經致用，或說明體達用。」「要做一理想人，要做一聖人，便該在實際人生社會中去做，此便是中國學術傳統中之人文精神。要接受此種人文精神，必該通歷史，又該兼有一種近似宗教的精神，即所謂天人合一的信仰。」68這樣，錢穆便從中國歷史文化精神的高度闡明了史學和經學既是中國學術兩大主幹，兩者在本質上又是同一不可分的思想。

同時，錢穆又從史學與經學（或心學）在學術史演變中的關係說明了史學的地位及其與經學（或心學）的同源。他說，後人所說的「五經」，有「四經」是歷史。《尚書》保留了當時大量的歷史材料，《詩經》比《尚書》包含了更豐富的歷史，可以說是中國第一部史詩，《禮》記載了當時社會的一切禮俗，也可視為一部歷史書。孔子所作的《春秋》，則是中國史學的開山，「我們若更進一步言之，亦可謂孔子之學本即是史學。」69漢人崇尚經學，經學在當時實是史學，因經學所講不出周公和孔子的治平實績與理想，皆屬已往歷史。後來漢代古文學家提出《毛詩》、《周官》及《左傳》為經，「實是經學中之歷史性愈趨濃重之證。其趨勢至東漢而益顯，即是在經學中根據古代史實的趨勢，益勝過了憑空闡發義理的趨勢之上。鄭玄括囊大典，偏重早已在此方面；而王肅繼起，顯然更近於是一史學家。杜預作《春秋左氏集解》，顯然亦偏重在史學。故可說經學即史學，史學即亦經學。」[70] 魏晉南北朝時，雖尚清談玄言，史學亦鼎盛，儒學已不囿於經學，開始擴及到史學方面。諸凡當時有名的史學家，大體上均是儒家，如王肅、杜預諸大儒，雖被稱爲經學家，亦無不具有史學精神。此後的歷代大儒，很少有不兼通經史的。這時，在學術上常是經史並稱，開始有了經史一學的新名目。唐代佛學最盛，文學次之，但史學並未中歇，如唐初諸臣修晉書與隋書，繼之有顏師古、劉知幾和杜佑等史家。宋代史學尤盛，著名史家有歐陽修與司馬光，南宋有呂東萊及浙東學派等。朱子後學在元代如王應麟、胡三省和馬端臨等人皆在史學上有表現。明初宋濂、劉基等雖不著史，卻留心史學。明末清初大史學家輩出，顧亭林、黃梨洲和王船山等也都屬儒家。清代雖考據學大盛，其實仍屬史學範圍，只是較狹義的史學和儒學而已。「故在中國學術史中，史學所占地位極重要，堪與心學分庭抗禮，平分秋色。」[71] 不過，反過來說，史學也是從經學演化而來。他說，中國最早的學術是王官學，即政府中有關社會政治管理的檔案文書，它形成了後來被尊稱爲經的《詩經》、《尚書》、《禮》和《易經》等。因此，若從中國學術的流變來看，「史學從經學中衍出」。[72]

其次，我們來看第二方面的內容，即中國史學產生最早，不僅經學源於史學，而且子學與文學也源於史學，中國的一切學術都源於史學。錢穆說，中國人治學分經史子集，「經即古代之史，子與集皆後起之史。使不成爲史，即不得成其爲經、子、集三部。」[73] 關於經學與史學的內容上面已經說明，這裏主要說明史與子、集的關係。

我們先看錢穆關於史學與子學關係的論述。他說，中國經史子集四部之學，又可分作兩部分，「經史先有，在古代屬於王官學。子集後起，在古代屬於百家言。」[74]周公在中國古代先創制了一套王官學，「六經」中除《春秋》由孔子所作外，其餘都形成於這一時期，都是王官學。孔子則是中國史上第一個根據古代政府職掌的一套學問在平民社會中自由傳播講習，成爲此下百家言的創興者。此後，墨家和道家等紛紛興起，「而百家亦稱諸子」。[75]如按「六經皆史」的理論來看，百家言，即諸子學便是源自史學了，此其一。第二，若從春秋戰國時諸子所研討的內容看，不僅小說家直接來自於官府的稗史，更爲重要的是，儒墨道等百家所言都直接關涉當時社會人生，都重視從歷史中尋求解決當時社會人生問題的方案，所以，「則凡先秦諸子學，實可謂乃無一而非源自史學。」[76]第三，漢代史學繼起，太史官司馬談論六家要旨，私奉道家。司馬遷繼之，則尊儒家，「是史遷之爲史，亦求上承諸子立言成家。則子史之學自古人視之，其間實無大分別。此後二十五史以及三通諸書，乃亦如諸子，各成家言。尤可以宋代之歐陽修爲之例。如此中國之子學與史學，豈不貌分而神合，可離而可通乎？」[77]

我們再看錢穆對史學與文學（集部）關係的論述。他認爲中國最早的文學作品是《詩經》，而《詩經》實爲一部史詩。他說，我們現在所以推尊周公，「這是因爲周公作了《詩經》之雅、頌、二南，而雅頌二南就是周人的歷史，……周朝人的歷史，由周公寫出。我也根據孟子說：『詩亡而後春秋作』，來證明《詩經》跟歷史有關係，一部周代的開國史盡在《詩經》。」[78]再者，若從中國集部演化的歷史來看，集部也是源於史學，文學與史和子是相通的。集部有駢散之分。最先的駢體爲屈原的〈離騷〉，詩、騷並言，則〈離騷〉也可說來自經，故〈離騷〉亦可通於子和史。三國時代的建安文學，乃由西漢的駢體辭賦轉入散文中，其中曹操和諸葛亮等人的文字皆亦子亦史。晉宋時代陶潛的詩辭傳記，如〈歸去來辭〉和

〈桃花源記〉諸文，皆一人之史，亦即一家之言，實爲史、子、集三部通而爲一。唐代韓愈倡古文，乃正式由駢體變爲散文，「好古之文，好古之道也」正表明了其言是亦子亦史。所以，他說：「一人之集，至少乃爲其一人之自傳，亦即當歸入一民族一國家之文化道統中。故集部興起，乃爲四部之最後。……亦可謂集部即是子，但較單純而已。而其當可列入史部，則更不待論。」79

錢穆運用歷史與理論相結合的方法，深刻地闡述了史學在人文學中的基本地位。他從中國歷史文化的根本精神與特質的理論高度，從史學與經學、子學和集部內容的一致性與關聯性方面分析了史學的學術地位，這便突破了傳統經史子集的學術分野，對史學的地位作用乃至整個中國學術思想史作了新的闡釋，這也反映了錢穆廣闊的學術視野。同時，他站在歷史角度，從中國學術演變的大學術背景出發，既闡明了經史子集在中國學術演變中的相互作用，又指出在學術史演進中史學的本源地位，經、子、集不僅源自史學，而且它們在發展過程中也與史學不可分割。他的「經史同源」論對「六經皆史」是一發展，這不僅表現在它體現了錢穆治學的史學精神和方法，還表現在他是以「通經致用」或「明體達用」爲立足點來認識史學與經學的關係和史學的歷史地位的。他認爲，章學誠的「六經皆史」所以是章氏史學的最大貢獻，就在於它的根本精神是倡導史學的「經世致用」。80他對近代一些學者，如梁啓超和胡適等從史料學的角度解釋「六經皆史」作了批駁，說這未得章學誠「六經皆史」的經世致用精神和眞義。

不過，有二點需要指出：第一，錢穆強調史學是人文學科的基本，並非說史學可以凌駕和獨立於其他人文學科之上，相反，他是十分強調治史的旁通的。關於這一點，在本編第十章的「歷史研究要通與變、通與專相結合」一部分已有詳細說明。第二，他說中國一切學術源於史學，實際上是從史學與其他學術門類的遞嬗演化關係來說的。中國學術演化正式出現經史子集的四部分類，是在《隋書・經籍志》，也就是說，直到這時，中國傳統學術才正式有了明確的學術門類或學科意義上的史學觀念。錢穆對此不僅首肯，而且在《中國史學名著》的〈綜論東漢到隋的史學演進〉一部分還多有闡發。

四、從中西史學比較說中國史學精神與中國文化優越論

錢穆十分重視歷史研究中的比較。他對史學的論述，往往是結合中西史學的比較來進行的。他通過對中西史學關於歷史中的人與事、歷史進程中的通變、史學制度與方法等方面的比較，闡明了中西史學的根本差異和中國史學的主要精神，進而爲他的中國文化優越論提供理論和歷史依據。錢穆認爲，中西史學的不同及其所體現的史學精神和文化精神主要表現在以下五個方面：

第一，中西史學對歷史中的人與事認識不同。他說，中國史學重人不重事，以人爲主，事爲副，「中國歷史有一個最偉大的地方，就是它能把人作中心。」[81]貫通中國史學所求，便可知人文歷史背後所存之人和它所包涵的道德精神，「中國史家著史論史，雖不能人人到達此標準，要之有此一標準之存在。故中國歷史精神，實際只是中國之文化精神。重在人，不在事。而尤更重在人之心。」[82]他認爲，中國史學以人爲中心的突出表現便是中國史學是聖人之學，中國最早的史書《西周書》（按：即《尚書》中的〈周書〉）和第二部史書《春秋》分別由中國古代兩大聖人周公和孔子所寫，「可見中國史學，其先乃出聖人之手。亦可說中國史學，本是一種聖人之學。……中國文化所以成爲一種最富人文精神之文化，其事決非

偶然。」[83]中國史學的這種思想符合歷史的人文主義本質要求。西方史學則重事不重人，以事爲主，人爲副。

中西史學對歷史中人和事的不同認識，導致雙方史學方法出現兩種不同。首先，雙方對歷史記載中的人和事的態度不同，「中國人寫歷史，則人比事更看重。人生總有事表現，而中國人則更看重在其事背後的這人，西方人則更看重在由此人所出來的事。這是一個很大的不同。」[84]因此，中國史書的體裁主要是紀傳體。西方史學則重視對事的記載，西方的史書主要採用類似紀事本末體的體裁，「西方歷史記載，主要以事爲主，以人爲副，人物的活動，只附帶於事變之演進中，此種歷史體裁，略當於中國史書中之紀事本末體。」[85]與此相聯繫，雙方對歷史人物的評價標準也不同。中國史學重人，注重歷史人物的心性道德，所以，中國史學十分重視褒貶的史學筆法，「孰當褒，孰當貶，孔子《春秋》發其大凡。……中國史學之價值亦在此。」[86]西方史學重事過於重人，因此，它對人物的評價以事功爲標準，不以其人的善惡爲標準，「舉一世之人，而僅重強弱成敗，不論是非善惡。成則是而善，敗則惡而非，則舉世當重曹操，不當再重諸葛孔明。此誠中西文化一大異所在，亦即中西史學盛衰之所在。」[87]

第二，中西史學對歷史的通變認識不同。中國史學注重歷史的會通和貫通，它的集中體現就是司馬遷的「通天人之際，成古今之變」的思想。錢穆說，所謂「通天人之際」，是說天時與人生是一而二和二而一的，兩者需會通和合以求之。「通古今之變」則是專指人生史事方面說的，但也可說包涵天時在內，因天時也有古今之變，惟天時之變實多定於人生，「是則天時人生之與歷史，乃亦可謂三而一，一而三。」[88]中國的歷史不僅通於天地，而且通於世間萬物，凡屬衣食住行、佩帶玩弄和人生日常所需諸品，雖歷代有變，亦一氣相承，古今相通，「物變即以濟人文，人文乃以成物變。而一切則惟以人為主。全部中國史則亦惟此一語盡之矣。」「故中國則物亦通於史，而西方則物與史別，抑且物為主，而史為副，此又其一異。」[89]他還認為，中國人喜歡回顧歷史，這既可說是一種守舊心理，也可說是要融新舊成一體，彙古今成一貫。中國人講歷史的貫通，雖一文一物必求能歷久相傳，一氣貫注，如一生命存在，沒有古今新舊的隔閡。在這種歷史生命的通變觀下，中國人便能將我心等同於史心，將個人小生命融入五千年的民族大生命之中，人生便無所謂新舊之分。因此，中國五千年歷史能一氣相承和綿延不絕。西方歷史卻不重人生與歷史的合，「西方則分宗教、科學為人生之兩極端，而不得相互會通和合以用其中，此則又是中西文化之大相異處。」[90]此外，西方史學以物變為主，人文為附，雖然也尊古好舊，「惟其所尊所好之古與舊，則多屬物，少屬人。」[91]所以，西方歷史總是處於分裂之中，古希臘史、羅馬史、中古時期史以及現代歐洲列國史互不相通，不能像中國歷史那樣曆久不絕，「即此一端，亦可見中西歷史精神絕大不同之所在矣。」[92]

錢穆認為，中西史學對待歷史通變的不同認識導致了中西文化對歷史的新舊持不同態度。中國史學重舊，實際是指創新要建立在歷史的基礎上，「非不求變求新，乃是要從舊中變出新，非是要破棄了舊來另創新。」[93]這體現了中國史學的歷史主義精神。西方歷史只求惟新，不重故常。中西文化對歷史的這種認識，又造成中國史學十分重視史學的資鑒作用和價值，西方史學則輕視歷史，視過去盡成臭腐，不重史學的資鑒。

第三，中西雙方對待歷史的不同態度，使得中國史學特別發達，突出的表現就是中國是世界上史籍最豐富的國家。錢穆說，中國史料極爲豐富，因此，中國歷史文化各方面活動的內容和各時代生活的演變，「可供此後全世界有意研究以往人類文化演進作一最精細最完備最好的樣子與標本用，此即中國史學一最值得重視之特點。」[94]倘若要研究世界歷史文化，「最可寶貴的一部史料，就要推到中國史。……縱使中國國家亡了，民族亡了，這一部歷史，還是將來人類研究人文科學一項最可寶貴的史料。」[95]而中國史學的發達和史籍的豐富主要歸功於它有一套完備系統的歷史記載和編纂方法。他說，中國史學講「記注」與「撰述」的分別，由此中國史書也分兩大部分：一是「記注」，一是「撰述」。「記注」就是今天所說的史料編纂，「撰述」則是根據史料寫成的史學專著，是一種專家之學。「撰述」而成的專家之學固然重要，「記注」而成的史籍更重要，「無史料，使人又何憑而著史。故後人有亡實錄是亡國史之說也。然則史料又何可輕視？就於某一時代之既存史料而爲之部勒董理，成爲一時代之國史，使後之治史者有所稽憑，其功不可沒。」[96]史料的最大價值在於能保存歷史眞相，沒有作者個人主觀意見的摻入。他認爲，因斷代史的體例限制，中國史學自班固以後實際上已成爲一種記注之學，而非一家之著述。然而，正是這些史籍爲中國史學的不斷創新提供了豐富的史料。

第四，中國史學的記載和編纂方法體現了科學與客觀的精神。他說：「中國人記載歷史的方法，又是最高明最科學的。」[97]自然科學最重要的是觀察和記錄，而中國古人對歷史中人和事觀察與記錄的精密審細較近代西方自然科學有過之而無不及，「因惟有中國史備有一種科學精神，把人類往跡，分年分事分人記下，像是錯綜，不免重覆，實最細密，可獲眞象。」[98]中國史學記載上的客觀和科學精神還體現在，「中國歷史記人記事，僅是記載，不加批評，務求保持一種客觀的精神。」[99]這種科學和客觀的記載與編纂方法使中國史學具有重要的價值。首先，它避免了主觀意見的摻入。他說：「分事寫史比較是一種敍述，敍述則多寓有敍述者之主觀。而分年分人寫史，則比較是一種記錄。記錄與敍述之相異處，則因記錄更近於客觀。中國史學方法之長處，正在其重記錄勝過了重敍述。」[100]這種客觀的記錄保存了史籍的眞實性，爲後代人寫史提供了豐富的史料，使後人可以根據時代需要不斷寫新的歷史和發揚新的史論。同時，舊的歷史記錄也可以永存不廢。其次，它能全面反映歷史的內容和體現歷史的進程，使後代人易於對歷史有清楚的認識。他說，中國的史書記載「不從一觀點出發，不由一條線敍述。極多人和事，不僅與帝王無關，抑且與政治無涉。驟看眞是千頭萬緒，細究則既具體，又切實，該算是記下了每一時代之大體相，可憑以推究每一時代升降轉變之大關鍵所在。」[101]再者，中國史學在分人、分年和分事上客觀和完備的記載方法，使中國史書形成了多樣化的史學體裁。他說：「中國歷史最有價值處，在其記載方法之周密而完備，因此中國史書有許多各不同之體裁。」[102]中國史學體裁中最主要的有四體，即，記言、記事、記年和記人。

第五，中西史學另一不同是，中國有悠久和富於獨立精神的史官制度。錢穆說，中國至少在西周的周宣王時，已單獨設置了史官，從中央王朝到諸侯列國，均有史官分駐，各地史官按年按月記載歷史，形成了一個頗爲完密的歷史網。此後兩千八百餘年中國的歷史記載沒有一年中斷過，這是舉世各民族少有的。而且中國史官具有一種獨立精神，它表現在兩個方面：一是，史官具有一種剛直不阿和據事直書的精神。這從春秋時齊太史直記崔杼弒其君和晉國史官的故事可以看出，「這是中國歷史上遠有端緒的一種史官精神。亦可謂是中國文化傳統下一種重視歷史的精神。」[103]二是，史官在政府中的地位是超然獨立的，史官所載都是君王當時之事，即後來的「實錄」，這是君王本人都不能閱讀的。而西方自古就沒有史官，「西方希臘無史，羅馬亦無史，中古時期更不能有史。近代三百年左右始有史，由社會私人爲之。無一定規模，無共同之理想，亦不有人品之褒貶。其得人重視，亦尚不能追隨小說與戲劇。」[104]

通過對中西史學的比較，錢穆得出了中國史學是世界上最傑出和發達的結論，他說：「即在今天，我們可以說，中國人的史學成績，在世界各民族中最爲傑出，無與倫比。再沒有別一個國家民族在史學方面能超過了中國。……自然科學西方是先進，但也不過早了我們兩三百年的短時期。而中國史學則較西方先進了一兩千年。」[105]他進而以中國史學的悠久發達證明中國文化的價值。他說，中國史學如此悠久、詳備和科學，「這即是中國文化該是極有價值的好證」。[106]他認爲，中國史學在近代西方文化的衝擊之下面臨著危機，中國史學必須在繼承和發揚傳統史學的基礎上，重新走向振興。由於中國史學最能體現和反映人文主義的本質和精神，所以，「中國史學復興，亦即世界人道之復興。」[107]這樣，他又把中國史學的價值上升到世界性的高度，從中國史學的優越論又得出了中國文化優越論的結論。

錢穆對中西史學的比較有不少是頗有見地的。他說中西史學對人和事的態度不同，由此導致雙方史書記載體例的不同和對歷史人物的褒貶標準不同，這是他中西史學比較觀的一個基本觀點，這種看法確實指出了中西史學所存在的一個重要差別。他認爲中國傳統史學體現了一種科學精神，並對這種科學精神的表現和成就作了較深入的分析。他通過對中西歷史上史官制度的比較，以此說明中國史學的發達是符合歷史事實的。史官制度確實是中國史學的重要特徵與組成部分，是中國史學綿延不絕的基本原因之一，也是中國文化精神的一種體現。他認爲中國傳統史學是世界上最發達的，中國史籍是世界上最豐富的，並以中國史學的悠久發達證明中國傳統歷史文化的偉大和優越，也有合理之處。

不過，他以西方史學重事不重人來否定西方史學的發展及其價值，進而否定西方歷史文化的獨特性和價值，這是錯誤的。在西方史學的整個發展歷程中，人文主義史學一直是其中的主要流派之一。[108]錢穆將中國傳統史學的據事直書精神與方法視爲科學精神和方法，未嘗不可。但是，它只是一種古典和樸素的科學精神和方法，與近代西方史學發展中的科學精神和方法有很大差別。錢穆無視這點，而將兩者作類比，甚至拔高中國史學的這種精神和方法，從而走向了極端。他以西方無史官來衡定西方無史學是沒有歷史根據的。私人修史也是史學，西方自古希臘和羅馬時起都是史家私人修史，這個傳統一直到近代以後才被改變。同時，錢穆以史官的有無作爲史學存在與否的標準，也與自己讚賞私人修史的觀點相矛盾。他說，孔子寫《春秋》能成爲一大偉業，原因之一是孔子開私人修史之先河。司馬遷的《史記》也不是依當時史官的記載成法而作，「這不僅見其有史家之獨特見解，而且又是一種私人自由創作。這正是承襲了孔子作《春秋》的精神。」[109]此後中國史上私人修史不斷，與官史相映成輝。再者，他既說中西史學是走著不同的發展道路，卻又極力貶低西方史學乃至否定西方史學，這不僅在理論上自相矛盾，也違背了西方史學發展的事實。這種觀點與那種從西方史學立場出發來否定中國史學的觀點同樣是錯誤的。特別是他因此否定西方整個歷史文化的價值，從中國史學優越論來論證中國文化優越論與中心論，更是片面和極端的。

錢穆從民族文化生命史觀和人文歷史認識論出發，闡發了他的人文主義生命史學觀，在中國近現代史學史上自成一家。他對中西史學的比較意在說明中國傳統史學的悠久和偉大，進而說明中國歷史文化的悠久偉大。可以說，錢穆人文主義的生命史學觀是爲了闡述他的中國歷史文化中心論與優越論。換言之，他的中國民族歷史文化中心論和優越論通過其史學思想得到了進一步的體現和論證。

註釋

1 《中國歷史精神》，第六頁。
2 〈史學導言〉，《中國史學發微》，第五一頁。
3 〈歷史與時代〉，《歷史與文化論叢》，第二八九頁。
4 《晚學盲言》（下），第八六四頁。
5 〈史學導言〉，《中國史學發微》，第六三頁。
6 《中國歷史精神》，第六頁。
7 〈歷史與時代〉，《歷史與文化論叢》，第二八九頁。
8 〈史學導言〉，《中國史學發微》，第三〇頁。
9 〈張曉峰中華五千年史序〉，《中國學術通義》，第一六六頁。
10 〈張曉峰中華五千年史序〉，《中國學術通義》，第一六六頁。
11 〈劉知幾史通〉，《中國史學名著》㈠，第一五六頁。
12 《中國歷史研究法》，第一一頁。
13 〈史學導言〉，《中國史學發微》，第六三頁。
14 《中國歷史研究法》，第一一頁。
15 〈史記〉中，《中國史學名著》㈠，第九二～九三頁。
16 〈章實齋文史通義〉，《中國史學名著》㈡，第三二九頁。

17 〈史學導言〉，《中國史學發微》，第六三頁。
18 〈中國歷史精神〉，《中國史學發微》，第一一二頁。
19 〈劉知幾史通〉，《中國史學名著》(一)，第一五四頁。
20 〈劉知幾史通〉，《中國史學名著》(一)，第一五四頁。
21 〈劉知幾史通〉，《中國史學名著》(一)，第一五五頁。
22 〈史記〉中，《中國史學名著》(一)，第八八頁。
23 文載臺灣《華學月刊》第十四期，一九七三年二月。
24 〈學問與德性〉，《中國學術通義》，第三〇二頁。
25 〈張曉峰中華五千年史序〉，《中國學術通義》，第一六七頁。
26 《中國歷史精神》，第六頁。
27 〈民族與歷史文化〉，《中國史學發微》，第二一〇頁。
28 《中國史學發微》，序二，第二頁，第五頁。
29 〈如何研究中國史〉，《歷史與文化論叢》，第二八八頁。
30 《國史大綱》（修訂本），引論，第二頁。
31 〈中國今日所需要之新史學與新史學家〉，《世界局勢與中國文化》，第二三五頁。
32 〈有關學問之系統〉，《中國學術通義》，第二二二頁。
33 〈張曉峰中華五千年史序〉，《中國學術通義》，第一七五頁。
34 《中國史學發微》，序二，第四頁。
35 〈史學導言〉，《中國史學發微》，第六一頁。

36〈史學導言〉，《中國史學發微》，第四四頁。
37〈中國史學之精神〉，《中國史學發微》，第三一頁。
38〈史學導言〉，《中國史學發微》，第六四頁。
39《中國歷史研究法》，第二頁。
40《中國學術通義》，序，第六頁。
41〈史學導言〉，《中國史學發微》，第六〇頁。
42《國史大綱》（修訂本），引論，第三頁。
43〈有關學問之系統〉，《中國學術通義》，第二三九頁。
44《中國歷史精神》，第八頁。
45《中國歷史精神》，第一四～一五頁。
46〈張曉峰中華五千年史序〉，《中國學術通義》，第一六八～一六九頁。
47〈史學導言〉，《中國史學發微》，第六三頁。
48《中國歷史研究法》，第七七頁。
49〈張曉峰中華五千年史序〉，《中國學術通義》，第一六六頁。
50《中國歷史精神》，第二頁。
51《中國歷史研究法》，第一一頁。
52〈關於學問方面之智慧與功力〉，《新亞遺鐸》，第四四八頁。
53〈有關學問之系統〉，《中國學術通義》，第二三九頁。
54〈國史館撰稿漫談〉，《中國史學發微》，第二七八～二七九頁。

55〈莊子薪盡火傳釋義〉，《中國史學發微》，第二五五頁。

56〈略論中國歷史人物之一例〉，《中國史學發微》，第二七二頁。

57〈中國教育思想史大綱〉，《中國史學發微》，第二二九頁。

58〈史學導言〉，《中國史學發微》，第五一頁。

59〈中國民族性與中國文化之特長處〉，《中國史學發微》，第一八一頁。

60〈中國史學之精神〉，《中國史學發微》，第二七頁。

61〈從歷史看中國社會〉，《社會與教育》第三、四合期，第五卷，一九四六年十二月。

62這是錢穆在〈中國儒學與傳統文化〉中提出的一個概念。他說，隋末大儒王通的續經，實際已表明當時學術界對經史不能截然分開有了重要的認識，「今欲闡明經史同源之義，則王通見解正可用來作證。」（《中國學術通義》，第七六頁。）

63《中國歷史研究法》，第七四頁，第七五頁。這裏有必要先對錢穆所說經學與心學、經學與儒學的關係作一簡單說明。㈠關於儒學與經學的關係。他認爲，從儒學的演變來看，儒學不等於經學。中國儒學在演變過程中經歷了幾個階段，先秦儒學並不稱爲經學；到兩漢時期，因儒學獨尊，才被稱爲經學；到宋明時期，因新儒學運動，儒學又發展成理學；到清代儒學又演化出考據學的形態。如從儒學的內容來看，儒學也不限於經學，它實際包括了中國傳統學術經史子集四大部門。關於此一方面的詳細內容，可以參看錢穆的〈中國儒家與文化傳統〉（《中國學術通義》，第六七~九六頁。）另一方面，由於經學是儒學中闡發儒學義理和根本思想的，故經學在儒學中處於「體」的層面或地位，他說：「中國人言人生，必期其可久。可久而後可大。四部之學首經，經即常道，即古之可傳而久者，始得成爲經。故經必舊，必非新。其實一切學問，如史、如子、如集，皆可傳可久而必舊。」（〈歷史與人生〉，《中國史學發微》，第一八九頁。）又說：「所謂經學，則確然成爲中國各項學問中之最重要者，並可稱爲是中國學問之主要中心。」（〈四部概論〉，《中國學術通義》，第二頁。）所以，從這個角度講，可以將儒學視爲經學。㈡關於經學與心學的關係。他說，中國學術分心性修養之學與實踐治平之學，後者即是史學，而「比『心學』一名詞乃係我個人所新創，與宋明儒所謂心學廣狹用意略有不同。當我們研究董仲舒、魏徵、朱熹、王守仁諸人時，不可撇開其事功實踐與人格修養而單從其著作思想方面去研究。因中國人認爲著書立說或建功立業，無論在社會任何方面作任何表現，同時必先有其一番心性修養與其所表現之背後之一種人格德性作根底。」（《中國歷史研究法》，第七一頁。）可見，他說的心學即是心性修養之學。而中國傳統儒學中講心性修養的是經學，宋明時期稱理學，理學是新經學。所以，錢穆說的心學也就是經學，只是更突出了心性的地位和作用。

64 〈四部概論〉，《中國學術通義》，第六頁。

65 《中國歷史研究法》，第七四頁。

66 〈歷史與人生〉，《中國史學發微》，第一九二頁。

67 〈四部概論〉，《中國學術通義》，第四頁。

68 〈四部概論〉，《中國學術通義》，第六頁。

69 〈中國儒家與文化傳統〉，《中國學術通義》，第七四頁。

70 〈中國儒家與文化傳統〉，《中國學術通義》，第七四～七五頁。

71 《中國歷史研究法》，第七五頁。

72 〈章實齋文史通義〉，《中國史學名著》㈡，第三三六頁。

73 〈歷史與人生〉，《中國史學發微》，第一八九頁。

74 〈四部概論〉，《中國學術通義》，第三三頁。

75 〈四部概論〉，《中國學術通義》，第三四頁。

76 《中國史學發微》，序一，第三頁。

77 《中國史學發微》，序一，第三頁。

78 〈史記〉中，《中國史學名著》(一)，第七五頁。

79 《中國史學發微》，序一，第四頁。

80 錢穆認爲，章學誠在《文史通義．釋史》在對「六經皆史」的「經世致用」精神闡說得很清楚。他說：章實齋明明說：「『法顯而易守，書吏所存之掌故，實國家制度所存，亦即堯湯以來因革損益之實跡。苟有志於學，則必求當代典章，以切於人倫日用。必求官司掌故，而通於經術精微。則學爲實事而文非空言』。他是說六經都是古代的『官司掌故』……此等檔案叫做『史』，掌管這些檔案的人也就叫做『史』。此『史』字猶如說『書史』，他所掌管的這許多檔案也叫『史』，這即是『掌故』。……六經在古代，便是各衙門所掌的一些文件，所以說是王官之學。那麼我們眞要懂得經學，也要懂得從自身現代政府的官司掌故中去求，不要專在古經書的文字訓詁故紙堆中去求。這是章實齋一番大理論。」（〈從黃全兩學案講到章實齋文史通義〉，《中國史學名著》(二)，第二一五頁。）

81 〈史學導言〉，《中國史學發微》，第八四頁。

82 〈中國文化傳統中之史學〉，《中國學術通義》，第一五九頁。

83 〈史學導言〉，《中國史學發微》，第五二頁。

84 〈史學導言〉，《中國史學發微》，第八三頁。

85 〈當仁不讓〉，《歷史與文化論叢》，第三八二～三八三頁。

86 〈中國民族性與中國文化之特長處〉，《中國史學發微》，第一八一頁。

87 〈國史館撰稿漫談〉，《中國史學發微》，第二八〇頁。

88 〈歷史與人生〉，《中國史學發微》，第一九四頁。

89〈中國歷史精神〉，《中國史學發微》，第一一二頁。
90〈歷史與人生〉，《中國史學發微》，第一九四～一九五頁。
91〈中國歷史精神〉，《中國史學發微》，第一一三頁。
92〈中國歷史精神〉，《中國史學發微》，第一一一頁。
93〈中國文化傳統中之史學〉，《中國學術通義》，第一三七頁。
94〈中國史學之特點〉，《歷史與文化論叢》，第一二七～一二八頁。
95《中國歷史精神》，第七頁。
96〈張曉峰中華五千年史序〉，《中國學術通義》，第一六五頁。
97《中國歷史精神》，第七頁。
98〈史學導言〉，《中國史學發微》，第五四頁。
99〈史學導言〉，《中國史學發微》，第八四頁。
100〈四部概論〉，《中國學術通義》，第二五頁。
101〈史學導言〉，《中國史學發微》，第五三～五四頁。
102〈史學導言〉，《中國史學發微》，第五二頁。
103〈四部概論〉，《中國學術通義》，第一五～一六頁。
104〈中國歷史精神〉，《中國史學發微》，第一二〇頁。
105〈史學導言〉，《中國史學發微》，第五一頁。
106《中國歷史精神》，第七頁。
107〈民族歷史與文化〉，《中國史學發微》，第二一一頁。

108 西文史學的起源，即希臘—羅馬的編纂史學就是人文主義的。克林武德說：「希臘—羅馬歷史編纂學作為一個整體，……它是人文主義的。」（R.G.克柯林烏《歷史的觀念》，何兆武、張文傑譯，中國社會科學出版社，北京，一九八六年四月第一版，第四六頁）到文藝復興時期，人文主義史學更是成為西方史學的主流。到近現代，人文主義史學依然是西文史學的兩大流派之一。

109 〈四部概論〉，《中國學術通義》，第一八頁。

結語

錢穆的一生（一八九五～一九九〇年）正處於中國在西方強力文化的衝擊下，由傳統社會向現代社會轉化最爲劇烈和深刻的時期，他親身經歷了中國社會在二十世紀所發生的種種巨變。這種歷史社會環境是造就錢穆民族文化生命史學思想體系的外在條件。他說：「余亦豈關門獨坐自成其一生乎。此亦時代造成，而余亦豈能背時代而爲學者。」[1]

進而言之，錢穆史學思想的形成發展是與二十世紀中國社會的種種變化息息相關的。當代新儒家的代表人物之一唐君毅說，錢穆是「自幼以中國讀書人之本色，獨立苦學，外絕聲華，內無假借，三十年來，學問局面一步開展一步，而一直與中國甲午戰敗以來之時代憂患共終始。」[2]在青少年時期，「中國會不會亡？」的重大時代問題便激發他產生了以史學救國的志願，並最終促使他走上了以史學爲本位的學術救國道路。二十世紀二、三十年代，中西文化大論爭和西化思潮的盛行，尤其是一九三七年日本侵華導致民族危機的空前加劇，更促使他對中國歷史文化進行全面和深入的思考研究，他明確提出了自己的中國文化復興主張，從歷史事實和文化觀的高度對近代以來的歷史文化虛無主義進行了嚴厲批判，初步建立了民族文化生命史觀及其史學思想體系。第二次世界大戰的全面爆發和一九四九年中國社會的巨大變化，使他對西方文化和中國歷史有了更深刻的認識，他開始從文化理論的角度來反思中西文化的特質與優劣，並最終建立和完善了民族文化生命史學的思想體系。他晚年堅持不懈地宣揚民族文化史學思想，「凡有撰寫，亦率以歷史與文化兩題目爲主。」[3]他的民族文化生命史學思想得到進一步發展。總之，錢穆的史學思想在繼承傳統的基礎上，總是隨著社會和時代的變化發展而發展。

中西歷史文化既對抗又融合是近現代中國社會變革所面臨的根本問題，尋求中國歷史文化的新出路，實現中國歷史文化的再次復興，成爲近代以來中華民族仁人志士共同奮鬥的目標。但是，走什麼樣的民族文化復興之路：是徹底或基本否定中國傳統歷史文化，向西方文化學習？還是以西方文化爲本來改造中國文化？還是保留中國歷史文化的根本，取西方文化之長，補中國文化之短？還是固守中國傳統文化，拒西方文化於門外？一百多年來，對這些問題的爭論從來沒有平息過，它們幾乎主宰了整個中國近現代學術思想界，成爲學術思想界一切研究和論爭的癥結所在，任何一個有思想的學者都必須作出自己的回答。作爲一位有思想和有強烈愛國情感的史學家，錢穆以畢生精力研究中國歷史文化，對中西歷史文化進行了大量的比較研究，就是爲了找出中國歷史文化不僅不會衰亡，而且還能發揚光大，並救治西方文化給人類文化帶來災難的歷史證據。他希望通過自己的學術和教育實踐，幫助國民樹立民族文化復興的自信心。他的史學思想飽含著鮮明的時代精神和民族精神。

概括地說，錢穆在史學領域的基本理論主張就是以民族文化生命史觀爲中心的民族文化生命史學思想。它主要包括兩個部分：民族文化生命史觀是這一思想的理論基礎，表達了對歷史進程的基本看法，人文主義的生命史學觀是民族文化生命史觀在史學中的具體貫徹和運用。錢穆的民族文化生命史學思想具有三個基本特徵，這些特徵既體現出錢穆史學思想在思想學術和社會現實方面的價值和意義，同時也反映出其局限和不足。

㈠以儒家生命哲學的心性道德論為核心的人文主義精神。錢穆的史學思想強調歷史的文化生命性和人文道德精神，主張人文主義的生命史學觀，人文主義精神貫穿他史學思想的各個層面和部分。他反對心物兩分的本體論，主張心性合一，即天人合一的歷史觀。主張歷史的文化生命性，把歷史視爲一文化生命。而歷史的文化生命性即在於它具有道德性的人文主義精神。人是歷史的中心，道德化的心性是歷史的本體，歷史的運動和發展是心性本體的展演，道德心性是歷史演進的本源與動力。歷史人物的歷史地位與作用主要不是體現在政治和軍事等事功方面，而是體現在道德品質的高尚上，歷史人物是人文道德修養的結果；道德精神是歷史內容和結構的最高層面和終極歸宿。史學是生命之學和人事之學，史家在認識和研究歷史時，不僅要有主體意識來體驗與通達古今，還要有史家的是非褒貶和愛憎情感融入其中。歷史認識應該重情感、直覺和綜括等，否則歷史無法被認識，史學也成了死學問。史學應該重褒貶，史家最重要的是必須有史德。史學的終極價值和意義在於爲民族道德精神的重建做出貢獻，而不應是一種純科學的歷史考據，或將歷史視爲絕對外在於精神（心）的存在，對歷史事實和進程作純客觀的科學研究。錢穆的這些思想對近代以來主宰中國史學學界乃至學術思想界的唯科學主義思潮是一挑戰，在中國近現代史學乃至學術思想史上具有重要意義。但是，他的貢獻不止於此。他不僅主張史學的人文精神，而且，他在繼承中國傳統人文主義思想的基礎上，批判性地吸取了近代以來西方新史學等一些學派的思想，並以系統深入的史學研究爲依據，由此建構起以儒家生命哲學的心性道德論爲核心的人文主義史學思想體系，這是中國近代以來的其他人文主義史學思想難以比擬的。

然而，錢穆的史學思想又表現出反科學傾向，成爲一種「唯人文主義」，這與「唯科學主義」一樣有其局限性。因爲，史學首先是要弄清歷史事實，要對歷史事實進行大量嚴密、系統和深入的分析，史學對科學方法的要求和運用應該比自然科學更複雜和更嚴格。史學應是科學與人文的統一，沒有科學作基礎，史學不是走向玄學，就是淪爲政治的婢女。錢穆的「唯人文主義」和反科學思想表現和貫穿在他歷史理論與史學理論的很多方面。他進而由反科學走向了貶低乃至否定整個西方的近代科學與文化。今天，在西方乃至整個世界，科學主義與人文主義的對立固然沒有解決，科學與人文的緊張也依然存在，但是，尋求科學與人文的統一已經逐漸成爲一股潮流，即使是那些「唯科學主義」者與「唯人文主義」者，在他們的實際思想中都或多或少融入了對方的積極合理成份。其實，錢穆也不例外。他承認歷史考據的價值和意義，主張歷史是可以認識的，歷史研究首先要弄清事實。他提出要建立人類的「新科學」。這種新科學分爲由低向高級發展的三種形態，即，包括天文學、地質學、物理學和數學之類的物質科學，包括生物學和心理學之類的生命科學，包括道德學、藝術學和歷史文化學之類的心靈科學。他說，物質科學與生命科學僅在求眞，僅在求人生外在之眞，惟心靈科學爲理想的最高級新科學，「其能事乃始爲求人生本身之眞之善之美之學，而爲此二百年來科學智識之未所逮及者」。[4]雖然他的「新科學」是非自然科學的，但也說明他無法迴避和徹底否認「科學」的作用。

㈡以中國儒家文化為本位的民族主義精神。錢穆史學思想的重要價值不僅在於建立了系統的人文主義史學思想體系，還在於突出強調了民族性在歷史文化生命中的基本地位和決定作用。他把歷史、文化和民族視為是歷史生命體不可或缺的三要素，認為沒有民族的差別和特殊性，就不存在人類普遍的歷史。他看到了民族性在一個民族歷史文化生存和更新中的不可替代性，反對西方歷史中心論，反對以西方歷史文化來衡量中國的歷史文化，主張走以民族文化為本位的中國文化復興道路。一百多年來的中國歷史發展表明，中華民族的歷史文化依然有旺盛和強大的生命力，世界現代史的發展也表明，西方文化中心論是不足取的，那種基於歷史發展單線論，認為中國現代化必定要走西方現代化道路的一元現代化模式也未必走得通。他認為史學是中國學術的主流，是民族文化的根本，中國傳統史學是具有民族文化精神和生命力的，要復興民族文化，就要復興史學。中國現代新史學的建立必須走以中國傳統史學為本、吸取西方史學思想的道路。他一生「為故國招魂」，主張以「溫情和敬意」對待中國的歷史文化，對近代以來史學領域以西方史學理論和方法為旨歸和價值取向的各派史學進行了批判，反對歷史研究中民族文化虛無主義的思想和方法。然而，錢穆史學思想的獨特之處，不僅在於以文化生命來詮釋歷史，因為這在中國近現代史家中不乏其人；也不僅在於突出了史學的民族性，因為這是近代以來中國史學的基本精神。錢穆史學思想的獨特價值在於將兩者融為一體，創立了以儒家文化為本位的民族文化生命史學思想體系。

不過，錢穆史學思想的民族主義又走過了頭，它宣揚中國文化「優越論」和「中心論」，是一種民族文化保守主義。他雖然說中西歷史文化是兩大體系，各有所長，但常常貶低西方歷史文化，對它的缺點指陳過多，對中國歷史文化卻讚譽有加，對它的消極黑暗面揭露太少。他對西方史學的批評也不免有主觀臆斷的因素和很大的片面性。他認為中國歷史文化從根本上比西方歷史文化好，中國歷史文化的路向就是西方乃至世界文化的路向；中國文化可以解救近代西方文化帶給人類的危難，中國文化才是世界人類文化的大同理想。西方文化「中心論」和「優越論」是錯誤的，但是，以中國文化「中心論」和「優越論」取而代之也不正確。錢穆的中國文化「優越論」和「中心論」是與他的「唯人文主義」歷史文化觀緊密聯繫的。因爲，他貶低了科學和物質在歷史文化中的作用，以人文道德精神在歷史文化中的終極價值來否定科學和物質力量在歷史發展中的基礎地位和決定作用。他說西方文化是外傾的，要挑戰自然，追求物質利益，只求鬥爭，是一種科學文化。中國文化是內傾的，不重對自然的征服，講天人合一，不重物質利益的追求，講求人的心性道德修養，講求如何協調家庭和社會中的人際關係，是道德精神文化，是人文主義的文化。所以，只有中國文化才符合人類歷史文化發展的正道，才代表了人類歷史文化發展的方向與理想。他從對中西歷史文化本質與特徵的比較進而貶低西方文化在人類歷史文化發展中的重要地位與作用，擡高中國文化在人類歷史文化中的地位和作用，由反對西方文化中心論和優越論，轉變爲中國文化中心論和優越論。

㈢承繼儒家「修齊治平」學術傳統的經世致用精神。錢穆反對「爲學術而學術」的治史態度與方法，反對爲史學而史學，認爲歷史研究應當是考據與義理的結合。他說：「中國之史學精神，在能經世明道，固非僅托空言。」[5]他主張以史學經國濟世，通過史學闡明中國民族文化已往之眞歷程、眞面目與眞精神，求出國家民族的永久生命源泉與歷史推動精神，以此宏揚中國的傳統文化，培養愛國愛民之心，復興中華民族。他以中國傳統文化作爲自己歷史研究的中心，他的民族文化生命史學爲宏揚中國傳統文化做出了不懈努力和重要貢獻。可以說，錢穆史學思想的出發點與歸宿點就是「經世致用」。但是，他反對把史學作爲政治鬥爭和宣傳的工具，強調史學的客觀性和獨立性。錢穆史學思想的經世致用精神是對中國儒家傳統學術精神和方法的繼承和發揚。他將講求治平致用的實學與講求心性修養的心學融合起來，不僅對中國歷史進行了通體和專門研究，還對中國儒家思想，特別是孔孟儒學與宋明理學作了深入系統的研究。他晚年治學轉歸朱子，尊奉孔子與朱子爲中國歷史文化和學術思想的兩座高峰便表明了這點。他從歷史的生命性、民族性和歷史與人生的關係深入闡述了史學的價值觀，對近代以來片面或全面否定中國傳統史學價值的觀點進行了有力批評。錢穆強調和突出史學的經世致用精神，和他史學思想的人文主義精神和民族主義精神是有內在聯繫的。因爲，正惟視中國歷史爲一至今仍有活力的生命體，正惟把歷史的民族精神放在了決定性地位，所以，史學才有經國濟世、復興民族和修心養性的歷史基礎和現實意義。在探索走有中國民族文化特色現代化道路的今天，錢穆史學思想的經世致用精神透顯出積極的現實意義。

然而，由於錢穆的史學致用觀完全是從儒家傳統學術精神來立論的，便難免存在時代局限性和民族局限性。所謂時代局限性，是說它沒有充分考慮到現代社會與傳統社會在發展階段上質的差異，對史學如何在新的時代發揮社會功用闡述不夠。所謂民族局限性，是說它沒有從人類歷史的普遍性高度來闡發史學的致用性，而是以對中國史學價值功能的認識偏概這一問題，甚至否認西方史學的價值觀與致用觀。錢穆對近代以來在科學精神和方法指導下的史學研究進行全盤否定，又是不夠客觀和準確的。因爲，從總體上說，史學必須以致用爲目的，史學的求眞必須爲致用服務，但這並不是說史學的求眞與致用在具體操作層面上不能分離，也不能因此完全否認那些以求眞爲目的史學流派和史家的工作。中國近代以來的絕大多數史學流派和史學家不論是否明確主張史學可以致用，但是走史學救國的道路是相通的，這實際上仍然包含了史學的「用」。

錢穆在中國近現代史學史上的重要地位和貢獻之一，在於主張走「據舊開新」的史學道路。他說：「開新之前，必先守舊。」[6]錢穆史學思想的內容和三個基本特徵都反映了這一點。他力圖在維護傳統史學的基礎上建立中國的現代新史學，他一生的史學研究就是爲了實現這個目標。他雖然被視爲一個文化保守主義者，但是，他認爲「據舊」不是目的，「據舊」的最終目的是爲了「開新」。他晚年曾說：「余之所論每若守舊，而余持論之出發點，則實求維新。亦可謂爲余治史之發蹤指示者，則皆當前維新派之意見。」[7]因此，這種「據舊開新」的史學思想和道路無疑是有積極合理意義的，它爲中國現代新史學乃至整個民族文化的復興提供了有益的啓示。但是，錢穆「據舊開新」的史學道路又有著內在的局限和矛盾。這不僅是指錢穆史學的「開新」與「據舊」相比，顯然存在明顯的不足，「據舊」多於「開新」。更重要的是，他的史學「開新」在具體內容和方式上與時代有不合拍之處，與現代社會存在矛盾和對立。換言之，錢穆並未能將「據舊」與「開新」有機地統一和融合起來。其實，這也是中國近代以來主張以儒家文化復興中國歷史文化的學者們所面臨的共同難題。進而言之，這也是中國社會在從傳統走向現代過程中所面臨的一個依然沒能很好解決的基本問題。

總之，錢穆的史學思想是中國歷史文化在近現代的演變發展和中西文化在近代以來既相對抗又相融合的產物，具有鮮明的時代特徵；同時，它又是錢穆個人對民族歷史文化，特別是對中國傳統史學進行大量研究的結果，具有自己獨特的內涵和內容。我們對錢穆民族文化生命史學思想的分析和評價既要從歷史和時代的背景出發，又必須充分考慮錢穆本人思想的內在特徵，要將歷史的考察與邏輯的分析結合起來，只有這樣才能對他的民族文化生命史學思想有一個較爲全面、客觀而合理的認識。

註釋

1 《八十憶雙親　師友雜憶》，第三六四頁。

2 轉見唐端正〈我所懷念的錢賓四先生〉，《錢穆紀念文集》，第一三四～一三五頁。

3 《歷史與文化論叢》，序，第一頁。

4 〈人類新文化之展望〉，《歷史與文化論叢》，第四五頁。

5 〈中國史學之精神〉，《中國史學發微》，第三一頁。

6 〈維新與守舊——民國七十年來學術思想之簡述〉，《幼獅學誌》十六卷二期，一九八〇年十二月，第一一頁。

7 《國史新論》，再版序，《錢賓四先生全集》第三〇冊，第七頁。

附錄一

錢穆史學和史學思想研究論著索引

一、研究論著

(一)研究專著

(1)嚴耕望《錢賓四先生與我》，臺灣商務印書館一九九二年版。
(2)李木妙《國史大師錢穆教授生平及其著述》，香港新亞研究所一九九四年八月版。
(3)羅義俊《錢穆學案》，方克立、李錦全主編《現代新儒家學案》（中），中國社會科學出版社一九九五年版。
(4)鄧爾麟《錢穆與七房橋世界》，社會科學文獻出版社一九九五年版。
(5)李木妙《國史大師錢穆傳略》，臺北揚智文化事業出版公司，一九九五年版。
(6)郭齊勇、汪學群《錢穆評傳》，江西百花洲文藝出版社一九九五年版。
(7)汪學群《錢穆學術思想評傳》，北京圖書館出版社一九九八年版。

㈡研究文集、紀念文集和傳記資料

⑴《錢穆先生八十歲紀念論文集》，香港新亞研究所一九七五年版。

⑵朱傳譽主編《錢穆傳記資料》㈠，臺灣天一出版社一九七九年版；《錢穆傳記資料》㈡，一九八一年版；《錢穆傳記資料》㈢，一九八五年版。

⑶霍韜晦主編《法言》「錢穆悼念專輯」，一九九〇年十月號，香港法言出版社。

⑷馬先醒主編《民間史學》「錢賓四先生逝世百日紀念」，一九九〇年冬，臺北民間史學雜誌社。

⑸江蘇省無錫縣政協編《錢穆紀念文集》，上海人民出版社一九九二年版。

⑹余英時《錢穆與中國文化》，上海遠東出版社一九九四年版。（此書爲作者對《猶記風吹水上鱗——錢穆與中國現代學術》一書的增訂本。《猶記風吹水上鱗——錢穆與中國現代學術》由臺北三民書局一九九一年出版。）

⑺李振聲編《錢穆印象》，上海學林出版社，一九九七年版。

⑻嚴耕望《治史三種》，遼寧教育出版社，一九九八年版。

二、論文（含收入文集、傳記資料和論文集中的文章）

㈠一九四九年以前

⑴青松〈評劉向歆父子年譜〉，《大公報》文學副刊第一三七期，一九三〇，八，二十五。又載顧頡剛

編著《古史辨》第五冊，上海古籍出版社，一九八二年九月第一版。

(2)顧頡剛〈跋錢穆評顧頡剛五德始終說下的政治和歷史〉，《大公報》文學副刊第一七一期，一九三一，四，二十。又載顧頡剛編著《古史辨》第五冊。

(3)胡適〈與錢穆先生論老子問題書〉，《清華周刊》第三七卷第九、十期，一九三二，五，七。又載羅根澤編著《古史辨》第四冊，上海古籍出版社，一九八二年八月第一版。

(4)海雲〈讀評夏曾佑中國古代史〉，《大公報》圖書副刊第二三期，一九三四，四，二十一。

(5)趙豐田〈讀錢穆著康有爲學術述評〉，《大公報》（史地周刊）一九三七，一，二十九。

(6)翟宗沛〈評錢穆先生國史大綱〉，《文史雜誌》第二卷第四期。又載《錢穆傳記資料》(二)。

(7)繆風林〈錢著國史大綱校記〉，《圖書集刊》第四期，一九四三，三。

(8)施之勉〈國史大綱（錢穆）校記〉，《新評論》第十卷第三期，一九四四，七。

(9)沈友谷（胡繩筆名）〈評錢穆著文化與教育〉，《群眾周刊》第九卷第三期，一九四四，二。

(10)胡繩〈論研究歷史和現實問題的關係——從錢穆先生的「國史大綱引論」中評歷史研究中的復古傾向〉，《理性與自由》，一九四四，十。

(11)沈友谷〈歷史能夠證明中國不需要民主嗎？〉，《群眾周刊》十卷一期，一九四五，一，十五。

(12)燕義權〈讀錢穆文化與教育〉，《文化先鋒》第三卷第二期，一九四三，十二。

(二)一九四九年以後

(1)余英時〈十批判書與先秦諸子繫年互校記〉，香港《人生》半月刊第八卷第六、七、八期，一九五四，八～九。又載余英時《錢穆與中國文化》。（余英時一九九一年八月和一九九二年八月又先後寫了〈十批判書與先秦諸子繫年〉互校記》「跋語一」和「跋語二」，均見余英時《錢穆與中國文化》。）

⑵唐端正〈偉大的愛國者〉，香港《人生》第八卷第六期，一九五四，八。

⑶唐君毅《錢賓四先生還曆紀念》，《民主評論》第五卷第二三期，一九五四，十二。

⑷侯傳勳〈與錢穆先生論史——漢唐時代無「相權對抗君權」之事實〉，臺灣《建設雜誌》第八卷第五期，一九五九，十一。

⑸白壽彝〈錢穆和考據學〉，《北京師範大學學報》一九六一年第二期。

⑹天津師大歷史系中國古代、中世紀史教研組〈批判錢穆的國史大綱〉，《歷史研究》一九五九年第二期。

⑺王德鑿〈錢穆國史大綱批判〉，載《北京大學批判資產階級學術思想論文集》，高等教育出版社一九五八年版。

⑻李紹盛〈史學家錢穆博士的治學精神〉，臺北《中國一周》第九〇八期，一九六七，九。

⑼黃肇珩〈當代人物一席話——史學大師錢穆〉，《自由談》第二十卷第六期，一九六九，六，一。

⑽楊君實〈讀史學導言第一、二講〉，《中央日報》創刊一九七〇，四、九～十；轉見《錢穆先生傳記資料》㈢。

⑾炎本〈評：史學導言〉，《中央日報》副刊一九七〇，四，十。又載《錢穆傳記資料》㈢。

(12)唐端正〈我所懷念的錢賓四先生〉，《中國學人》一九七〇，九。又載《錢穆紀念文集》。

(13)吳相湘〈錢穆闡揚傳統文化〉，《民國百人傳》第四冊，臺北傳記文學出版社一九七一年；又載《錢穆傳記資料》㈠。

(14)黃肇珩〈錢穆與朱子新學案〉，《人籟》一九七二。又載《錢穆先生傳記資料》㈠。

(15)湯承業〈讀國史大綱與國史新論感言——道統與法統獻論〉，載《錢穆先生八十歲紀念文集》（香港）一九七四年。

(16)李家祺〈今日朱子——錢穆先生及其著述〉，臺北《書評書目》第四卷第十六期，一九七七，二。

(17)何佑森〈錢賓四先生的學術〉，《拓墾者的畫像》臺北中華文化復興月刊社，一九七七。又載《錢穆先生傳記資料》㈠。

(18)程榕寧〈錢穆大師自學成名〉㈠至㈥，《東方雜誌》復刊第七十卷第一～六期，一九七八。又載《錢穆傳記資料》㈢。

(19)徐復觀〈良知的迷惘——錢穆先生的史學〉，《八十年代》第一卷第二期，一九七九，七。又載《錢穆傳記資料》㈠。

(20)盧惠芬〈爲往聖繼絕學——著書、立說、誨人不倦的錢穆〉，《光華畫報》第七卷第四期，一九八二，四。

(21)胡昌智〈錢穆的國史大綱與德國歷史主義〉，《史學評論》第六期，一九八三，九。

(22)逯耀東〈「素書樓」主人的著述環境〉，《中國時報》副刊一九八四，九，十六～二十。又載《錢穆傳記資料》(三)。

(23)王震邦〈訪國學大師錢穆——談中國文化的本源〉，臺灣《新生報》一九八四，十一，十二。又載《錢穆先生傳記資料》(三)。

(24)杜維明〈儒學傳統的改建——錢穆朱子新學案評介〉，《孔子研究》一九八七年第一期。又載李振聲編《錢穆印象》。

(25)羅義俊《論錢穆先生的史學對象論》，《史林》一九八七第一期。

(26)黃克武〈錢穆的學術思想和政治見解〉，《國立臺灣師大歷史學報》第一五期抽印本，一九八七年六月版。

(27)林佩芬〈鑒往知來的博學鴻儒——貢獻於史學的錢穆先生〉，《文藝月刊》卷二一二，一九八七。

(28)黃婉約〈錢穆及其文化學研究〉，《武漢大學學報》一九八九年第五期。

(29)余英時〈周禮考證和周禮的現代啓示——金春峰周官之成書及其反映的文化與朝代新考序〉（一九九〇，六，十六），臺北《新史學》第一卷第三期，一九九〇，九。又載北京《中國文化》一九九〇年第三期。後收入余英時《錢穆與中國文化》。

(30)余英時〈猶記風吹水上鱗——敬悼錢賓四師〉（按：此文寫於余英時得知錢穆去世後）收入余英時《錢穆與中國文化》。

(31)許倬雲〈一位歷史學家成爲歷史了〉，臺北《聯合報》一九九〇，八，三十一。

(32)杜正勝〈四部之學的絕響　傳統精神的句點〉，臺北《聯合報》一九九〇，八，三十一。

(33)余英時〈一生為故國招魂〉(一九九〇，九，二)。收入余英時《錢穆與中國文化》。

(34)戴景賢〈從學賓四師二十年之回憶〉，《聯合報》副刊，一九九〇，九，二十五。又載《錢穆紀念文集》。

(35)王恢〈錢穆先生傳略〉，臺灣《中國圖書季刊》第二四卷第二期，一九九〇，九。

(36)申儒〈對歷史的「溫情與敬意」之意義略說〉，香港《法言》一九九〇年十月號。

(37)霍韜晦〈時代的迷惘——略談錢穆先生的史學兼悼錢先生〉，《法言》「錢穆悼念專輯」一九九〇年十月號。

(38)關國煊〈國學大師錢穆先生傳〉，《傳記文學》第五七卷第四期，一九九〇，十。

(39)秦賢次〈錢穆先生生平與著述〉，《大成》第二〇三期，一九九〇，十。

(40)嚴耕望〈錢穆賓四先生行誼述略〉(一)，《新亞生活》第十八卷第二期，一九九〇，十，十五；《新亞生活》(二)第十八卷第三期，一九九〇，十一，十五。(嚴耕望〈錢穆傳〉的內容與此基本一致。見《國史館館刊》復刊第十七期，一九九四，十二)又載《錢穆紀念文集》。

(41)金耀基〈懷憶賓四先生〉，香港中文大學新亞書院《新亞生活》第十八卷第二期，一九九〇，十，十五。又載《錢穆紀念文集》。

(42)龔鵬程〈存在感與歷史意識——論錢賓四先生的史學〉，載馬先醒主編《民間史學》。

(43)陳茂進〈文化建設德國統一與錢賓四先生的逝世〉，載馬先醒主編《民間史學》。

(44)馬先醒〈樂遊故都書海中〉，載馬先醒主編《民間史學》。

(45)蔡相輝〈典型在夙昔　古道照顏色〉，載馬先醒主編《民間史學》。

(46)賴福順〈錢穆先生的教學與學術〉，載馬先醒主編《民間史學》。

(47)陳祖武〈錢穆與中國史學〉，《中國史研究動態》一九九〇年第十一期。

(48)戴景賢〈錢穆先生事略〉，臺灣《國史館館刊》第九期，一九九〇，十二。

(49)余英時〈錢穆與新儒家〉（一九九一，七，二），余英時《錢穆與中國文化》。

(50)余英時〈猶記風吹水上鱗序〉（一九九一，九，二十六），余英時《錢穆與中國文化》。

(51)羅義俊〈錢穆對新文化運動的省察疏要〉，載方克立、李錦全主編《現代新儒學研究論集》(二)，中國社科出版社一九九一年版。

(52)羅義俊〈錢賓四先生傳略〉，《錢穆紀念文集》，上海人民出版社一九九二年四月版。

(53)楊向奎〈回憶錢賓四先生〉，《錢穆紀念文集》。

(54)李埏〈昔年從遊之樂　今日終天之痛——敬悼先師錢賓四先生〉，《錢穆紀念文集》。

(55)酈家駒〈追憶錢賓四師往事數則〉，《錢穆紀念文集》。

(56)誦甘〈紀念錢賓四先生〉，《錢穆紀念文集》。

(57)洪廷彥〈從成都到無錫——隨師讀書雜憶〉，《錢穆紀念文集》。

(58)吳沛瀾〈憶賓四師〉，《錢穆紀念文集》。

(59)諸宗海〈國魂常在　師道永存——爲紀念賓四先生逝世一周年寫〉，《錢穆紀念文集》。

(60)洪德輝〈從錢穆（師）在蓉研學生活的回憶〉，《錢穆紀念文集》。

(61)劉家和〈回憶與紀念〉，《錢穆紀念文集》。
(62)錢仲聯〈紀念國學大師錢穆先生〉，《錢穆紀念文集》。
(63)胡嘉〈錢師音容如在——讀八十憶雙親　師友雜憶瑣記〉，《錢穆紀念文集》。
(64)鄒祖翼〈錢賓四先生在後宅〉，《錢穆紀念文集》。
(65)章學良〈有關著名史學家錢穆三事的辨正〉，《錢穆紀念文集》。
(66)羅義俊〈論國史大綱與當代新儒學〉，《史林》一九九二第四期。又載臺中《中國文化月刊》一九九三年第九期。
(67)汪學群〈史學詮釋的新模式：簡論錢穆的理學觀〉，《中國哲學》一九九四年第二期。
(68)陳勇〈略論錢穆的歷史思想和史學思想〉，《史學理論研究》一九九四年第二期。
(69)陳勇〈從錢穆的中西文化比較看他的民族文化觀〉，《中國文化研究》一九九四春之卷。
(70)廖名春〈錢穆與疑古學派關係述評〉，載陳明、朱漢國主編《原道》第五輯，貴州人民出版社一九九四年四月第一版。
(71)羅義俊〈活潑潑的大生命　活潑潑的心——錢穆歷史觀要義疏解〉，《史林》一九九四第四期。
(72)金耀基、許倬雲〈錢穆先生與中國文化〉，《新亞生活月刊》第二三卷第九期，一九九五，五，十。
(73)羅義俊〈經國濟世培養史心——錢賓四先生新儒學史觀論略〉，《史林》一九九五第四期。
(74)羅義俊〈「負擔起中國文化的責任」——錢穆先生百齡紀念學術研究會述要〉，《學術月刊》一九九五年第十期。

(75)逸耀東〈夫子百年——錢穆與香港的中國文化傳承〉，《文匯讀書周報》一九九五，十，七。又載李振聲編《錢穆印象》。

(76)何茲全〈錢穆先生的史學思想——讀國史大綱、中國文化史導論札記〉，《國際儒學研究》第一輯，人民出版社，一九九五年十月。

(77)陳祖武〈錢賓四先生對清代學術史研究的貢獻——讀中國近三百年學術史札記〉，載《清史論叢》，一九九五年卷，遼寧古籍出版社，一九九六年十二月版。

(78)汪學群〈錢穆學術思想史方法論發微〉，《孔子研究》一九九六第一期。

(79)王曉毅〈錢穆先生文化生命史觀的意義——兼論史學的困境與出路〉，《史學理論研究》一九九六年第一期。

(80)狄笙〈史家與史學：二十世紀三位學人治史門徑蠡測（錢穆、陳寅恪、傅斯年）〉，《北京大學學報》一九九六年第四期。

(81)陳勇〈錢穆、顧頡剛古史理論異同論〉，《錢穆先生紀念館館刊》年刊第四期，一九九六年九月出刊。（發行者：臺北市立圖書館，一九九三年六月創刊。）

(82)陳啓雲〈錢穆師與「思想文化史學」（下）〉，載刊同上。

(83)錢胡美琦〈錢賓四先生年譜(二)〉（未完稿），刊載同上。

(84)陳文英〈臺北市立圖書館錢穆先生紀念館大事記〉，刊載同上。

(85)李景林〈史家的關懷：錢穆評傳〉，《讀書》一九九六年第六期。

(86)張中行〈關於吾師〉，載《張中行近作集》，長江文藝出版社，一九九六年版。又載李振聲編《錢穆印象》。

(87)羅義俊〈錢穆及其史學綱要〉，《歷史教學問題》一九九七年第一期。

(88)李景林〈讀錢穆評傳〉，《中國哲學研究》一九九七年第一期。

(89)郭齊勇、汪學群〈錢穆學術思想探討〉，《學術月刊》一九九七年第二期。

(90)羅義俊〈論士與中國傳統文化：錢穆的中國知識份子觀〉，《史林》一九九七年第四期。

(91)李山、郭英德、過常寶〈溫情與敬意的國史學：談錢穆的幾部著作〉，《書品》一九九八年第一期。

(92)段吉福〈歷史文化意識觀照下的德性主體：錢穆人生價值〉，《西南民族學院學報》一九九八年第十九期（增刊）。

(93)朱貽〈錢穆的歷史文化觀與文化自戀情結：讀錢穆的國史大綱〉，《歷史教學問題》一九九九年第五期。

(94)陳勇〈固守傳統與融會中西：讀錢穆先生中國文化史導論〉，《上海大學學報》一九九九年第六期。

(95)蔣義武〈錢賓四先生之歷史思想〉，《張曉峰先生八秩榮慶論文集》（《簡牘學報》第八期）。又載《錢穆傳記資料》㈢。

(96)胡美琦〈錢穆夫人談錢穆先生〉，《大成》第三八期。

(97)王恢〈錢賓四先生的歷史地理學〉，《華崗學報》第八期。又載《錢穆先生傳記資料》㈠。

(98)林語堂〈談錢穆先生之經學〉，《華崗學報》第八期。又載《錢穆先生傳記資料》㈠。

(99)余英時〈史學和史家和時代〉，臺灣《幼獅月刊》第三九卷第五期。

註：以上著述和文章均按年月先後排列，港臺部分的文章年月不明者，列於最後。收入論文集或紀念文集的文章，如果沒有注明發表月份的，則按該文所載論文集或文集出版時間爲準列入索引。本索引二〇〇〇年以後的有關文章未及收入。

附錄二

主要參考文獻

一、錢穆論著

㈠著作

(1)《國學概論》，上海商務印書館，一九三一年五月版；北京商務印書館，一九九七年七月新一版。

(2)《先秦諸子繫年》，上海商務印書館，一九三六年一二月初版。

(3)《中國近三百年學術史》，上海商務印書館，一九三七年五月初版；北京商務印書館，一九九七年八月新一版。

(4)《國史大綱》，重慶商務印書館，一九四〇年六月初版；北京商務印書館，一九九六年修訂第三版。

(5)《文化與教育》，重慶國民圖書出版社，一九四三年七月初版。

(6)《黃帝》（與姚漢源合著），重慶勝利出版社，一九四四年六月初版。

(7)《政學私言》，上海商務印書館，一九四六年七月初版。

(8)《中國文化史導論》，臺北正中書局，一九五一年三月初版；北京商務印書館，一九九四年六月修訂版。

(9)《文化學大義》，臺北正中書局，一九五二年一月初版。

(10)《中國思想史》，臺北中華文化出版事業委員會，一九五二年十一月初版；香港新亞書院，一九六二年三月再版。

(11)《中國歷代政治得失》，香港自印本，一九五二年十一月初版；臺北東大圖書有限公司，一九八七年五月再版。

(12)《人生十論》，香港人生出版社，一九五五年六月初版，一九六三年三月第五版。

(13)《國史新論》，香港自印本，一九五三年五月初版；臺北東大圖書有限公司，一九八一年二月初版。

(14)《宋明理學概述》，臺北中華出處事業委員會，一九五三年六月初版；臺灣學生書局，一九七七年四月重版修訂。

(15)《中國思想通俗講話》，香港自印本，一九五五年三月初版；臺北東大圖書有限公司，一九九〇年一月增訂初版。

(16)《學籥》，香港南天印業公司，一九五八年八月初版。

(17)《兩漢經學今古文平議》，九龍新亞研究所，一九五八年八月初版。

(18)《湖上閑思錄》，香港人生出版社，一九六〇年五月初版；臺北東大圖書有限公司，一九八四年一月再版。

(19)《民族與文化》，臺北聯合出版中心，一九六〇年六月初版；香港新亞書院，一九六二年六月再版。

(20)《中國歷史研究法》，香港孟氏教育基金會，一九六一年十二月初版。

(21)《史記地名考》，香港太平書局，一九六二年十月初版；臺北三民書局，一九八四年二月再版。

(22)《中國歷史精神》，香港增附三版，一九六四年。

(23)《中華文化十二講》，臺北三民書局經銷，一九六八年十月初版；臺北東大圖書有限公司，一九八五年十一月再版。

(24)《中國文化叢談》㈠，臺北三民書局，一九六九年十一月初版，一九八四年九月第六版。

(25)《中國文化叢談》㈡，臺北三民書局，一九六九年十一月初版。

(26)《中國文化精神》，臺北三民書局，一九七一年七月初版，一九七三年一月再版。

(27)《朱子學提綱》，臺北三民書局經銷，一九七一年十一月初版；臺北東大圖書有限公司，一九八六年一月再版。

(28)《朱子新學案》（上），臺北三民書局經銷，一九七一年十一月初版；成都巴蜀書社，一九八六年八月第一版。

(29)《中國史學名著》㈠，臺北三民書局，一九七三年二月初版，一九八〇年一月第三版。

(30)《中國史學名著》㈡，臺北三民書局，一九七三年二月初版，一九八六年三月第五版。

(31)《孔子傳》，臺北綜合月刊社，一九七五年八月初版；臺北東大圖書有限公司，一九八七年七月再版。

(32)《中國學術通義》，臺灣學生書局，一九七五年九月初版，一九七六年三月再版。
(33)《中國學術思想史論叢》(一)，臺北東大圖書有限公司，一九七六年六月初版。
(34)《世界局勢與中國文化》，臺北東大圖書有限公司，一九七七年五月初版，一九八五年五月第三版。
(35)《中國學術思想史論叢》(三)，臺北東大圖書有限公司，一九七七年七月初版。
(36)《中國學術思想史論叢》(七)，臺北東大圖書有限公司，一九七九年七月初版。
(37)《歷史與文化論叢》，臺北東大圖書有限公司，一九七九年八月初版，一九八五年九月再版。
(38)《從中國歷史來看中國民族性及中國文化》，香港中文大學出版社，一九七九年初版。
(39)《中國學術思想史論叢》(八)，臺北東大圖書有限公司，一九八〇年三月初版。
(40)《雙溪獨語》，臺灣學生書局，一九八一年一月初版。
(41)《古史地理論叢》，臺北東大圖書有限公司，一九八二年七月初版。
(42)《八十憶雙親　師友雜憶合刊》，臺北東大圖書有限公司，一九八三年一月初版；《八十憶雙親　師友雜憶》，北京三聯書店，一九九八年第一版。
(43)《現代中國學術論衡》，臺北東大圖書有限公司，一九八四年一二月初版。
(44)《晚學盲言》，臺北東大圖書有限公司，一九八七年八月初版。
(45)《中國史學發微》，臺北東大圖書有限公司，一九八九年三月初版。
(46)《新亞遺鐸》，臺北東大圖書有限公司，一九八九年九月初版。
(47)《錢賓四先生全集》（總目）第五四冊，錢賓四先生全集編輯委員會編，臺北聯經出版事業公司，一九九五年五月初版。

註：凡書中所引錢穆著作的版本不是首次印行出版的，本參考文獻均列出此書首次出版的出版機構和出版時間。

㈡未收入著作的散篇文章和書信

(1)公沙（錢穆筆名）〈評夏曾佑中國古代史〉，《大公報》圖書副刊第二十期，一九三四，三，三十。又載《圖書季刊》第一卷第二期，一九三四，六。

(2)公沙（錢穆筆名）〈關於夏曾佑中國古代史的討論——敬答海雲先生〉，《大公報》圖書副刊第二三期，一九三四，四，二十一。

(3)〈未學齋讀史隨筆〉，天津《益世報》讀書周刊，一九三六，九，二十四。

(4)〈論中國近代新史學之創造〉，《中央日報》文史副刊，一九三七，一，十七。

(5)〈歷史與教育〉，《歷史與教育》季刊第二期，一九三七，五。

(6)〈致學生李埏、王玉哲（一九四〇，一，二十）〉。收入《錢穆紀念文集》。

(7)〈致學生李埏（一九四一，四，十六）〉。收入《錢穆紀念文集》。

(8)〈從歷史看中國社會〉，《社會與教育》第五卷第三、四合期，一九四六，十二。

(9)〈中國歷史上社會的時代劃分〉，臺灣《人生》第三七一卷，一九五八。

(10)〈中國歷史演進與文化傳統〉，臺灣《中國一周》第五〇四期，一九五九，二。

(11)〈錢賓四先生論學書簡〉（按：此爲錢穆寫給學生余英時的三封論治學方法的書信，分別寫於一九六〇年和一九六六年）轉見余英時《錢穆與中國文化》。

⑿〈中國六十年之史學序〉，《華學月刊》第十四期，一九七三，二。

⒀〈中西知識問題〉，臺灣《文藝復興》第一一八期，一九八〇，十二。

⒁〈維新與守舊——民國七十年來學術思想之簡述〉，《幼獅學志》第十六卷第二期，一九八〇，十二。

⒂〈中國歷史上的政治制度〉，《史學彙刊》第十一期，一九八一，十二。

⒃〈中國文化對人類未來可有的貢獻〉，臺北《聯合報》一九九〇，九，二十六。轉見《錢穆紀念文集》。

二、有關錢穆史學和史學思想的研究論著

㈠研究專著

(1)嚴耕望《錢賓四先生與我》，臺灣商務印書館一九九二年版。

(2)李木妙《國史大師錢穆教授生平及其著述》，香港新亞研究所一九九四年版。

(3)羅義俊《錢穆學案》，方克立、李錦全主編《現代新儒家學案》（中），中國社會科學出版社一九九五年版。

(4)鄧爾麟《錢穆與七房橋世界》，社會科學文獻出版社一九九五年版。

(5)郭齊勇、汪學群《錢穆評傳》，江西百花洲文藝出版社一九九五年版。

(6)汪學群《錢穆學術思想評傳》，北京圖書館出版社一九九八年版。

㈡研究文集、紀念文集和傳記資料

(1)《錢穆先生八十歲紀念論文集》，香港新亞研究所一九七五年版。

(2)朱傳譽主編《錢穆傳記資料》㈠，臺灣天一出版社一九七九年版；《錢穆傳記資料》㈡，一九八一年版；《錢穆傳記資料》㈢，一九八五年版。

(3)馬先醒主編《民間史學》「錢賓四先生逝世百日紀念」，一九九〇年冬，臺北民間史學雜誌社。

(4)江蘇省無錫縣政協編《錢穆紀念文集》，上海人民出版社一九九二年版。

(5)余英時《錢穆與中國文化》，上海遠東出版社一九九四年版。（此書爲作者對《猶記風吹水上鱗——錢穆與中國現代學術》一書的增訂本。《猶記風吹水上鱗——錢穆與中國現代學術》由臺北三民書局一九九一年出版。）

(6)李振聲編《錢穆印象》，學林出版社，上海，一九九七年版。

㈢論文（含收入文集、傳記資料和論文集中的文章）

一九四九年以前

(1)海雲〈讀評夏曾佑中國古代史〉，《大公報》圖書副刊第二三期，一九三四，四，二十一。

(2)青松〈評劉向歆父子年譜〉，《大公報》文學副刊第一三七期，一九三〇，八，二十五。又載顧頡剛編著《古史辨》第五冊，上海古籍出版社，一九八二年九月第一版。

(3)顧頡剛〈跋錢穆評顧頡剛五德始終說下的政治和歷史〉，《大公報》文學副刊第一七一期，一九三一，四，二十。又載顧頡剛編著《古史辨》第五冊。

(4)翟宗沛〈評錢穆先生國史大綱〉，《文史雜誌》第二卷第四期。又載《錢穆傳記資料》(二)。

(5)繆鳳林〈錢著國史大綱校記〉，《圖書集刊》第四期，一九四三，三。

(6)沈友谷（胡繩筆名）〈評錢穆著文化與教育〉，《群眾周刊》第九卷第三期，一九四四，二。

(7)胡繩〈論研究歷史和現實問題的關係——從錢穆先生的「國史大綱引論」中評歷史研究中的復古傾向〉，《理性與自由》，一九四四，十。

一九四九年以後

(1)余英時〈十批判書與先秦諸子繫年互校記〉，香港《人生》半月刊第八卷第六、七、八期，一九五四，八～九。又載余英時《錢穆與中國文化》。（余英時一九九一年八月和一九九二年八月又先後寫了〈十批判書與先秦諸子繫年互校記〉「跋語一」和「跋語二」，均見余英時《錢穆與中國文化》。）

(2)唐端正〈偉大的愛國者〉，香港《人生》第八卷第六期，一九五四，八。

(3)侯傳勳〈與錢穆先生論史——漢唐時代無「相權對抗君權」之事實〉，臺灣《建設雜誌》第八卷第五期，一九五九，十一。

(4)白壽彝〈錢穆和考據學〉，《北京師範大學學報》一九六一年第二期。

(5)天津師大歷史系中國古代、中世紀史教研組〈批判錢穆的國史大綱〉，《歷史研究》一九五九年第二期。

(6)李紹盛〈史學家錢穆博士的治學精神〉，臺北《中國一周》第九〇八期，一九六七，九。

(7)楊君實〈讀史學導言第一、二講〉，《中央日報》創刊一九七〇，四、九～十；轉見《錢穆先生傳記資料》㈢。

(8)炎本〈評：史學導言〉，《中央日報》副刊一九七〇，四，十。又載《錢穆傳記資料》㈢。

(9)唐端正〈我所懷念的錢賓四先生〉，《中國學人》一九七〇，九。又載《錢穆紀念文集》。

(10)吳相湘〈錢穆闡揚傳統文化〉，《民國百人傳》第四冊，臺北傳記文學出版社一九七一年；又載《錢穆傳記資料》㈠。

(11)黃肇珩〈錢穆與朱子新學案〉，《人籟》一九七二。又載《錢穆先生傳記資料》㈠。

(12)湯承業〈讀國史大綱與國史新論感言——道統與法統獻論〉，載《錢穆先生八十歲紀念文集》（香港）一九七四年。

(13)徐復觀〈良知的迷惘——錢穆先生的史學〉，《八十年代》第一卷第二期，一九七九，七。又載《錢穆傳記資料》㈠。

(14)王震邦〈訪國學大師錢穆——談中國文化的本源〉，臺灣《新生報》一九八四，十一，十二。又載《錢穆先生傳記資料》㈢。

(15)杜維明〈儒學傳統的改建——錢穆朱子新學案評介〉，《孔子研究》一九八七年第一期。又載李振聲編《錢穆印象》。

(19)羅義俊〈論錢穆先生的史學對象論〉，《史林》一九八七第一期。

(20)黃克武〈錢穆的學術思想和政治見解〉，《國立臺灣師大歷史學報》第十五期抽印本，一九八七年六月版。

(21)林佩芬〈鑑往知來的博學鴻儒——貢獻於史學的錢穆先生〉，《文藝月刊》卷二一二，一九八七。

(22)黃婉約〈錢穆及其文化學研究〉，《武漢大學學報》一九八九年第五期。

(23)余英時〈周禮考證和周禮的現代啓示——金春峰周官之成書及其反映的文化與朝代新考序〉（一九九〇，六，十六），臺北《新史學》第一卷第三期，一九九〇，九。又載北京《中國文化》一九九〇年第三期。後收入余英時《錢穆與中國文化》。

(24)余英時〈猶記風吹水上鱗——敬悼錢賓四師〉（按：此文寫於余英時得知錢穆去世後）收入余英時《錢穆與中國文化》。

(25)許倬雲〈一位歷史學家成爲歷史了〉，臺北《聯合報》一九九〇，八，三十一。

(26)杜正勝〈四部之學的絕響　傳統精神的句點〉，臺北《聯合報》一九九〇，八，三十一。

(27)余英時〈一生爲故國招魂〉（一九九〇，九，二）。收入余英時《錢穆與中國文化》。

(28)戴景賢〈從學賓四師二十年之回憶〉，《聯合報》副刊，一九九〇，九，二十五。又載《錢穆紀念文集》。

(29)申儒〈對歷史的「溫情與敬意」之意義略說〉，香港《法言》一九九〇年十月號。

(30)霍韜晦〈時代的迷惘——略談錢穆先生的史學兼悼錢先生〉，《法言》「錢穆悼念專輯」一九九〇年十月號。

(31)闞國煊〈國學大師錢穆先生傳〉，《傳記文學》第五七卷第四期，一九九〇，十。

(32)嚴耕望〈錢穆賓四先生行誼述略〉(一)，《新亞生活》第一八卷第二期，一九九〇，十，十五；《新亞生活》(二)第十八卷第三期，一九九〇，十一，十五。（嚴耕望〈錢穆傳〉的內容與此基本一致。見《國史館館刊》復刊第十七期，一九九四，十二）

(33)金耀基〈懷憶賓四先生〉，香港中文大學新亞書院《新亞生活》第十八卷第二期，一九九〇，十，十五。又載《錢穆紀念文集》。

(34)龔鵬程〈存在感與歷史意識——論錢賓四先生的史學〉，載馬先醒主編《民間史學》。

(38)陳茂進〈文化建設德國統一與錢賓四先生的逝世〉，載馬先醒主編《民間史學》。

(39)陳祖武〈錢穆與中國史學〉，《中國史研究動態》一九九〇年第十一期。

(40)余英時《錢穆與新儒家》（一九九一，七，二），余英時《錢穆與中國文化》。

(41)余英時〈猶記風吹水上鱗序〉（一九九一，九，二十六），余英時《錢穆與中國文化》。

(42)羅義俊〈錢賓四先生傳略〉，《錢穆紀念文集》，上海人民出版社一九九二年四月版。

(43)楊向奎〈回憶錢賓四先生〉，《錢穆紀念文集》。

(44)李埏〈昔年從遊之樂今日終天之痛——敬悼先師錢賓四先生〉，《錢穆紀念文集》。

(45)誦甘〈紀念錢賓四先生〉，《錢穆紀念文集》。

(46)吳沛瀾〈憶賓四師〉，《錢穆紀念文集》。

(47)諸宗海〈國魂常在師道永存——為紀念賓四先生逝世一周年寫〉，《錢穆紀念文集》。

(48)羅義俊〈論國史大綱與當代新儒學〉，《史林》一九九二第四期。又載台中《中國文化月刊》一九九三年第九期。
(49)陳勇〈略論錢穆的歷史思想和史學思想〉，《史學理論研究》一九九四年第二期。
(50)廖名春〈錢穆與疑古學派關係述評〉，載陳明、朱漢國主編《原道》第五輯，貴州人民出版社一九九四年四月第一版。
(51)羅義俊〈活潑潑的大生命　活潑潑的心——錢穆歷史觀要義疏解〉，《史林》一九九四第四期。
(52)金耀基、許倬雲〈錢穆先生與中國文化〉，《新亞生活月刊》第二三卷第九期，一九九五，五，十。
(53)羅義俊〈經國濟世培養史心——錢賓四先生新儒學史觀論略〉，《史林》一九九五第四期。
(54)羅義俊〈「負擔起中國文化的責任」——錢穆先生百齡紀念學術研究會述要〉，《學術月刊》一九九五年第十期。
(55)何茲全〈錢穆先生的史學思想——讀國史大綱、中國文化史導論札記〉，《國際儒學研究》第一輯，人民出版社，一九九五年十月。
(56)陳祖武〈錢賓四先生對清代學術史研究的貢獻——讀中國近三百年學術史札記〉，載《清史論叢》，一九九五年卷，遼寧古籍出版社，一九九六年十二月版。
(57)汪學群〈錢穆學術思想史方法論發微〉，《孔子研究》一九九六第一期。
(58)王曉毅〈錢穆先生文化生命史觀的意義——兼論史學的困境與出路〉，《史學理論研究》一九九六年第一期。

(59)狄笙〈史家與史學：二十世紀三位學人治史門徑蠡測（錢穆、陳寅恪、傅斯年）〉，《北京大學學報》一九九六年第四期。

(60)李景林〈史家的關懷：錢穆評傳〉，《讀書》一九九六年第六期。

(61)羅義俊〈錢穆及其史學綱要〉，《歷史教學問題》一九九七年第一期。

(62)郭齊勇、汪學群〈錢穆學術思想探討〉，《學術月刊》一九九七年第二期。

(63)羅義俊〈論士與中國傳統文化：錢穆的中國知識份子觀〉，《史林》一九九七年第四期。

(64)陳勇〈固守傳統與融會中西：讀錢穆先生中國文化史導論〉，《上海大學學報》一九九九年第六期。

(65)蔣義武〈錢賓四先生之歷史思想〉，《張曉峰先生八秩榮慶論文集》（《簡牘學報》第八期）。又載《錢穆傳記資料》(三)。

(66)王恢〈錢賓四先生的歷史地理學〉，《華崗學報》第八期。又載《錢穆先生傳記資料》(一)。

(67)林語堂《談錢穆先生之經學》，《華崗學報》第八期。又載《錢穆先生傳記資料》(一)。

註：以上著述和文章均按年月先後排列，港臺部分的文章年月不明者，列於最後。收入論文集或紀念文集的文章，如果沒有注明發表月份的，則按該文所載論文集或文集出版時間爲準列入索引。

錢穆史學思想研究／徐國利著．-- 初版．-- 臺北市：
臺灣商務，2004[民 93]
面：　公分
參考書目：面
ISBN 957-05-1838-3（平裝）

1. 錢穆 - 學術思想 - 史學

601.9208　　93000879

錢穆史學思想研究

定價新臺幣 320 元

著 作 者　徐 國 利
責任編輯　李 俊 男
美術設計　吳 郁 婷
校 對 者　江 勝 月
發 行 人　王 學 哲

出 版 者
印 刷 所　臺灣商務印書館股份有限公司
臺北市 10036 重慶南路 1 段 37 號
電話：(02)23116118・23115638
傳眞：(02)23710274・23701091
讀者服務專線：0800056196
E-mail：cptw@ms12.hinet.net
網址：www.commercialpress.com.tw
郵政劃撥：0000165 － 1 號
出版事業登記證：局版北市業字第 993 號

・2004 年 2 月初版第一次印刷

ISBN 957-05-1838-3（平裝）　　82576000

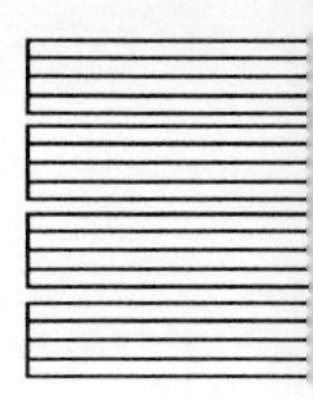

廣　告　回　信
台灣北區郵政管理局登記證
第６５４０號

100臺北市重慶南路一段37號

臺灣商務印書館　收

對摺寄回，謝謝！

傳統現代　並翼而翔

Flying with the wings of tradition and modernity.

讀者回函卡

感謝您對本館的支持，為加強對您的服務，請填妥此卡，免付郵資寄回，可隨時收到本館最新出版訊息，及享受各種優惠。

姓名：________________________　性別：□男 □女

出生日期：_____年_____月_____日

職業：□學生　□公務（含軍警）　□家管　□服務　□金融　□製造
　　　□資訊　□大眾傳播　□自由業　□農漁牧　□退休　□其他

學歷：□高中以下（含高中）　□大專　□研究所（含以上）

地址：□□□ ____
　　　____

電話：（H）____________________（O）____________________

E-mail: ____

購買書名：____

您從何處得知本書？

□書店　□報紙廣告　□報紙專欄　□雜誌廣告　□DM廣告
□傳單　□親友介紹　□電視廣播　□其他

您對本書的意見？（A/滿意 B/尚可 C/需改進）

內容______　編輯______　校對______　翻譯______
封面設計______　價格______　其他____________________

您的建議：____
____
____

臺灣商務印書館

台北市重慶南路一段三十七號　電話：（02）23116118・23115538
讀者服務專線：0800056196　傳真：（02）23710274・23701091
郵撥：0000165-1號　E-mail：cptw@ms12.hinet.net
網址：www.commercialpress.com.tw